Treffpunkt RU

5/6

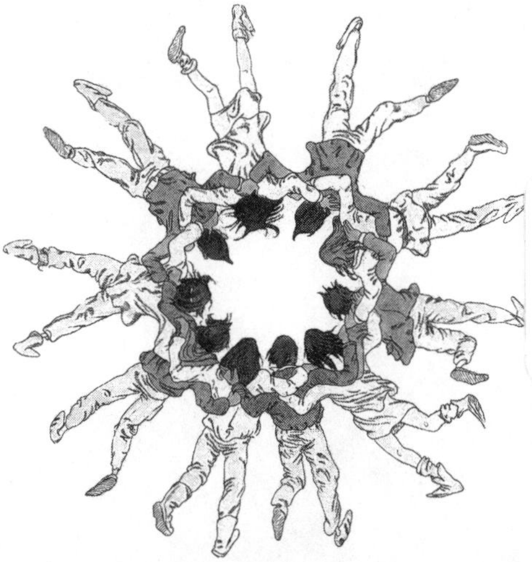

Katholischer Religionsunterricht im 5./6. Schuljahr

Lehrerkommentar

Verfaßt von Paul Schladoth

Kösel

Treffpunkt RU 5-10

Unterrichtswerk für katholische Religionslehre
in der Sekundarstufe I

Erarbeitet von
Reinhard Bamming und Maria Trendelkamp
unter Beratung von
Professor Dr. Paul Schladoth

5./6. Jahrgangsstufe – Lehrerkommentar

Verfaßt von Paul Schladoth

mit vier Bildkommentaren
von Hans-Dietrich Schütz

ISBN 3-466-50241-1

Satz: Kösel-Verlag, München
Druck und Bindung: Kösel, Kempten
Umschlagentwurf: Elisabeth Petersen, Glonn, unter Verwendung
der Schülerbuchzeichnung von Peter Schimmel

Das diesem Lehrerkommentar zugeordnete Schülerbuch ist beziehbar
unter der ISBN 3-466-50238-1.

Der Kösel-Verlag ist Mitglied im ›Verlagsring Religionsunterricht‹ (VRU).

Inhaltsverzeichnis

Einleitung

1. Zur Konzeption des Religionsbuches

Der Titel der Schulbuchreihe »Treffpunkt RU« drückt drei Intentionen aus, die für die Konzeption dieses Religionsbuches charakteristisch sind und die Arbeit mit dem Unterrichtswerk bestimmen sollen.

1.1 Sich ›betreffen‹ lassen

Das Unterrichtswerk ist von der Absicht geleitet, jungen Menschen die Lebensbedeutung von Religion und Glaube in der Weise aufzuschließen, daß sie sich in ihrer Alterssituation davon angesprochen fühlen, ›sich betreffen‹ lassen von dem, »was uns unbedingt angeht« (Paul Tillich). Es sind Fragen nach dem Sinn des Lebens, nach unserer Herkunft und unserer Zukunft, nach dem, was unser Leben trägt, weitet und unser Dasein reicher macht. Angesichts der Vielfalt der Lebensentwürfe und Weltdeutungen, denen die jungen Menschen in einer religiös-kulturell pluraler werdenden Welt begegnen, möchte ihnen das Religionsbuch bei der Suche nach dem eigenen Lebenskonzept das notwendige Sachwissen vermitteln und ihnen Gesichtspunkte und Orientierungshilfen für ihren Lebens- und Entscheidungsprozeß bieten. Die Erschließung der religiösen Grundfragen erfolgt auf der Basis des christlichen Glaubens, der Botschaft Jesu, wie sie in der Tradition, zuletzt katholischerseits in den Verlautbarungen des II. Vatikanischen Konzils (1962-1965) und in den Dokumenten der ›Gemeinsamen Synode der Bistümer in der Bundesrepublik Deutschland‹ (1971-1975) ihre Auslegung erfahren hat. Die darin zum Ausdruck kommende Offenheit prägt die Konzeption des Unterrichtswerkes. Sie wird ebenso bestimmt von der differenzierten Ausgangslage der gegenwärtigen Schülerschaft mit ihren unterschiedlichen lebensgeschichtlichen Voraussetzungen. Der Schülerorientiertheit des Buches entspricht die besondere Beachtung des unterrichtlichen Lernprozesses; deshalb wird weitgehend auf lehrbuchartige Darbietungs- und/oder (Merk-)Texte verzichtet, auf Zusammenfassungen also, in denen Ergebnisse vorweggenommen und Resultate festgeschrieben werden. Die Religionsbücher bieten vielmehr eine Vielfalt unterschiedlicher welt- und lebenshaltiger Elemente, Texte (Schriftperikopen, Geschichten, Erzählungen, Gedichte, Dokumente u.a.) und Bilder (Gemälde, Zeichnungen, Photos, Collagen, Graphiken, Skizzen u.a.), die einen *erfahrungsbezogenen Zugang zur christlichen Botschaft* ermöglichen. Sie vermitteln die erforderlichen Informationen, motivieren zur Auseinandersetzung, fordern zur Stellungnahme heraus und laden zum unterrichtlichen Gespräch ein. Die einzelnen Elemente möchten die Schüler für die religiöse Dimension des Daseins sensibilisieren, sie dazu »be-weg-en«, das Vordergründige zu überschreiten, sich auf einen Suchprozeß einzulassen und zu entdecken, was »hinter« den Dingen liegt und welche Perspektiven sich für sie aus dem christlichen Glauben ergeben. Sie sollen sich als Subjekt ihres eigenen Lernprozesses verstehen und selbst hinreichend zu Worte kommen. »Nur wenn ungewohnte und unerprobte Antwortversuche junger Menschen auf ihre Existenz- und Glaubensfragen willkommen sind, kann es zu einer biographischen Einwurzelung religiöser Sinnkonzepte kommen« (Plädoyer: RU in der Schule Nr. 6).

Zusammenfassend ist zu sagen: Die Schülerbücher von Treffpunkt RU streben keinen ›produktorientierten‹ Unterricht »für« die Schüler an, sondern sie wollen als ein Medium behandelt werden, dessen didaktische Konzeption dazu verhelfen möchte, einen ›prozeßorientierten‹ Unterricht »mit« den Schülern zu gestalten. Daraus ergibt sich ein weiteres Charakteristikum des Unterrichtswerkes.

1.2 Im Gespräch ›zusammentreffen‹

Das Religionsbuch ist Grundlage für das Unterrichtsgespräch und dementsprechend offen konzipiert. Es motiviert alle Schüler und Schülerinnen, ihre eigenen Erfahrungen und Auffassungen einzubringen und sich mit den Inhalten auseinanderzusetzen. Deshalb verbietet es sich, die einzelnen Kapitel einfach »durchzunehmen«. Man wird ihrer didaktischen Anlage nur gerecht, wenn sie für Lehrer wie Schüler als gemeinsamer unterrichtlicher Bezugspunkt betrachtet werden. Das Buch ist also kein »Selbstläufer«; es bietet dem Lehrer nicht direkt eine fertige Struktur für das konkrete Unterrichtsgeschehen an, vielmehr setzt es voraus, daß er selbständig und entsprechend der pädagogischen Situation den Lernprozeß anhand der angebotenen Elemente und Materialien anzuregen und planerisch zu organisieren weiß. Das Lernkonzept, das hinter dieser Buchreihe steht, liegt also in einer Art *kommunikativer Didaktik* begründet. Im Sinne »entdeckenden Lernens« sollen *neue Zugänge zum Glauben* geschaffen und *christlich motivierte Handlungsimpulse* gegeben werden. Dem Lehrer/der Lehrerin kommt dabei die Aufgabe zu, entsprechend seiner/ihrer persönlichen wie sachlichen Kompetenz, sich in das Gespräch einzubringen, die Selbständigkeit der Schüler und Schülerinnen zu fördern, das Klassengespräch zu moderieren, weitere Informationen – so erforderlich – zu geben und ihnen zu helfen, inhaltliche Zusammenhänge zu entdecken, die sich aus der didaktischen Struktur ergeben. Dazu bietet ihm/ihr der Lehrerkommentar entsprechende Hilfen. Er ist in der Absicht verfaßt, die theologisch-didaktische Kompetenz des Lehrers/der Lehrerin zu stärken.
Die Kommentierung der einzelnen Kapitel stellt zunächst den gedanklichen Aufbau vor. Anschließend werden Erläuterungen zu den Elementen der didaktischen Einheiten eines Kapitels gegeben und Verbindungslinien aufgezeigt. Verständlicherweise nimmt die Kommentierung der theologischen Elemente einen breiteren Raum ein. Auf den Kontext der ausgewählten biblischen Perikopen wird gelegentlich eingegangen, um zu gewährleisten, daß bei der Auslegung der größere Zusammenhang mitbedacht wird. Wo es sinnvoll erscheint, werden auch geschichtliche Entwicklungen in Erinnerung gerufen. Zudem gibt es *Quellenverweise* zu anderen Kapiteln des Unterrichtswerkes. Auch dadurch soll der Gefahr begegnet werden, daß sich das Glaubenswissen der Schüler und Schülerinnen auf bruchstückhafte Einzelkenntnisse beschränkt und Zusammenhänge nicht wahrgenommen werden. Insgesamt liegt dem Unterrichtswerk die Absicht zugrunde, die »Mitte« des Evangeliums unter je neuen Aspekten sichtbar werden zu lassen und ein religiöses Grundwissen zu ermöglichen.

1.3 ›Zusammentreffen‹ von Leben und Glauben

Die Konzeption des Unterrichtswerkes orientiert sich an den Vorgaben des Synodenbeschlusses ›Der Religionsunterricht in der Schule‹ (1974) und des Grundlagenplans (1984), vor allem an der Korrelationsdidaktik. Lebenswelten der Schüler und Glaubensüberlieferung sollen auf variationsreiche Weise in einen wechselseitigen, produktiven Bezug zueinander gebracht werden und sich gegenseitig durchdringen. Das Religionsbuch ist von der Intention bestimmt, Glaubens- und Lebenswissen sachgemäß zu vermitteln und zu verschränken. Dem entspricht ein bestimmtes Verständnis von Theologie. Es zeigt sich sowohl in der Auswahl der Glaubensinhalte, die nach religionsdidaktischen Kriterien erfolgt, als auch in ihrer Einbindung in die Struktur der jeweiligen Einheiten und des Kapitels insgesamt. Im Rahmen dieser anthropologisch gewendeten, korrelativ angelegten Theologie werden Zugänge zu Aussagen der Bibel geschaffen (z.B. Kap. 1.3; Kap. 7.2) oder menschliche Grunderfahrungen auf ihre Glaubensdimension hin erschlossen (z.B. Kap. 3.1; Kap. 9.1-3). Der Kommentar geht besonders auf die Elemente ein, die zu erkennen geben, in welchen Erfahrungen der biblische Glaube seinen »Haftpunkt« hat (vgl. Kap. 4.1). Ebenso wird besonderer Wert darauf gelegt, zentrale theologische Begriffe zu veranschaulichen, d.h. sie mit konkreten, der Klasse zugänglichen Anschauungen zu versehen (vgl. Kap. 10, 11 und 12). Fernerhin wird die Korrelation von Glaube und Leben beispielhaft aufgezeigt, so etwa an der Geschichte des Volkes Israel (vgl. Kap. 4.2), an kirchlichen Gemeinden heute (vgl. Kap. 4.3) oder an nichtchristlichen Religionsgemeinschaften (vgl. Kap. 5). Im Lichte der Praxis und der Weisungen Jesu werden Kriterien für menschliches Handeln entwickelt (vgl. Kap 10.5). Angesichts einer solchen Theologie, die sich um eine erfahrungsbezogene Interpretation des christlichen Glaubens bemüht und sich sowohl dem »Unwahrscheinlichen«, der »Provoaktion« der Botschaft des Evangeliums verpflichtet weiß, als auch die Lebenswelt der Jugendlichen und unser gegenwärtiges Wissen vom Menschen in ihre Überlegungen miteinbezieht (vgl. Johannes Paul II.: »doppelte Treue«), dürfte es verständlich sein, daß nicht die Absicht bestimmend sein konnte, die Glaubensüberlieferung umfassend und unverkürzt darzustellen. Vielmehr handelt es sich um ein thematisch-strukturiertes Religionsbuch, dessen Kapitelthemen im Schnittfeld von Lebenswelt der Schüler und Botschaft des Evangeliums liegen. Der didaktische Ansatz ist entsprechend der jeweiligen Thematik unterschiedlich, entweder gegenwarts- (vgl. Kap. 2) oder traditionsbezogen (vgl. Kap. 7). Jedes Kapitel hat eine erkennbare theologisch-didaktische Struktur. Sie wird im Kommentar jeweils vorgestellt und begründet. Die didaktische Gliederung eines Kapitels verfolgt einen kontinuierlichen, aufbauenden Lernprozeß. Man wird der Konzeption des Buches also nicht gerecht, wenn die einzelnen Elemente als eine unstrukturierte Sammlung von Materialien angesehen werden, über die beliebig verfügt werden kann. Die Kommentierung bezieht sich primär auf die Analyse des Unterrichtsgegenstandes einschließlich der verwendeten Medien (Texte, Bilder u.a.), nicht auf Fragen der methodischen Erschließung der Unterrichtsinhalte im Hinblick auf die Klasse. Diese Aufgabe kann nur »vor Ort« geleistet werden. Sie ist vom Unterrichtenden selbst vorzunehmen, weil er die konkrete pädagogische Situation einzuschätzen vermag und daher über die erforderlichen Kenntnisse hinsichtlich der Bedingungsfaktoren seines Unterrichtens verfügt. So dürfte er in der Lage sein, die konkreten Möglichkeiten auszuloten, die sich bieten, zusammen mit seiner Klasse nach dem Zusammenhang von Glaube und Leben zu fragen und nach Antworten zu suchen.

2. Wichtige Gestaltungselemente

Um dieser Konzeption in der Unterrichtspraxis leichter gerecht werden zu können, wurde die äußere Gestaltung des Religionsbuches nach folgenden Gesichtspunkten vorgenommen:

2.1 Gliederung der Kapitel durch didaktisierte Überschriften

Die einzelnen Kapitel sind durch Zwischenüberschriften strukturiert. Sie gliedern das Kapitel für die Schüler und Schülerinnen in überschaubare Einheiten, meist im Doppelseitenprinzip. Es finden sich zweierlei Arten von Zwischenüberschriften:
- die »großen«, mit Ziffern versehenen und mit einer blauen Linie unterlegten schwarz gedruckten Überschriften (z.B. Kap. 1, S. 6, 8, 12, 18);
- die »kleinen«, blau gedruckten Überschriften, die größere Abschnitte einer Einheit weiter untergliedern und somit den thematischen Aspekt für den Unterricht überschaubarer machen (z.B. Kap. 1, S. 15; Kap. 4, S. 49, 50, 52).

Diese verschiedenartigen Zwischenüberschriften stellen insofern eine Lesehilfe dar, als sie einen ersten, grundlegenden Zugang zur theologisch-didaktischen Struktur eines Kapitels ermöglichen. Die jeweilige Überschrift kann zugleich eine Hilfe sein, die einzelnen Text- oder Bildelemente in den Gesamtduktus eines Kapitels einzuordnen. Sollte anfänglich eine Unklarheit darüber bestehen, was ein bestimmtes Element im Zusammenhang des Kapitels aussagen soll, ist es immer hilfreich, dieses Element auf die jeweilige Zwischenüberschrift zu beziehen.
Desgleichen bilden die jeweiligen Doppelseiten – von wenigen Ausnahmen abgesehen – eine inhaltliche Einheit (z.B. Kap. 4, S. 48/49, 50/51, 54/55).

2.2 Arbeitsimpulse als Angebot für den Lernprozeß

Die durch blaue Punkte markierten Arbeitsimpulse sollen Lernprozesse initiieren. Sie sind durchwegs auf die Schüler hinformuliert. Dem Lehrer kommt es zu, bestimmte Impulse für den Unterricht in mehreren Schritten »kleinzuarbeiten«. Die Impulse geben oft nur Richtungen an, in der die Erschließung einzelner Elemente erfolgen sollte. Grundsätzlich haben die Impulse Angebotscharakter; sie sollen die Arbeit mit den einzelnen Elementen erleichtern. Deshalb müssen sie nicht in der angegebenen Reihenfolge und auch keineswegs vollständig bearbeitet werden. Auf eine Numerierung der Impulse wurde aus lernpsychologischen Gründen bewußt verzichtet.
Es finden sich ganz verschiedenartige Impulse:
- solche, die Elemente des Buches analytisch aufschließen helfen, und solche, die über den zugeordneten Inhalt hinausgehen;
- (kon)textorientierte Impulse und kreative, handlungsorientierte Impulse;
- unmittelbare Aufforderungen und Fragen, die zielgerichtet führen; infinitivische Formulierungen, die bewußt offener gehalten sind und einen größeren Spielraum gewähren.

2.3 Kapiteleingangsseiten als Visualisierung zentraler Aussagen eines Kapitels

Die mit Bildern gestalteten Eingangsseiten der einzelnen Kapitel führen meist ins Zentrum des jeweiligen Themas. Sie sind deshalb keineswegs nur als »Einstieg«, zur Problemeröffnung, gedacht, vielmehr bündeln sie zentrale Aussagen eines Kapitels, so daß im Verlauf des Unterrichts bei sich bietender Gelegenheit darauf zurückgegriffen werden sollte. Durch entsprechende Querverweise und Impulse werden im Laufe eines Kapitels die Stellen markiert, an denen ein Bezug zum Kapiteleingangsbild angebracht ist (z.B. Kap. 3, S. 41; Kap. 4, S. 52).

2.4 Möglichkeiten zur kapitelübergreifenden Arbeit

Viele Elemente haben ihren didaktischen Stellenwert nicht nur innerhalb des jeweiligen Kapitels, sondern lassen sich auch *kapitelübergreifend* einsetzen. In diesem Sinn werden im Schülerbuch etliche Impulse und Querverweise gegeben (z.B. Kap. 2, S. 35; Kap. 6, S. 87; Kap. 7, S. 98). Besonders deutlich wird die kapitelübergreifende Funktion der Elemente bei den gelb umrandeten »Geschichtenseiten« (z.B. S. 10-11, S. 94-97; S. 162-165), auf denen längere Erzählungen abgedruckt sind. Auch hier setzen die Autoren darauf, daß der Lehrer gemeinsam mit seinen Schülern immer wieder neue Zusammenhänge sucht, Korrelationen entdeckt und in diesem Sinne selbständig und eigenverantwortlich mit den Aufbauelementen des Buches umgeht.

1 Miteinander leben

Rollen – Regeln – Weisungen · Leben in der Familie

Religionsbuch Seite 5-24

Das Kapitel beginnt mit anthropologisch-soziologischen Themen: »Jeder hat seinen Namen« – »Jeder hat verschiedene Aufgaben und Rollen«. Es schließt sich die Einheit »Du sollst ... – Du darfst ... – Du wirst ...« an, die, eingeleitet durch Überlegungen zur Klassenordnung, sich mit dem »Bund Gottes mit den Menschen« und den »Zehn Weisungen – Lebensregeln für den Bund« befaßt. Den Abschluß des Kapitels bildet das Teilthema »Leben in einer Familie«, das auf die Bedeutung des 4. Gebotes eingeht. Die Themenbereiche stehen nicht nebeneinander, sondern werden miteinander verschränkt. Die Kommentierung legt vor allem Wert auf die Erläuterung der theologisch-biblischen Anteile und deren Einbindung in den anthropologisch-soziologischen Themenbereich.

Das Eingangsbild lenkt den Blick auf einen jungen Menschen, dessen Leben sich in vielfältigen Beziehungen entfaltet, die gleichsam konzentrische Kreise bilden. Dadurch soll die Einmaligkeit, die unverwechselbare Gestalt eines jeden Menschen und zugleich der soziale Bezug, das Miteinander, hervorgehoben werden. *Seite 5*

1 Jeder hat seinen Namen

Im Schülerbuch werden lexikographisch verschiedene Vornamen vorgestellt, die in Verbindung mit dem Hausnamen den Namensträger identifizieren. Während der Familienname aufgrund der Geburt erteilt wird, verleihen die Eltern den Vornamen. Es handelt sich um einen besonderen Akt: das Kind wird in seiner Einmaligkeit angenommen und bejaht. Es ist ansprechbar und vermag angerufen zu werden, wodurch ein Beziehungsverhältnis konstituiert wird. Der Abschnitt geht ausführlich auf den Bedeutungsgehalt vornehmlich biblischer Vornamen ein und erwähnt auch den Namenstag und den Namenspatron. Inwieweit die Verleihung eines bestimmten Vornamens noch diesen religiösen Bezug hat, sollte anhand der Impulse herausgefunden werden. *Seite 6*

Der biblische Text ist ein verkürztes Zitat aus dem Buch Deuterojesaja. Der vollständige Text lautet: »Fürchte dich nicht; denn ich erlöse dich und rufe dich beim Namen, mein bist du« (Jes 43,1). Die Botschaft hat einen persönlichen Klang; sie kennzeichnet das Verhältnis zwischen zwei Personen. Im Kontext der Botschaft des Propheten ist die Aussage auf das Verhältnis Jahwe – Israel zu beziehen; sie gilt dem exilierten Volk Juda in Babylon – eine Situation, in der man sich der göttlichen Zuwendung nicht mehr sicher war. Der Hinweis »Ich habe dich beim Namen gerufen« stellt die Begründung dar für den ermutigenden Zuruf »Fürchte dich nicht!« Der Überstieg von der elterlichen Namensgebung zur Anrufung durch Gott ist aus der Sicht der Schülerinnen und Schüler gewiß nicht selbstverständlich. Er kann jedoch zur Einsicht verhelfen, daß die Individualität eines jeden Menschen in der Erschaffung durch Gott begründet und verankert ist.

Die Geschichte »Uli und ich« weitet den Blick und macht auf die Individualität eines jeden Menschen aufmerksam. Es werden Probleme angesprochen, die sich im Zusammenleben insofern ergeben, als jeder das Verlangen hat, in seiner Eigenart, seinen Er- *Seite 7* wartungen und Bedürfnissen entsprechend ernstgenommen zu werden. Die Geschichte soll dazu anregen, sich in die Situation der Mitschülerin und des Mitschülers hineinzuversetzen, sein eigenes Verhalten vom anderen her zu sehen und eine Sensibilität für Vorgänge wie Anziehung, Abstoßung, Versöhung und Toleranz innerhalb einer Klassengemeinschaft zu entwickeln. – Der Cartoon weist in die gleiche Richtung und gibt Anlaß, über die (notwendige) Loslösung des einzelnen von der Gruppe, wie über sein Eingebundensein in das gelingende Miteinander der ganzen Gruppe (Familie, Klassengemeinschaft ...) zu sprechen.

2 Jeder hat verschiedene Aufgaben und Rollen

Seite 8 Der Beziehungsaspekt wird insofern vertieft, als nunmehr das Verhältnis der Menschen zueinander unter den Gesichtspunkten »Aufgabe« und »Rolle« näher beleuchtet wird. Die Schülerinnnen und Schüler werden dazu angeleitet, über die Aufgaben nachzudenken, die ihnen innerhalb der verschiedenen sozialen Gruppierungen zukommen. Besondere Aufmerksamkeit wird dem Rollenverständnis geschenkt. Was darunter zu verstehen ist, erläutert der Lehrtext »Rolle«.

Seite 9 Die Geschichte von Tomas beschreibt die vielfältigen Vorstellungen, die die Familienangehörigen von dem Fünfjährigen haben. In der Gegenüberstellung Familie – Nachbarin wird deutlich, daß Liebe nicht da ist, wo der geringste Widerstand liegt, daß die Rollenerwartungen der Familie für das Kind eine Belastung bedeuten. Wie reagiert Tomas auf den Rollenzwang? (Spiel-)Regeln aufstellen lassen, nach denen Tomas und die Familie leben können.

Seite 10-11 Von der Situation bestimmte Rollen zudiktiert zu bekommen, aber seine Eigenart nicht leben zu dürfen, ist Thema dieser Fabel. Mit Hilfe dieser Elemente sollte es der Klasse möglich sein, das Spannungsverhältnis herauszufinden und zu bedenken, das zwischen dem Verlangen nach individueller Lebensgestaltung, nach Wahrung der Identität, und den berechtigten Erwartungen und Ansprüchen derer besteht, mit denen man zusammenlebt.

3 ›Du sollst ... – Du darfst ... – Du wirst ...‹

Der erste Teil der Einheit befaßt sich ganz allgemein mit Ordnungsbestimmungen menschlichen Zusammenlebens. Damit wird aber nicht nur die Absicht verfolgt, die Erarbeitung der nachfolgenden biblischen Themen (Der Bund Gottes mit den Menschen – Die Zehn Weisungen – Lebensregeln für den Bund) vorzubereiten; sie dienen nicht lediglich der Veranschaulichung, sondern sie haben insofern eine eigenständige Bedeutung, als es gilt, menschliche Beziehungen und Grundlagen des Zusammenlebens zu erkennen, die es im zweiten Teil dieses Abschnittes im Lichte des biblischen Glaubens zu verstehen und zu werten gilt.

Seite 12-13 Ausgangspunkt der Überlegungen ist eine Klassenordnung, die im Klassengespräch (Photo) erarbeitet und verabschiedet wird. Solche und andere Ordnungsbestimmungen regeln das Zusammenleben und helfen, Konfliktsituationen zu vermeiden bzw. zu lösen. Sie sind das Ergebnis gemeinsamer Überlegungen, die herauszufinden versuchen, wie einerseits die berechtigten Interessen und Bedürfnisse der einzelnen berücksichtigt werden können, und wie andererseits ein gemeinschaftliches Leben gewährleistet werden kann, das von allen als förderlich empfunden wird. Solche Regeln müssen einsichtig sein (vgl. Karikatur, Bademützenverordnung) und bedürfen der Überprüfung, wenn sich herausstellt, daß sie ihren Sinn verloren haben.

Die Textelemente dieser Seite – Ich möchte euer Herr sein, Wir schließen einen Bund – leiten zu den biblischen Inhalten »Bund« und »Dekalog« über. Ihre Aussagen sind deshalb auch im Hinblick auf die für den Glauben Israels zentralen Bekenntnisinhalte formuliert. In den beiden Texten spiegeln sich allgemein menschliche Erfahrungen wider. Sie erschließen der Klasse einen Zugang zur Glaubenssprache des Volkes. Was den ersten Text betrifft, so soll gezeigt werden, daß der Anspruch, als Autorität anerkannt zu werden, eine innere Zustimmung findet, wenn ihm positive Erfahrungen mit dem Autoritätsträger vorausgehen. Der zweite Text bietet den Schülerinnen und Schülern einen Zugang zum Bedeutungsgehalt des Wortes »Bund«. Damit ist ein gegenseitiges Treueversprechen gemeint, die Zusage gegenseitiger Hilfe, und zwar in allen die Partner betreffenden Lebenssituationen. *Seite 14*

In diesem Zusammenhang verdient auch die Symbolik der Handreichung besondere Aufmerksamkeit. Ist doch die Hand ein besonders ausdruckstarkes Organ des menschlichen Körpers. Sie steht gleichsam für die Person selbst. Sprichwörtliche Redensarten machen das deutlich. Wer für jemanden »die Hand ins Feuer legt«, bürgt mit seiner ganzen Person für ihn und ist von seiner Unschuld, Aufrichtigkeit oder Zuverlässigkeit überzeugt. Verträge werden durch Handschlag besiegelt, Zerwürfnisse finden durch einen Händedruck ihr Ende. Somit ist die Hand »das vorzüglichste Glied des Menschen zum Vollzug äußerer Werke, daher auch im Sprachgebrauch Bild des ›Handelns‹ in seiner verschiedenen Form. Hände besitzen eine besondere Ausdrucksfähigkeit zur Herstellung eines geistigen Kontaktes mit dem Nebenmenschen« (D. Forstner, Die Welt der Symbole, Innsbruck 1961, 335).

Der zweite Teil der Einheit »Du sollst ... – Du darfst ... – Du wirst ...« kreist um die theologischen Schwerpunkte »Der Bund Gottes mit den Menschen« und »Die Zehn Gebote – Lebensregeln für den Bund«. Da es sich hier um zentrale biblische Themen handelt, sollen sie etwas ausführlicher kommentiert werden. *Seite 15-17*

Gottes Verhältnis zu Israel wird im Bilde eines Bundes veranschaulicht. Der Grundgedanke lautet: Ich bin euer Gott und ihr seid mein Volk. Diese Vorstellung ist der Erfahrungswelt Israels entnommen. In damaliger Zeit wurden in verschiedenen Lebensbereichen, so auch im politischen, Verträge abgeschlossen, die des gegenseitigen Beistandes dienten oder die Freundschaft zwischen einzelnen Gruppen oder verschiedenen Völkern besiegelten. Besondere Bedeutung hatten sog. Vasallenverträge. Sie regelten das Verhältnis zwischen ungleichen Partnern. Der Stärkere versprach dem Schwächeren seinen Schutz, während sich dieser zur Anerkennung seiner Autorität und zu Diensthandlungen verpflichtete, die im einzelnen festgelegt wurden. Da wir von Gott nur in menschlichen Vorstellungen sprechen können, bot sich für Israel dieses Vertragsverhältnis an, die Beziehung Jahwes zu ihm und umgekehrt zu veranschaulichen. Es war sich natürlich der Grenzen der Übertragbarkeit stets bewußt. Das israelitische Volk sah jedoch in dem Modell des Vasallenvertrags die Möglichkeit, sowohl die freie Initiative Jahwes, seinen Herrschaftsanspruch im Sinne einer unverbrüchlichen Zusage seiner hilfreichen Gegenwart, zum Ausdruck zu bringen, als auch seine eigene, Jahwe gegenüber eingegangene Verpflichtung zu dokumentieren, seine Weisungen zu beherzigen und ihm die Treue zu halten. Der Anspruch Jahwes ist für Israel in der geschichtlichen Erfahrung begründet, nämlich in der geschenkten Befreiung aus der ägyptischen Knechtschaft. Es wird nicht ein Akt der Unterwerfung verlangt, sondern die Anerkennung der göttlichen Heilstat am Schilfmeer. »Ihr habt gesehen, was ich den Ägyptern angetan, wie ich euch auf Adlersflügeln getragen und euch zu mir hierhergebracht habe. Wenn ihr nun auf meine Stimme hört und meinen Bund haltet, dann sollt ihr unter allen Völkern mein besonderes Eigentum sein, denn mir gehört die ganze Erde« (Ex 19,4 f.; vgl. Dtn 26,16-19; 2 Sam 7,23f.). Aus der Förderung ergibt sich die Forderung – ein Gedanke, der in der Geschichte »Ich möchte euer Herr sein« bereits anklingt.

Der Dekalog – Zehn Weisungen – liegt in zwei Fassungen vor (Ex 20,1-11; Dtn 5,6-21). Die Texte weisen Unterschiede auf, die auf einen lebendigen, situationsbezogenen Umgang mit dem Dekalog schließen lassen. Er hat auch zu Anfang nicht als Ganzes vorgelegen, vielmehr ist er im Verlauf der Jahrhunderte – man spricht vom 9. Jh. bis zum 6. Jh. – durch Integration einzelner, zunächst selbständiger Elemente entstanden. Außer dem Dekalog gibt es auch noch verschiedene alttestamentliche Gebotsreihen, die nicht ein so umfassendes Lebensgebiet abdecken, wie es hier der Fall ist. Sie regeln das Zusammenleben einer größeren Gruppe unter einem bestimmten Gesichtspunkt. So befaßt sich der Text Lev 18,7-17 mit Vorschriften, die das sexuelle Verhalten innerhalb einer Großfamilie betreffen. In Ex 34,14-26 haben wir es mit dem sog. kultischen Dekalog zu tun. Er setzt die Seßhaftigkeit des Volkes voraus und enthält Bestimmungen, die verhindern sollen, daß Israel seine Glaubensidentität verliert und die religiösen Vorstellungen und Praktiken der kanaanäischen Bevölkerung übernimmt. Demgegenüber umfaßt die Gebotssammlung Dtn 27,15-26 schon unterschiedliche Lebensbereiche. Hier liegt die Intention vor, ein umfassenderes Gebiet des Sittlichen durch Fluchankündigungen zu regeln. Im Unterschied zu all diesen Gebotsreihungen bezieht sich der Dekalog auf alle Bereiche des menschlichen Zusammenlebens. Deshalb nimmt er im Rahmen der alttestamentlichen Lebensordnung eine besondere Stellung ein. Ein weiteres bemerkenswertes Ergebnis der Dekalogforschung liegt in der Unterscheidung von apodiktischem und kasuistischem Recht. Während apodiktische Rechtssätze ein generelles Verbot nach Art eines unbedingten Befehls aussprechen – z.B. »Du sollst nicht morden!« –, haben wir es bei kasuistischen Rechtssätzen mit Bestimmungen zu tun, die einen konkreten Fall bezeichen, denen präzise Strafbestimmungen folgen (vgl. das Bundesbuch Ex 20,22-23; 37: »wenn – dann«). Der Dekalog enthält apodiktisches Recht; es sind Forderungen, die absolute Gültigkeit beanspruchen und keine Ausnahme dulden.
Wie bereits angedeutet, stellen die Dekalogsfassungen das Endstadium einer längeren Entwicklung dar. Sie sind aus verschiedenen, zunächst selbständig existierenden Reihungen erwachsen, die mit weiteren Zusätzen versehen wurden. So besteht wohl ein Konsens darüber, daß Ex 20,13-15 – »Du sollst nicht morden!«, »Du sollst nicht ehebrechen!«, »Du sollst nicht stehlen!« – eine ursprüngliche Einheit bilden und den ältesten Bestandteil des Dekalogs ausmachen. Es geht um die Wahrung elementarer Lebensgüter. Deshalb finden wir diese Zusammenstellung auch an anderen Stellen der alt- und neutestamentlichen Überlieferung (vgl. Hos 4,2; Jer 7,9; Mk 10,19; Mt 19,18). Ihr uspründlicher Zusammenhang ergibt sich daraus, daß es sich um Forderungen handelt, die gegen die Ur-Versuchungen des Menschen gerichtet sind, gegen Erscheinungsformen aggressiven Verhaltens, das sich gemeinschaftszerstörend auswirkt.
Für das Verständnis der Intention des Dekalogs ist der formale Aufbau des Gesamttextes aufschlußreich. Deshalb sollte er im Unterricht besprochen werden. Die alttestamentliche Forschung hat Ähnlichkeiten zwischem dem bereits erwähnten *Vasallenvertrag* und dem *Dekalog* ausgemacht. Das *Aufbauschema* eines altorientalischen Vasallenvertrags, der zwischen einem Herrscher und dem von ihm unterworfenen Volk (Vasall) abgeschlossen wurde, zeigt Elemente auf, die sich im Dekalog wiederfinden.

Zunächst stellt der Herrscher sich vor (1. Präambel); anschließend wird die Beziehung erwähnt, die bisher zwischen ihm und dem Volk bestand (2. Vorgeschichte); nunmehr wird das grundsätzliche Verhältnis zwischen den Vertragspartnern beschrieben (3. Grundsatzerklärung – oftmals versehen mit zusätzlichen Erläuterungen); es folgen Einzelbestimmungen (4.), die sich auf bestimmte Verhaltensweisen beziehen; die Anrufung der Götter als Zeugen (5.) und Fluch- bzw. Segensverheißungen (6.) beenden den Vertragstext. Wo begegnen uns diese Aufbauelemente im Dekalog (Ex 20,1-17)?

1. Präambel: »Ich bin Jahwe, dein Gott« (2a)
2. Vorgeschichte: »der dich aus dem Ägypterlande, dem Sklavenhause, herausgeführt hat« (2b)
3. Grundsatzerklärung: »Du sollst keine anderen Göttern haben als mich« (3). Die Grundsatzerklärung wird durch zusätzliche Erläuterungen im Sinne von Verboten und Weisungen abgesichert: Bilderverbot (4) – Mißbrauch des Gottesnamens (5-7) – Sabbatheiligung (8-11).
4. Einzelbestimmungen: Gebote 4 - 10 (12-17)
5. Anrufung von Göttern als Zeugen entfällt, da die Weisungen nicht von einem König, sondern von Jahwe selbst erlassen sind.
6. Fluch und Segen: vgl. 20,5-6
(Vgl. J. Schreiner, Die Zehn Gebote im Leben des Gottesvolkes, München 1966, 25f.)
In der Fassung des Religionsbuches sind Präambel und Vorgeschichte zusammengefaßt und der Grundsatzerklärung und den Einzelbestimmungen gleichsam als Überschrift vorangestellt. Dadurch wird die besondere Bedeutung des zweiten Aufbauelements betont. Die Weisungen II (4-7) und III (8-11) stellen insofern zusätzliche Erläuterungen zur Grundsatzbestimmung dar, als das Bilderverbot und das Verbot des Mißbrauchs des Gottesnamens sich gegen eine magische Gottesvorstellung richten und das Gottsein Gottes betonen. Diese Intention liegt auch dem Sabbatgebot zugrunde: der siebte Tag ist »heilig«; er gehört Gott und steht nicht, wie die anderen Tage der Woche, menschlichen Zwecken zur Verfügung.

Welche *Konsequenzen* ergeben sich aus diesem Aufbauschema *für die unterrichtliche Erschließung* des Dekalogs?
Zunächst findet der bereits gegebene Hinweis eine Bestätigung, daß die Glaubenssprache von den Vorstellungen geprägt ist, die die Menschen im Miteinander, im alltäglichen Zusammenleben gewonnen haben. Die theologischen Vorstellungsmodelle sind der Lebenswelt entnommen. Daran erinnert im Unterricht der Text von D. Steinwede »Wir schließen einen Bund«.
Die »Vorgeschichte«, die Erinnerung an Gottes befreiendes Handeln, ist für das Verständnis der Weisungen von zentraler Bedeutung. Was bereits in den Ausführungen zum Bundesgedanken erwähnt wurde, findet hier seine Bestätigung: Gott ergreift die Initiative, jedoch steht am Anfang seiner Geschichte mit Israel nicht eine Gebotsforderung, sondern sein rettendes, befreiendes Handeln. Daraus ergibt sich, gleichsam »wie selbstverständlich«, ein bestimmtes ethisches Verhalten. Darauf soll die ungewohnte, jedoch mögliche Übersetzung »du wirst« aufmerksam machen. Der Sinngehalt läßt sich wie folgt formulieren: Wenn Gott dich befreit und dir einen Lebensraum eröffnet hat, dann wirst du doch wohl alles tun, um diese geschenkte Befreiung auch anderen zu vermitteln. Damit wird ein zweiter Aspekt berührt, der bei der Auslegung der einzelnen Gebote zu berücksichtigen ist. Er wird in der »Vorgeschichte« erwähnt; denn dieses Aufbauelement der Dekalogfassung ist vergleichbar mit dem Zeichen vor einer mathematischen Klammer. Wie die Wertigkeit der Zahlen innerhalb der Klammer vom Vorzeichen abhängt, so ergibt sie die Intention der Gebote, das Verständnis der einzelnen Forderungen, aus der vorausgehenden Geschichte Gottes mit Israel. Der Dekalog muß deshalb als »Wegweisung der Freiheit« (J. M. Lochmann, Gütersloh ^{2}1984) verstanden werden, als Weisung (Tora), die von Jahwe initiierte Befreiungsgeschichte auf der Ebene des Zusammenlebens, im ethischen Bereich, weiterzuführen.
Diesen Gedanken drückt die chassidische Geschichte und die 3. Weisung des Dekalogs aus. Es geht um die Wahrung fundamentaler menschlicher Werte, die in der Gefahr stehen, mißachtet zu werden: Familie, Leben, eheliche Gemeinschaft, Eigentum, Ehre und Lebensraum des Menschen im weitesten Sinn. »Nur vom befreienden Gott des Exodus her lassen sich die Gebote sachgemäß verstehen, als Weisungen zum Leben. Das Heil ist gegeben, es kann aber verspielt werden.« (F. Crüsemann, Bewahrung der Freiheit, München 1983, 12) »Freiheit« betrifft aber nicht nur die Befreiung des anderen, sondern auch

die eigene Freiheit, der ebenfalls Gefahr droht, nämlich dann, wenn der Mensch sich in die Abhängigkeit von selbstsüchtigen Interessen begibt und auf Kosten des Lebensrechtes anderer seinen Lebensraum auszuweiten versucht (vgl. Röm 7,14-23; Gal 5,19-26). »Freiheit bedeutet Souveränität gegenüber allen den Willen einengenden Zwängen, gegenüber dem Zwang zur Habsucht, zur Rücksichtslosigkeit, zur Einengung auf das eigene Ich.« (A. Exeler, In Gottes Freiheit leben. Die Zehn Gebote, Freiburg ^{3}1981, 62). Man wird dem Sinn des Dekalogs nur gerecht, wenn er als *Warntafel* verstanden wird, die rechtzeitig darauf aufmerksam macht, wo Gefahr besteht, die Würde des Nächsten zu verletzen und seine eigene Freiheit zu verlieren.
Fernerhin ist bemerkenswert, daß es sich bei den Dekalogformulierungen um apodiktisches Recht handelt, das mit zwei Ausnahmen negativ formuliert ist. Der Hörer vernimmt nicht, was er tun soll, sondern was ihm zu tun untersagt ist. Der Dekalog ist ein Aufruf zu schöpferischem Handeln. Durch die Verankerung in der Exodustradition wird der Impuls noch insofern verstärkt, als es herauszufinden gilt, wo gegen die elementaren Güter menschlichen Zusammenlebens verstoßen wird. Ein Unterrichtsgespräch, das diesen Gedanken aufgreift und ihn den Schülerinnen und Schülern anhand konkreter Beispiele erläutert, leistet einen wichtigen Beitrag zur Grundlegung einer christlichen Verantwortungsethik. Die negativen Formulierungen eröffnen zugleich die Möglichkeit, ja die Notwendigkeit, den Dekalog »fortzuschreiben«, Konkretisierungen und Erweiterungen vorzunehmen, die sich aus zukünftigen, zur Zeit Israels noch unbekannten Gefährdungen der Person und des gemeinschaftlichen Lebens ergeben. Der Dekalog ist nach vorne hin offen und fordert zu einem korrelativen Umgang heraus. Was das im einzelnen bedeutet, wird exemplarisch bei der Besprechung des 4. Gebots näher zu klären sein.

In welchem Verhältnis stehen Bund und Dekalog zueinander? Dazu einige Erläuterungen: Das Religionsbuch folgt in seinem Aufbau der Anordnung der Kapitel Ex 19 und 20. Hier vernehmen wir die Ankündigung und Verheißung des Bundes (19,1-14), die Gotteserscheinung (19,16-24) und die Kundgabe des Dekalogs (20,18-21). In Ex 24,1-8 wird der Bundesschluß erzählt. Diese Darstellungsweise legt die Vorstellung nahe, der Dekalog sei am Berge Sinai im Rahmen einer beeindruckenden Gotteserfahrung, die dem ganzen Volk zuteil wurde, von Gott offenbart und den Israeliten durch den Mittler Mose übergeben worden. Der Verbindung von Bund und Dekalog läge also ein geschichtliches Ereignis zugrunde. Die neuere Dekalogforschung ist jedoch zu einer differenzierteren Sicht dieses Zusammenhangs gekommen. Deshalb muß auch der Unterricht über diesen alttestamentlichen Themenbereich die gewonnenen Einsichten berücksichtigen und den Schülerinnnen und Schülern den geschichtlichen Werdeprozeß der Integration von Bund und Dekalog wenigstens ansatzhaft erläutern. Die theologische Bedeutsamkeit dieser für den biblisch-christlichen Gottesglauben zentralen Inhalte geht dabei keineswegs verloren. Vielmehr wird durch die Vermittlung dieser neueren Erkenntnisse dem jungen Menschen ein Weg zu einem verantwortbaren Gottesglauben gebahnt. Im Rückblick auf gegenwärtige Forschungsergebnisse gelangt N. Lohfink zu folgendem Resultat: »Dem Blick des Historikers hat sich Nebel über den Berg Sinai gelegt, er unterscheidet nicht mehr genau, was dort geschah und was nur als Deutung und Auslegung des dort Geschehenen später dorthin zurückgetragen wurde. Die Geschichte des Dekalogs erscheint ihm komplizierter, länger und reicher, als sie früheren Generationen erschien, und erst an einer bestimmten Stelle der Dekalogsgeschichte wird der Dekalog zur grundlegenden Deutung des am Sinai gestifteten Bundes. Aber dann wächst er wirklich voll in diesen Zusammenhang hinein, und er wäre töricht, ihm irgend etwas von der Autorität zu nehmen, die man ihm früher gab, als man glaubte, er sei am Sinai in einem kollektiven mystischen Erlebnis von allen zwölf Stämmen aus der Höhe herab gehört worden.« (Bibelauslegung im Wandel, Frankfurt 1967, 156f.)

Die Kommentierung geht auf folgende Fragen näher ein:

1. Wie ist es zur Integration von Bund und Dekalog als Bundesurkunde gekommen?
2. Was folgt daraus für das Verständnis des biblischen Ethos?

Zu 1: Die Entwicklungsgeschichte des Dekalogs hat bereits aufgezeigt, daß er im Verlauf einer längeren Zeit aus verschiedenen, zunächst selbständigen Elementen zu der nun vorliegenden Einheit zusammengewachsen ist. Betrachten wir die Weisungen der »zweiten Tafel« (Gebote IV-X), so zeigt sich, daß Israel diese Einsichten wohl kaum einer besonderen, nur ihm gewährten Offenbarung Gottes verdankt, da sie das Ergebnis menschlicher Erfahrungen sind, die durch das Zusammenleben in der Sippe, später auch in größeren gesellschaftlichen Gruppen, gewonnen wurden. Soll gemeinschaftliches Leben gelingen, dann bedarf es der Respektierung der im Dekalog aufgeführten Güter; sie sind in der menschlichen Natur begründet und deshalb auch für alle erkennbar, so daß der Dekalog – bezogen auf die Einzel bestimmungen – ein natürliches Sittengesetz darstellt. Im Umkreis des vorderen Orients, bei benachbarten Völkern, finden wir ähnliche Gebotssammlungen. Wir haben es mit einem weltlichen Ethos zu tun, mit sittlichen Normen, deren der Mensch bedarf, weil er nicht über die Instinktsicherheit des Tieres verfügt und deshalb Maßstäbe für das sittliche Verhalten entwickeln muß.
Diese Einsicht konnten die Schülerinnen und Schüler bereits bei der Besprechung der »Klassenordnung« gewinnnen. So hat auch Israel Wertvorstellungen entwickelt, über deren Verbindlichkeit zunächst die Autorität des Sippenältesten wachte. Später hat das Volk diese sittlichen Weisungen zunehmend im Lichte seines Jahweglaubens gesehen und sie zur Grundlage des Bundesverhältnisses gemacht. So wurde der Dekalog zur Ur-Kunde des Bundes. Die Legitimation dieses Integrationsprozesses lag für Israel in seinen Glauben an Jahwe, seinem Bundesherrn, der es aus der Knechtschaft befreit und zu seinem »besonderen Eigentum« (Ex 19,5) gemacht hatte. In diesen Bund sah Israel alles miteingeschlossen, was sein bisheriges Leben so positiv bestimmte, nicht zuletzt die ethischen Normen, die sich im Alltag bewährt hatten und ein gemeinschaftliches Leben ermöglichten. Die Erfahrungen mit seinem Gott Jahwe, die geschehene Befreiung und die Gewährung eines freien Lebens in einem freien Land, zusammengefaßt in dem Begriff »Bund«, »durchdringen den Glauben des Volkes bis in seine sittlichen Verpflichtungen hinein. Wo früher die Autorität der Sippe und ihres Oberhauptes verpflichtet hat, verpflichtet nunmehr Jahwe selbst und ruft seinen Hoheitswillen über das Ethos aus«. (A. Auer, Autonome Moral und christlicher Glaube, Düsseldorf ^{2}1984, 62) Nunmehr werden die sittlichen Gebote, auf die Israel durch Erfahrung und Reflexion selbst gestoßen ist (autonome Moral), gewiß auch angeregt durch benachbarte Völker, als Weisungen Gottes (theonome Moral) verstanden. Man sah sich berechtigt, an den Beginn des Dekalogs den Satz zu stellen: »Nun redete Gott alle diese Worte« (Ex 20,1).

Zu 2: Die Integration des in der Tradition vorgefundenen, als verbindlich angesehenen Ethos in den Jahweglauben bewirkt nach A. Auer eine vertiefte Sicht menschlicher Sittlichkeit und Verantwortung. Sie besteht zunächst in der »neuen Motivation des Sittlichen«. Das zeigt die chassidische Geschichte. Weil Gott »dich aus dem Dreck geholt« hat, »hilf mit, andere aus dem Dreck zu ziehen« (vgl. 5,12-15; 6,20-24). Weiterhin führt die Verschränkung zu einer »Dynamisierung des Sittlichen«. Sie macht sensibel für Verletzungen der menschlichen Würde auf allen Gebieten des Lebens. Nunmehr stehen die Forderungen unter der Autorität des heiligen Gottes, der will, daß das Zusammenleben stets humaner gestaltet wird und die Widersprüche beseitigt werden, die zwischen seiner Intention und den realen Verhältnissen bestehen. Die Dynamisierung führt dazu, den Dekalog nicht als eine starre Größe zu betrachten, sondern ihn als Impuls zu verstehen, »seine Forderungen auf die jeweilige Gegenwart hin (zu) konkretisieren und geschichtsgerecht (zu) interpretieren«. Als drittes Moment hebt Auer die »neue Transparenz des Sittlichen« hervor. Von ihr kann insofern gesprochen werden, als das ethische Verhalten zugleich einen religiösen Vollzug darstellt, weil Nächstenliebe und Gottesliebe einander zugeordnet sind (vgl. Auer, 63-67).

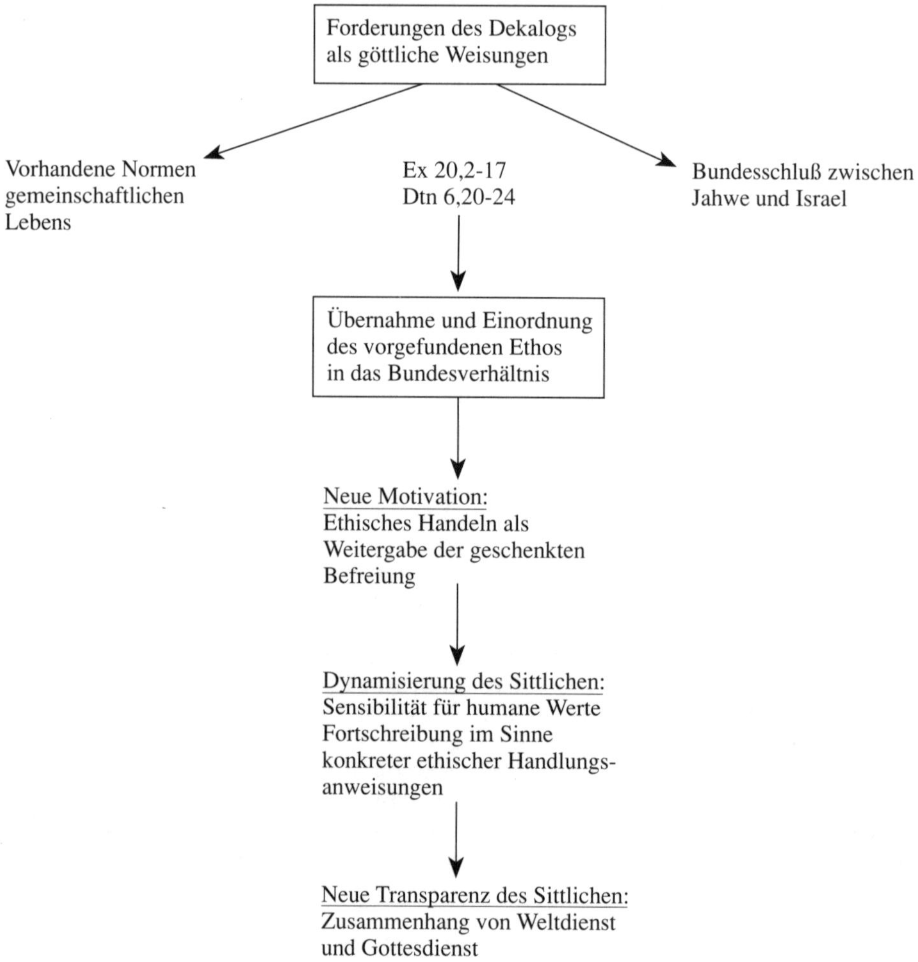

Bundesschluß zwischen Jahwe und Israel

Die Einbindung des Dekalogs in den Jahwebund findet in den Sinaiperikopen der Bücher Exodus und des Deuteronomium ihre erzählerische Ausgestaltung: Der Berg ist in eine Wolke gehüllt, Donner und Blitze brechen los; mächtiger Posaunenschall ertönt, das Volk wird aus dem Lager geführt und stellt sich am Fuße des Berges auf; Jahwe kommt, umgeben von Feuer und Rauch, auf den Berg herab und verkündet die zehn Worte; Moses nimmt als Mittler die steinernden Tafeln entgegen, das Volk stimmt den Worten Jahwes zu, und es wird im Zeichen des Blutes der Bund geschlossen (vgl. Ex 19,16-25; 20,1-21; Dtn 4,10-13; 5,1-22). Die Symbolsprache dieser Darstellung ist unverkennbar. Vor allem hat die Liturgie des Bundeserneuerungsfestes, das Israel alljährlich in feierlicher Form beging, einen maßgeblichen Einfluß auf die Perikopen von der Gotteserscheinung und dem Bundesschluß am Berge Sinai ausgeübt. Wie dieser Bund im Gottesdienst erneuert wurde, »wissen wir nicht genau, vor allem nicht für die Frühzeit. Doch können wir mit großer Wahrscheinlichkeit annehmen, daß der Bund in einer feierlichen Schwurzeremonie neu beschworen wurde, wobei die versammelte Festgemeinde Segen und Fluch über sich

selbst herabrief, Segen für den Fall der Vertragstreue, Fluch für den Fall des Vertragsbruches. Denn ›Bund‹ heißt ›Vertrag‹. So werden wohl vorher stets die Vertragsbedingungen ausgerufen worden sein. Es wird verkündet worden sein, was Jahwe, der Gott Israels, vor jeder Leistung Israels schon für sein Volk getan hat, vor allem, wie er es aus der ägyptischen Knechtschaft befreit und in das herrliche Land Kanaan hineingeführt hat. Und dann werden die Forderungen verkündet worden sein, die Jahwe an sein Volk Israel stellte. Große Verträge wurden im Alten Orient stets schriftlich angefertigt. So dürfte die Nachricht von Tafeln des Bundes, also von einer Bundesurkunde, wohl schon den Brauch der Frühzeit spiegeln, im Bundeskult eine Bundesurkunde des Gottesbundes Israels feierlich zu verlesen. In ihr werden die Wohltaten Jahwes und die Verpflichtungen Israels aufgezeichnet gewesen sein.« (N. Lohfink, 151)
Blitz und *Donner* künden von Gottes unbegreiflicher Macht, im Feuer offenbart sich seine lebendige, alles verzehrende und reinigende Kraft (vgl. Ex 3,2; 13,21); die *Wolke* symbolisiert Gottes Gegenwart und zugleich seine Verborgenheit (vgl. Ex 33,9; 40,34f.); der *Berg* (Photo Seite 15) gilt in der Religionsgeschichte als ein Ort, der Himmel und Erde miteinander verbindet und wo Gott sich offenbart und seine Weisungen kundtut. Nach altorientalischer Vorstellung ist der Berg gleichsam die Achse, der Mittelpunkt der Welt. »Weil der Berg dauert, wenn alles im Wechsel der Zeiten versinkt, muß er auch zum ältesten gehören, dessen der Mensch gewärtigt zu werden vermag; er muß bis zum Anfang der Schöpfung selbst zurückreichen. So ist es kein Wunder, wenn er zu jenem ›Urhügel‹ wird, den der Schöpfergott sich am Anfang als Standplatz erschuf, von dem aus er das Werk der Schöpfung beginnen wollte.« (G. Becker, Die Ursymbole in den Religionen, Köln 1987, 146) Dieser letzte Aspekt der Bergsymbolik macht nochmals auf die fundamentale Bedeutung des Dekalogs für das Leben der Menschen aufmerksam. Nach E. Zenger kommt in den Zehn Geboten »die von Jahwe gewollte Grundordnung der Schöpfung zur Sprache; sie sind ein Schutz gegen all jene Mächte und Gewalten, die die Schöpfung bedrohen« (Der Gott der Bibel, 64). Auch an die *Wüste* ist zu erinnern. Als Ort der Weltabgeschiedenheit und höchster Gotteserfahrung ist sie ein Symbol für Läuterung und Besinnung. So vermag die Symbolsprache den tiefen Gehalt des Dekalogs zu erschließen und verständlich zu machen, wie es dazu gekommen ist, gerade diesen Text zur Ur-Kunde des Bundes zu machen. Diese Wertung des Gesetzes kann im Unterricht noch durch Psalmworte (im Buch Seite 17) konkretisiert werden, die Israels Stellung zur Tora beschreiben. Das Gesetz ist »verläßlich« (Ps 19,8), es schenkt »Leben« (Ps 19,93), es »erfreut das Herz« und »erleuchtet die Augen« (Ps 19,9).

Marc Chagall (1887-1985): »Mose empfängt die Gesetzestafeln« *Seite 16*

Mit diesem Bild, das zwischen 1960-1966 entstanden ist und heute im Musée Message Biblique Marc Chagall in Nizza zu besichtigen ist, beendet Chagall den zwölfteiligen Zyklus der großen Gemälde zu Genesis und Exodus. Das von einer großen Ordnung kündende Quadratformat (Original: 237 x 233 cm) wird in ästhetischer, nicht geometrischer Hinsicht durch zwei Diagonalen gegliedert: die eine ist die von links oben nach rechts unten zu Moses Bruder, den Priester Aaron, hin abfallende Profillinie des Sinaiberges, die andere wird aufgebaut durch die Gestalt des Mose, dem aus einer lichten, am Rande dunklen Wolke die Arme und Hände Jahwes die Bundesurkunde der Zehn Weisungen hinüberreichen, die Mose als Mittler an das Volk Israel (links unten) weiterleiten soll (Dtn 5,5). Sowohl auf dem in kubistischer Manier geometrisch zerklüfteten Berg, wie auf dem ostjüdischen Kaftan des Mose, den der fromme Chassid beim Gebet anlegt, wie auf der durch eine Flügelform durchzuckten Wolke, auf den schenkenden Armen und Händen wie auf den Tafeln liegt das epiphane Weiß der göttlichen Gegenwart. »Dieser Mose, den Chagall einmal als ›die Quelle, aus der alles stammt‹, bezeichnet hat, trägt in fast der gesamten Kunstgeschichte die

Strahlenbündel, … die beiden Hörner, eben deshalb, weil die Bibel von ihm in höchst dramatischer Anschaulichkeit und Nacherlebbarkeit erzählt, daß er als einziger Mensch gewürdigt war, auf jenen brennenden Berg Horeb zu steigen, direkt in das ›Feuer‹ (Dtn 5,1-5; 23-27; 31) zu gehen bzw. in ›den Kabod Gottes‹ hinein. Als er zurückkam, so heißt es (Ex 34,29-35), konnte das Volk noch nicht einmal den Widerschein jenes Lichtes Gottes ertragen, der noch von Moses Gesicht ›strahlte‹, so daß er eine Decke vor sein Angesicht tun mußte, wenn er mit ihnen redete.« (Chr. Goldmann, Dissertation, Seite 364)

Der hebräische Begriff ›Kabod‹ (= Lichtglanzherrlichkeit Gottes) wird durch die goldgelbe Farbe ins Bild übersetzt, die den großen Raum zwischen der dunklen Wolke (Ex 20,21) und der Profillinie des Horeb ausfüllt. Dieses Goldgelb des Kabod-Raumes Gottes ist allein für dieses große Bild unter den großen Gemälden zur Biblischen Botschaft in Nizza charakteristisch. Unter der dunklen Wolke, die oben links ein astrales Gebilde enthält und die Transzendenz und Bildlosigkeit des Geheimnisses Gottes wahrt, laufen radial Strahlen durch den Lichtraum bis auf das Sinaigebirge hinunter.

Die beiden Tafeln sind im Sinn der hebräischen Schrift rechts-links-läufig zu lesen. Die (vom Betrachter aus) rechte Tafel beginnt mit der Präambel der Zehn Weisungen: »Ich bin« (JHWH, dein Gott, der dich herausgeführt … Dann erscheint dreimal das hebr. Wort »lo'« = »Nicht« [wirst du …]. Jedes Überspringen der Weisungen Gottes als Leitplanken am Weg in ein gelingendes, glückliches Leben im geschenkten Land führt nicht in die Freiheit, sondern zurück in das Sklavenhaus Ägypten. Die Weisungen der 1. Tafel wären dann auch einzuleiten durch: »Versklavt eucht nicht dadurch, daß …« und die Weisungen der 2. Tafel durch: »Versklavt die anderen nicht dadurch, daß …«. Die rechte Hand Jahwes hält die Tafeln, die linke, die Hand des Herzarms, ruht unten auf der 1. Tafel. Zwischen Daumen und Zeigefinger erscheint ein Text an der Nahtstelle zwischen den Weisungen der ersten und zweiten Tafel. Er ist nicht exakt zu entziffern. Entweder intoniert er in hebr. Schrift die Sabbatweisung: »Gedenke des« [Tages der Feier, zu heiligen ihn. Sechs Tage sollst du arbeiten, …« (Ex 20,8) oder »Ehre deinen« [Vater und deine Mutter, damit verlängert werden deine Tage auf dem Ackerboden, den JHWH, dein Gott (ist) gebend an dich] (Ex 20,12).

Die linke Tafel intoniert sechsmal das hebr. Wort »lo'« = »Nicht, nie, niemals« [wirst du …]. Die runde Profillinie der linken Tafel, die sich auf das Zusammenleben der Menschen im geschenkten Land bezieht, läuft auf die erste Weisung der rechten Tafel zurück: »Nicht sei dir andere Gottheit mir ins Angesicht« (Ex 20,3). Diese erste Weisung scheint für Chagall grundlegend für die Beachtung aller anderen Weisungen. Über den linken Daumen und die obere Begrenzungslinie des Kaftanärmels des Mose am linken Herzarm gehen die Weisungen auf den geöffneten Mund des Propheten Mose zu. Das mag an das Essen der Buchrolle durch den Propheten Ezechiel erinnern (Ez 2,8-3,4). Mose hat die Weisungen der Toratafeln so sehr verinnerlicht, daß die Profillinie seines Kopfes und Bartes in Parallele selbst ein wenig der Randbegrenzung einer Toratafel gleicht.

Vom Gipfel des Sinaiberges fällt die Hanglinie ein wenig nach links hin ab. Dort im Hintergrund stellt Chagall in ironischer Verkleinerung die rauschhafte Verkümmerung des Tanzes um das Goldene Kalb dar, dessen Verehrung sich im Gegensatz zu den Mose-Getreuen im Vordergrund nach Chagalls Sicht nur wenige hingeben (Ex 32 und Dtn 9,9-21). Auf dem Bundesvolk liegt der rote Feuerschein der Sinai-Theophanie. Männer und Frauen mit Kindern, ein Armer mit einem Bettelsack wenden sich zum Teil von dem heiligen Geschehen ehrfürchtig ab, zum Teil weisen sie sich gegenseitig begeistert mit Gesten der Freude oder Ergriffenheit auf diese gewaltige Brücke hin von der Wolke und den Armen Jahwes über die Toratafeln und den riesigen Körper des Mose bis zu seinen Füßen und über sie zum Volk. Doch sind die Jahwe-Getreuen deutlich durch eine Tabu-Linie, die als klare Grenze bogig vom Mantel des Mose um seine Füße schwingt, von dem heiligen Berg getrennt (Ex 19,12.23).

Obwohl Aaron auf Bitten der Israeliten das Goldene Kalb verfertigte, ist er von Chagall als der Begleiter des Mose (Ex 19,24) an die entgegengesetzte Seite der Profillinie des Berges versetzt worden. Der Künstler stellt ihn uns als das in sich gekehrte Urbild des Hohenpriesters in dem meditativen Violett seines Gewandes mit der hohenpriesterlichen Mütze und dem Brustschild vor, auf dem viermal drei Edelsteine mit eingravierten Namen die zwölf Stämme Israels repräsentieren (Ex 28,15-21). Mit geschlossenen Augen neigt er sich zur brennenden Menorah, die im Vorausblick den Tempel und seinen heiligen Kult gegenwärtig spürbar werden läßt (Ex 25,31-40; 37,17-24).

Aus der Herzgegend des Mose und von dem rechten Arm her, dessen kabodleuchtende Hand die

Toratafeln annimmt und gleichzeitig auf sie weist, fliegt ein Engel mit der epiphan-weiß leuchtenden Rolle parallel zum Berghang auf eine Menschengruppe zu. Ihr wird die gesamte Tora als Gabe Gottes geschenkt, »galt doch im Judentum der Dekalog nur als Hauptausdruck, nicht als alleiniger Inhalt dieser Offenbarung« (H. Halbfas, Seite 258). Auf sie ist intensiv betroffen der Vater einer Familie gerichtet, der jeweils die Aufgabe hat, die Tora seinen »Söhnen einzuschärfen« (Dtn 6,7). Zwischen ihm und dem Toraboten sind trotz intensiver Retuschen Chagalls zwei mächtige Engel im Bilduntergrund noch sichtbar.

Neben der gewaltigen Tora sind hier noch die prophetischen Texte, die Bücher der Kündung, und die Schriftwerke, unter ihnen besonders das Buch der Preisungen (die Psalmen) von Bedeutung. Sie bedenken die Heilstaten Gottes, die in der Tora erzählt werden, vor dem Hintergrund der Wechselfälle der Geschichte und bewegen sich zwischen Lobpreisung, Kritik, Klage und Tröstung. Die Fortführung in die Geschichte ist dadurch ausgedrückt, daß die prophetische Figur und der König auf seinem Thron nach rechts außen über den Rand hinweg gerichtet sind. Da ist zunächst der in einen grünen Gebetsmantel gehüllte Prophet. Ist es Jeremia, der über den Bundesbruch Israels klagt, die vielfältige Mißachtung der Weisungen Gottes und die Nacht des Exils? (Jer 13,15-17) Ist es Jesaja, der über die Geburt eines messianischen Kindes nachsinnt, das möglicherweise auf dem Schoß der Mutter über seinem Kopf aufscheint? (Jes 9,1-6)

Über dem Propheten und der jüdischen Familie thront König David. Er spielt auf der Harfe und besingt die Beglückung des Lebens durch die Weisungen: »Dein Wort ist meinem Fuß eine Leuchte, ein Licht für meine Pfade.« (Ps 119, 105) So erscheinen in dem Priester, dem Propheten und dem König drei der wichtigsten Personifikationen des Gottesvolkes, denen die Weisungen der Tora anheimgegeben sind, um sie in der kultischen Feier des Gottesdienstes auszulegen und das Volk in seinem Tun und Lassen an ihnen zu messen.

Das Licht der Weisungen strahlt durch den Kabod-Raum Gottes bis in unser Jahrhundert. Chagall komponiert in und zwischen die drei oberen Strahlen Straßenzüge des jüdischen Stedtels von Witebsk, seinem Geburtsort. Wenn man dort einen Mann auf der Straße liegen sieht und vor allem, wenn man in der oberen linken Ecke des Gemäldes über der runden Profillinie entdeckt, daß Chagall dort die Szene des Opfers Isaaks auf dem Berge Morija zitiert mit dem auf dem Altrar kopfüber liegenden Sohn Abrahams, dem Vater mit dem gezückten Messer, dem Einhalt gebietenden Engel und dem Ersatzopferwidder unter dem Baum, so stellen sich Assoziationen des Unheils ein. In dieser dunklen Szene der Akeda Isaaks (der Bindung Isaaks), die an jedem jüdischen Neujahrsfest (Rosch-haschanah) gelesen wird (Gen 22,1-19), verhandelt Israel die vielfältige Verfolgung seiner Existenz bis hin zu den Brennöfen des sog. Dritten Reiches in der Shoa.

Solches Unheil aber geschieht immer, wenn die zum Leben weisende Grundsatzerklärung des Bundesvertrages Gottes mit den Menschen (Ex 20,3-11) und dessen Einzelbestimmungen (Ex 20,12-17) mit Füßen getreten werden. Die vielfältig Verfolgten und Getöteten scheinen am rechten Rand des Bildes eingeborgen in die weiße und dunkle Wolke des Jahwe Israels, der das Elend seines Volkes sieht, seine laute Klage hört und ihr Leid kennt (vgl. Ex 3,7).

Es bleibt ein positives Bildzeichen zu betrachten: das Liebespaar über dem Goldenen Kalb, das parallel zu dem gewaltigen Körper des Mose zart im goldenen Raum der Lichtglanzherrlichkeit Gottes schwebt: »Die Liebe des Paares währt nur, solange die göttliche Weisung in den Herzen dieser Menschen eingeschrieben bleibt; ebensolange bleibt auch der Engel hinter ihnen … und bewahrt sie in seinem Schutz; doch würden sie die Weisung mißachten, …, so würde auch der Engel von ihnen weichen und das Licht des Himmels um sie herum erlöschen. (…) Gottes Gebote … sind nicht Behinderungen des Lebens, sondern dessen Garantie. Wer ›die wunderbaren Gaben‹ nicht sieht, … verliert das Glück, von dem alleine Menschen leben können.« (H. Halbfas, a.a.O., Seite 260).

Hinter Aaron schaut (angeschnitten durch den rechten Bildrand) der Künstler selbst, die Hand meditierend aufs Herz gelegt, den Berghang des Sinai hinauf und betrachtet die wunderbare Übergabe des Geschenks der Weisungen auf den Tafeln, auf denen die Lichtglanzherrlichkeit des Jahwe Israels schimmert.

Hans-Dietrich Schütz

Literatur

Christoph Goldmann, »Message Biblique Marc Chagall – Der Bildmidrasch eines jüdischen Malers zur hebräischen Bibel«. Inaugural-Dissertation zur Erlangung der Würde eines Doktors der Evangelisch-Theologischen Fakultät der Ruprecht-Karls-Universität zu Heidelberg, vorgelegt 1989

Band 1: Analyse und Interpretation

Band 2: Bild- und Textdokumentation

Hubertus Halbfas, Religionsunterricht in der Grundschule – Lehrerhandbuch 3, Düsseldorf [1]1985

Eine vorzügliche Reproduktion des Ölgemäldes befindet sich in dem »Catalogue des collections – Musée National Message Biblique Marc Chagall Nice«. Editions de la Réunion des musées nationaux, Paris 1990 (ISBN 2-7118-2363-6). Käuflich zu erwerben im Musée Biblique in Nizza.

4 Leben in einer Familie

Seite 18-24

Den Abschluß des Kapitels bildet das Thema »Leben in einer Familie«. Die Beziehungen zu den bisherigen Teilthemen (Jeder hat seinen Namen – Jeder hat verschiedene Aufgaben und Rollen) lassen sich leicht herstellen. Im Vordergrund steht die Anbindung an den Dekalog, vor allem an das 4. Gebot, dessen unterrichtliche Auslegung die im Vergleich zur alttestamentlichen Lebenswelt gewandelte heutige Situation zu berücksichtigen hat. Damit bietet sich die Gelegenheit, die erwähnte Offenheit des Dekalogs, die Notwendigkeit, die einzelnen Weisungen »fortzuschreiben«, an einem Beispiel zu veranschaulichen. Insofern hat dieses Thema einen exemplarischen Charakter. Die Erfahrungen, die die Schülerinnen und Schüler in diesem Lebensbereich machen, sind sehr unterschiedlich. Die Auswahl der Texte und Bilder, ebenso die Impulse, sind als Grundlage und Ausgangspunkt eines unterrichtlichen Gesprächs gedacht, das der Erhellung der Situation möglichst viel Raum bieten sollte. Es werden verschiedene Aspeke angesprochen: Die Beziehungen innerhalb einer Großfamilie (Eine große Familie), das erzieherische Verhalten der Eltern in einer Konfliktsituation (Trotzdem), der »Gewinn«, der für die Eltern die Geburt eines Kindes bedeuten kann (Geburtsanzeige), die Grenzen, denen auch die Eltern unterliegen (Kein Supermann). Die Impulse sollen dazu dienen, über die unterschiedlichen Rollen und Erwartungen nachzudenken, die Eltern und Kinder im Familienverband einnehmen bzw. gegenseitig hegen.

Seite 22-23

Die Erzählung »Ohne Vater leben« greift die Probleme auf, die sich für Kinder unverheirateter (auch geschiedener) Eltern ergeben. Worin die unverzichtbare Aufgabe der Familie, die Bedeutung einer stabilen Eltern-Kind-Beziehung liegt, soll das »Kindermutmachlied« aufzeigen: Selbstbewußtsein, Bejahung der eigenen Existenz und Lebensfreude entwickeln sich dort, wo der junge Mensch »in seinem Sein bestätigt« (M. Buber) wird, d.h. Liebe, Zuwendung und Ermutigung erfährt. Damit wird zugleich der Bogen zur ersten Einheit (Jeder hat seinen Namen) geschlagen. In der Mitte der Einheit, gleichsam von Fallgeschichten eingerahmt, befindet sich das Thema »Das 4. Gebot – Ehre deinen Vater und deine Mutter ...!« Durch diese Anordnung wird der besondere Stellenwert hervorgehoben, den die Familie im Rahmen der Identitätsfindung und der Sozialerziehung des Kindes einnimmt. Der Einstieg ist problemorientiert (Das 4. Gebot in Schönschrift), es folgt ein Märchen aus der Sammlung der Gebrüder Grimm, das einen Zugang zum Verständnis des vierten Gebots im alten Israel bietet. Einige Impulse nehmen darauf Bezug. Das Photo zeigt das Zusammensein der Generationen anläßlich eines Familienfestes.

Seite 2o-21

Welche Bedeutung hatte das 4. Gebot »damals«? Das Elterngebot (Ex 20,12; Dtn 5,16) ist, ebenso wie das Sabbatgebot, positiv formuliert. Es werden Vater und Mutter erwähnt.

Sie nehmen den gleichen Rang ein. Dem Gebot ist eine Verheißung beigefügt, die der Motivierung dient. Es steht am Anfang der zweiten Tafel und bildet somit die Nahtstelle zwischen Gottesrechten und Menschenrechten. »Es ist das erste und grundlegende Gebot über unser Verhältnis zum Mitmenschen.« (O. H. Pesch, Die Zehn Gebote, Mainz 1976, 69) Ein Vergleich mit Ex 21,15 – »Wer seinen Vater oder seine Mutter schlägt, soll mit dem Tod bestraft werden« (vgl. auch Vers 17) – zeigt, daß es sich beim Elterngebot in erster Linie um das Verhältnis der erwachsenen Kinder zu ihren altwerdenden Eltern handelt. Dieses Verständnis findet seine Erklärung in der Situation der älteren Generation in damaliger Zeit. »Die Alten, Kranken, Schwachen waren allein auf die Versorgung durch die Jüngeren angewiesen. Und zwar kamen dafür vor allem die Söhne in Frage, denn die Töchter heirateten in der patrilokalen Gesellschaft des Alten Israel normalerweise nach auswärts. Im Hause und auf dem Erbland blieben die Söhne. Auch der so häufige und dringende Wunsch nach männlichen Nachkommen und die Nöte, die beim Ausbleiben entstanden, haben diesen Hintergrund. Söhne waren lebensnotwendig für die Zeit des Alters.« (C. Crüsemann, Bewahrung der Freiheit, München 1983, 59f.). Das Gebot hatte in damaliger Zeit somit die Funktion zu erfüllen, die heute die Sozialversicherung übernommen hat. Aber damit ist das Gebot nicht gegenstandslos geworden. Die gesetzlich geregelte Altersfürsorge enthebt die Kinder nicht der Verpflichtung, die Beziehungen zu den älteren Generationen zu pflegen, ihnen verständnisvoll zu begegnen und alles zu tun, um die Erschwernisse des Alters zu lindern bzw. mitzutragen.

Der Text »Das 4. Gebot in Schönschrift« dokumentiert die im Vergleich zu früher veränderte Beziehung der Kinder zu ihren Eltern in Richtung auf einen mehr partnerschaftlich orientierten Umgang. Wie ist aber dann die elterliche Autorität zu verstehen? Was bedeutet »ehren«? Das hebräische Verb »kabbed« hat die Bedeutung: jemandem Gewicht verleihen, als gewichtig anerkennen. Im Zusammenhang des Elterngebots ist unter »ehren« zu verstehen: den Eltern Autorität zuerkennen, sie mit Respekt behandeln, ihre Ansichten als bedenkenswert betrachten, sie erstnehmen und nicht leichtfertig unterschätzen. Es ist also nicht von Gehorsam die Rede, von einem Autoritätsverhältnis, das durch Befehl und Unterwerfung gekennzeichnet ist, sondern gemeint ist, daß die Erfahrungen der älteren Generation bei der Suche nach dem eigenen Weg miteinzubeziehen sind. Da die Alten die Tradition und Lebensgewohnheiten repräsentieren, ist es auf diese Weise möglich, daß einerseits die Lebensweisheit der älteren Menschen nicht verlorengeht, aber auch andererseits den Heranwachsenden der Raum für neue Erfahrungen und Erkenntnisse offensteht. »Die Eltern sind zu ehren – das heißt: die Vorangehenden haben ihr Gewicht, sie sind nicht grundsätzlich zu unterschätzen. Die Stimme der Väter und Mütter, das geschichtliche Erbe, sind ernst zu nehmen, auch und gerade dort, wo man sich weigert, sie ›todernst‹ zu nehmen, wo man eigene Wege einschlägt.« (J. M. Lochmann, Wegweisung der Freiheit, Gütersloh ^{2}1984, 76) Angesichts der sich beschleunigt verändernden Gesellschaft ist es gewiß nicht leicht, diese Balance zu halten. Wie dies in der konkreten Situation geschehen könnte, sollte im Unterrichtsgespräch herausgefunden werden (Impulse!).

Über die gebotene materiell-soziale Sicherstellung und persönliche Achtung der Alten hinaus steckt im Begriff »ehren« auch eine theologische Komponente. Das Wort »kabbed« wird ebenfalls auf die Gottesbeziehung angewandt (vgl. Jes 29,13). Gott ehren heißt: ihm das zukommende Gewicht geben, ihn in seinem Gottsein anerkennen. Beide Beziehungen, die zu den Eltern und die zu Gott, stehen in einem Zusammenhang. Indem nach israelitischer Auffassung die jüngere Generation die Eltern ehrt, wird zugleich Gott geehrt. Die Eltern sind die Garanten der religiösen Überlieferung. »In der Sippenordnung wird zunächst der sozial- ethische Aspekt im Vordergrund gestanden haben, nämlich das

Wohl der alten Eltern zu sichern. Doch tritt dieser Geschichtspunkt mehr und mehr zurück zugunsten eines religiös bestimmten, der die Elternautorität an die Seite der Autorität Jahwes stellt; die Eltern sind verantwortlich für die Weitergabe der Überlieferung ... Die Eltern sind so und soweit zu ehren, als sie den Gotteswillen ... lehren und auf seine Einhaltung dringen.« (H. Schüngel-Straumann, Der Dekalog – Gottes Gebote? Stuttgart 1973, 69f.) Im Vergleich zur damaligen Zeit sind heute der elterlichen Autorität in religiös-erzieherischer Hinsicht Grenzen gesetzt, da es viele konkurrierende Instanzen gibt, die auf die weltanschauliche, religiöse Option der Jugendlichen Einfluß nehmen. Auch darüber sollte im Unterricht gesprochen werden.
Alle Gebote sind in der Exoduserfahrung verankert. Das vierte Gebot verweist auf das Ziel des Auszugs, den Besitz des Landes. Die Einhaltung der Weisungen Jahwes ist die Grundlage für das Verbleiben im Lande, für das Wohlergehen, das »gelungene Leben«. »Land« meint nicht nur eine geographische Größe, sondern das Verheißungsgut hat eine gesamtmenschliche Dimension: Das Zusammenleben in Frieden und Gerechtigkeit.

Literaturhinweise

A. Auer, Autonome Moral und christlicher Glaube, Düsseldorf ^{2}1984.
O.H. Pesch, Die Zehn Gebote, Mainz ^{7}1976.
H. Schüngel-Straumann, Dekalog – Gottes Gebote?, Stuttgart 1973.
E. Zenger, Der Gott der Bibel, Stuttgart 1979.

2 Das Leben feiern

Feste – Feiern – Bräuche

Religionsbuch Seite 25-36

Die Kapitelüberschrift wurde gewählt, weil gleich zu Beginn auf den inneren Zusammenhang von Leben und Feier, von Alltag und Festtag aufmerksam gemacht werden soll. Von dieser Intention sind die Einheiten der Kapitel geprägt. Sie bildet den Leitfaden, den die Schüler und Schülerinnen entdecken sollen.
Voraussetzungen für eine schülerorientierte Bearbeitung der Thematik sind gewisse Kenntnisse darüber, wie Jugendliche Feste erleben und was ihrer Meinung nach ein gelungenes Fest ausmacht. (Vgl. hierzu H. Barz, Postmoderne Religion. Jugend und Religion 2, Opladen 1992, 45-50)
Das Eingangsbild »Tanz der Freundschaft«, gestaltet von Pablo Picasso, läßt die Elemente einer Festkultur erkennen: freudige Bewegung, buntes, aufblühendes Leben, Geselligkeit und Wärme, symbolisiert durch die Sonne, die die Dunkelheit durchbricht, alles erhellt und belebt. Der in die Sonne eingezeichnete Vogel weist bereits auf die Erzählung »Das Geschenk des Adlers« (Seite 27) hin. Da die Sonne als Garantin der kosmischen Ordnung gilt, macht das Eingangsbild auf den Rhythmus von Alltag und Festtag aufmerksam. *Seite 25*
Die erste Einheit ›Feste feiern – wozu?‹ befaßt sich mit verschiedenen Anlässen und Gelegenheiten, die es wert sind, gefeiert zu werden. Es schließen sich grundlegende Reflexionen über das Fest an: Ein Fest – was ist das? Die Konkretisierung erfolgt in der dritten Einheit (Seite 30f.) in Verbindung mit dem Sonntag: Den Sonntag feiern. Weil das Brauchtum dem Festverlauf eine gewisse Struktur verleiht und ein fester Bestandteil jeglicher Festkultur ist, werden in der vierten Einheit ›Feste und Bräuche‹ (Seite 32) einige Anregungen dazu gegeben. Damit ist die Überleitung zu den Themen »Österliches Brauchtum« und »Weihnachten feiern« geschaffen (Seite 33-36).

1 Feste feiern – wozu?

Die einzelnen Bilder und Impulse vermitteln Schülern und Schülerinnen einen Einstieg in das Thema. Es werden verschiedene festliche Anlässe dokumentiert und Anregungen gegeben, sich über die Gestaltung einzelner Feste Gedanken zu machen. *Seite 26*
Wie die Kulturgeschichte zeigt, haben die Menschen stets das Bedürfnis gehabt, Feste zu feiern. Anlässe dazu bot das Leben selbst. Infolgedessen gibt es auch recht unterschiedliche Feste, die im einzelnen nur bedingt eingeordnet werden können. Es lassen sich aber einige »Kristallisationskerne« (L. Petzoldt, Volkstümliche Feste, München 1983, 13) nennen, die die verschiedenen Feste in etwa überschaubar machen.

Biographische Anlässe: Vorrangige Bedeutung haben vor allem die Feste, die mit der Lebensgeschichte der Menschen zusammenhängen. Geburt, Erwachsenwerden, Abschluß der beruflichen Ausbildung, Ehe u. a. Ereignisse, die von grundlegender Bedeutung für die Biographie sind werden festlich begangen. Aber nicht nur der Tag selbst wird gefeiert, sondern auch die jährliche Wiederkehr, vor allem Jubiläen. In diesen biographischen Anlässen dürfte wohl die »Urform des Festes« liegen.

Jahreszeitliche Anlässe: Die elementare Bedeutung des Jahreszyklus für das Leben des Menschen hat zu zahlreichen volkstümlichen Festen mit vielfältigem Brauchtum geführt. So kennen wir manche Feste, die den jahreszeitlichen Wendepunkten zuzuordnen sind (z.B. Winter austreiben, Sommer einholen). In symbolischen Handlungen wird der Freude über das Ende des Winters und den Beginn des Sommers Ausdruck verliehen. In vielen Orten gibt es heute noch bzw. wieder sog. Sommertagszüge, die in der Zeit um Ostern stattfinden. Auch die Osterfeuer und der Feuerräderlauf scheinen ursprünglich diese Bedeutung gehabt zu haben.

Gesellschaftliche Anlässe: Andere Kristallisationskerne liegen primär im gesellschaftlichen Bereich. Im Mittelpunkt stehen Anlässe, die es mit dem Zusammenhalt oder der Sicherung des gemeindlichen Lebens zu tun haben. Von alters her werden Brunnenfeste veranstaltet. Abgesehen davon, daß Brunnen stets Kommunikationszentren darstellen, erinnern diese Feste an die Schwierigkeiten, die in früheren Jahrhunderten die Wasserversorgung bereitete. Sie finden heute etwa in Nachbarschafts- und Straßenfesten ihre Fortsetzung. Die aus der mittelalterlichen Ständeordnung herrührenden Zunft- und Gildefeste leben in Veranstaltungen fort, die vornehmlich von Handwerksinnungen getragen und durch entsprechende Umzüge geprägt sind. Feste dieser Art dienten der Selbstdarstellung der einzelnen Berufsstände und dokumentierten ihre gesellschaftliche Funktion. In diesem Zusammenhang sind auch die heute noch weit verbreiteten Schützenfeste zu nennen. Früher hatten die Schützen die Aufgabe, die Gemeinde vor Angriffen feindlicher Truppen zu schützen, also für die Sicherheit der Bürger zu sorgen. Später, als diese Aufgabe von anderen Gruppen wahrgenommen wurde, trat die Pflege der Geselligkeit in den Vordergrund. Gegenwärtig läßt sich die Tendenz beobachten, den ursprünglichen Sinn wieder dadurch zu beleben, daß gemeinnützige Aufgaben übernommen werden, die sich aus unserer gegenwärtigen gesellschaftlichen Situation ergeben. Wir finden hier ein interessantes Beispiel, wie alte, mit Brauchtum versehene Traditionen mit Sinn gefüllt und zu neuen Leben erweckt werden können. Dies läßt sich auch von einer anderen Art von Gemeindefest, dem sog. Grenzumgang, sagen. Früher war es erforderlich, alljährlich oder in größeren Zeitabständen die Gemeindegrenzen zu begehen, ihren Verlauf zu überprüfen und ggf. den Standort der Marksteine zu korrigieren. Dabei wurden die Kinder und Jugendlichen, auch die neuen Gemeindemitglieder, auf sehr drastische Weise auf den Verlauf der Grenze aufmerksam gemacht. Sie sollte sich ihnen einprägen, damit sie die Markierungen in Erinnerung behielten und notfalls bezeugen konnten. Was früher angebracht war, ist im Zeitalter der Landvermessung gegenstandslos geworden. Gelegentlich wird versucht, den alten Brauch dadurch zu beleben, daß man die Grenzverläufe wieder kenntlich macht, sie mit heimatkundlichen Erläuterungen versieht und so einen Anreiz schafft, sich für die nähere Heimat zu interessieren. Auch die überregionalen Feste sind in diesem Zusammenhang zu erwähnen, vor allem die Gedenktage, die eine völkische oder staatliche Bedeutung haben. Es ist natürlich auch hier damit zu rechnen, daß diese Feste verblassen können und keine Resonanz mehr im Volke finden, etwa deshalb, weil sich die Einstellung zum betreffenden Ereignis gewandelt hat. Was ehemals eine identitätsbildende Kraft besaß, erweist sich nicht mehr als gemeinschaftsbildend.

Kirchliche Anlässe: Zahlreiche Feste gehen auf christlichen Einfluß zurück. Dies betrifft u. a. den Karneval, die Fastnacht. Das Wort Karneval verdankt seinen Ursprung »dem kirchlichen Ausdruck für den Beginn der Fastenzeit … der »carnis levanen« (Fleischwegnahme) hieß; im Italienischen ist dies in der Form »carnelevare« schon im Jahr 965 belegt. In scherzhafter Abwandlung hat man daraus ein »carne-vale«, Fleisch- Lebewohl gemacht, womit man auf den Beginn der Fastenzeit anspielte.« (L. Petzoldt, 18) Auch das Wort Fastnacht ergibt sich aus dem Zusammenhang mit dem Beginn der kirchlichen Fastenzeit: Es ist der Dienstag vor Aschermittwoch. Vor allem die Hochfeste des Kirchenjahres – Ostern und Weihnachten – haben den familiären und gesellschaftlichen Festkalender entscheidend geprägt. Der Zusammenhang von Glaube und Leben, Frömmigkeit und Geselligkeit hat dazu geführt, daß das kirchliche Fest sich nicht nur auf den liturgischen Bereich und die dort üblichen Ausdrucksformen beschränkte, sondern auch auf das außerkirchliche Leben ausgedehnt wurde. Aus der Verbindung mit der kirchlichen Feier entwickelte sich manches Brauchtum. Es entfaltete den Festgedanken und brachte ihn in einer Vielzahl von Symbolen, die nicht immer Neuschöpfungen waren, zum Ausdruck. Dies gilt z. B. für die Osterzeit. Im Verlauf der Jahrhunderte entstand vielerorts ein reichhaltiges österliches Brauchtum, das ursprünglich keineswegs immer einen christlichen Sinngehalt besaß, sich aber als geeignet erwies, den Auferstehungsglauben zu veranschaulichen. Darauf wird in der Einheit »Österliches Brauchtum« näher eingegangen. Über die Hochfeste hinaus sind kirchliche Feste (Kirchweihfest, Patronatsfest der Pfarrei, Marien- und Heiligenfeste) von Jahrmärkten begleitet. Religiöse Bedürfnisse und wirtschaftliche Interessen fließen hier zusammen. Worte wie »Messe« und »Dult« (= in dultum: Ablaß) machen auf die Verbindung von Kult und Handel aufmerksam. »An hohen Kirchen- und Heiligenfesten strömten immer großte Volksmassen in die Städte; was lag da näher, als das Angenehme mit dem Nützlichen zu ver binden, nach der kirchlichen Feier sich dem Tanz und Lustbarkeiten hinzugeben und zugleich auch noch das Notwendige einzukaufen« (L. Petzoldt, 423). So wurde die Bezeichnung »Messe« von dem ursprünglich im Mittelpunkt stehenden Gottesdienst allmählich zur Bezeichnung für den damit verbundenen Jahrmarkt. »Jahrmärkte lagen fast immer auf Terminen von Heiligenfesten, und diese Termine haben sich in den Bezeichnungen Jacobi-Markt, Lukas-, Michaeli- oder Mariae-Geburts-Markt bis heute erhalten. Diese althergebrachten Märkte waren Treffpunkte der Bevölkerung der ganzen Region.« (L. Petzoldt, 423f.) Im Bewußtsein vieler Menschen heute ist die Kenntnis vom christlichen Ursprung bzw. der Prägung dieser Feste verlorengegangen. Schüler und Schülerinnen werden den Sinn eines Festes – mag es auch nunmehr lediglich als ein kulturelles Ereignis gewertet werden – besser verstehen, wenn ihnen dieser Zusammenhang aufgezeigt wird.

Das Unterrichtsgespräch sollte sich nicht nur auf die übersichtliche Darstellung der verschiedenen Feste und ihrer möglichen Gestaltung beziehen, sondern auch die Erfahrungen der Schüler und Schülerinnen mit gelungenen und mißlungenen Festen zur Sprache bringen. Dabei könnte die Textgraphik auf Seite 28 (aus: H. Barz, Postmoderne Religion. Jugend und Religion 2,47), die sich auf die wichtigsten Dimensionen des Erlebens von Festen nach dem Urteil Jugendlicher bezieht, hilfreich sein.
Im Schülerbuch werden die Begriffe »Fest« und »Feier« verwandt, wobei jedoch vornehmlich vom Fest die Rede ist. Eine genaue Unterscheidung läßt sich kaum durchführen; sie dürfte auch für die Klasse von untergeordneter Bedeutung sein. Unterschiede liegen in folgendem: Feste lassen mehr Raum für Spontaneität, sie haben den Charakter des Ungezwungenen und sind offen für vielfältige Begegnungen. Feiern dagegen sind stärker geformt und unterliegen bestimmten Gestaltungsmomenten. Das alles führt dazu, daß das Gelingen eines Festes von der aktiven Beteiligung aller Teilnehmer abhängt und deshalb auch nicht von vornherein gewährleistet ist. Anders bei der Feier: dank der vorherigen Planung, einer überlegten Programmgestaltung, ist der Verlauf relativ gesichert. Wie die entsprechenden Zusammenkünfte (Fêten) der Jugendlichen zeigen, liegt ihnen das Fest näher als eine Feier.

2 Ein Fest – was ist das?

Seite 27-28

Diese Einheit befaßt sich mit der Theorie des Festes. Die ins Philosophische und Religiöse führenden Überlegungen werden den Schülern und Schülerinnen in Verbindung mit der Mythe »Das Geschenk des Adlers« und des Symbols Baum nahegebracht. Die Mythe hat der Eskimoforscher Knud Rasmussen (1879-1933) von seiner Expedition in Alaska mitgebracht (vgl. H. Halbfas, Religionsunterricht in der Grundschule – Lehrerhandbuch 3, Düsseldorf/Zürich 1985, 354ff.). Sie liegt der Klasse in einer Überarbeitung von Lene Mayer-Skumanz vor. Die originale Wiedergabe der Mythe findet sich in: H. Halbfas, Das Welthaus. Ein religionsgeschichtliches Lesebuch, Düsseldorf/Stuttgart 1983, Nr. 111. Dort erscheint sie unter der Überschrift »Wie die heilige Gabe des Festes zu den Menschen kam«. Folgende Aspekte lassen sich anhand des Textes erarbeiten:

Fest und Arbeit: Geht man von der Wortbedeutung aus, so bezeichnet das Wort »Fest«, abgeleitet vom lat. *feriae, dies festus,* den Ruhetag, an dem keine Arbeit verrichtet werden darf. Als Gegenpol zur Arbeit, die auf das Nützliche, Produktive, auf Leistung und Beschaffung des Lebensbedarfes

Positive Ausprägung	ZENTRALE ERLEBNIS-KOMPONENTEN	Negative Ausprägung
Aufgeputscht, ausgelassen, abgefahren	**"Fieber"**	Langeweile, Förmlichkeit
Sich gehen lassen, ungezwungen sein	**Entspannung**	Steife Atmosphäre
Sich fallen lassen, in der Gruppe aufgehen	**Geborgenheit**	Sich allein fühlen
Eingeladen werden, dazugehören	**Anerkennung**	Sich ausgeschlossen fühlen
Persönliche Begegnungen, intime Gespräche	**Soziale Nähe**	Anonymität, isoliert rumstehen
Harmonie	**Klima**	Streit
Im Mittelpunkt stehen, beachtet werden	**Narzissmus**	Im Hintergrund bleiben (wollen)
Sich um nichts kümmern müssen	**Verantwortung**	Sich verantwortlich fühlen

ausgerichtet ist, ist das Fest durch Nicht-Aktivität im Sinne des Sich-loslassens und Geschehen-lassens bestimmt. Sie erwächst aus der Erfahrung, daß das Gelingen des Lebens nicht ausschließlich von der Anstrengung, der Arbeit abhängt. Ohne diese innere Freiheit, das Freisein von der Vorstellung, stets um seine Existenzsicherung – und dies im weiteren Sinn verstanden – besorgt sein zu müssen, kommt kein Fest zustande, das diese Bezeichnung verdient. Wo die Zeit der Nicht-Arbeit lediglich dadurch legitimiert wird, daß sie der Wiederherstellung der Arbeitskraft zu dienen hat, findet nur eine andere Art von Verzweckung statt. Deshalb ist die Frage schon berechtigt, inwieweit in einer Gesellschaft, in der die Leistungsfähigkeit eine Rolle spielt, die Voraussetzungen gegeben sind, damit eine wahrhaft festliche Stimmung aufkommen kann. Auf der anderen Seite könnte die Tatsache, daß in den letzten Jahrzehnten die Arbeitszeit reduziert wurde und die freie Zeit entsprechend größer geworden ist, sich positiv auf die Entwicklung einer Festkultur auswirken. Daß dies nicht unbedingt der Fall sein muß, hängt sicherlich auch mit der Kommerzialisierung des Freizeitbereiches durch Organisationen und gewerbliche Unternehmen zusammen. Sie liefern die Menschen neuen Zwecken aus und verstärken die Gefahr, ihren Wert davon abhängig zu machen, wieviel sie sich von den Freizeitangeboten leisten können. Weil die Polarität von Arbeit und Fest abhanden gekommen ist, bleibt das Leben »einförmig« und ohne Höhepunkte. Es bedarf aber der Spannung, nicht lediglich der Abwechslung und der bloßen Veränderung. Hier dürfte auch der Sinn der periodisch wiederkehrenden Feste liegen. Sie gliedern den Zeitlauf und geben Orientierung und neue Impulse.

Fest als »heilige Gabe«: Feste sind Stunden, oftmals sogar Tage der Freude, des gesteigerten Lebens. Essen und Trinken, Spiel und Tanz, Singen, Gespräch und anderes sind wichtige Elemente des festlichen Geschehens. Die Menschen leisten sich mehr als gewöhnlich. Sie haben Zeit füreinander, sie treten aus ihrer Reserviertheit heraus und finden Kontakt zueinander. Es kommt zu persönlichen Begegnungen. Der exzessive Charakter des Festes zeigt sich ja gerade darin, daß die Feiernden den Alltag und seine Bedrängnisse überschreiten und das Leben aus einer anderen, tieferen Perspektive zu sehen vermögen. Man spricht von »Horizonterweiterung« und »Steigerung des Lebens« (G.M. Martin, Fest und Alltag, Stuttgart 1973, 13; 22). Die Transzendierung des alltäglichen Lebens hat gewiß unterschiedliche Grade; sie wird von Fest zu Fest verschieden sein. Dieser Grundzug muß auch nicht unbedingt den Menschen bewußt sein und im Verlauf des Festes ausdrücklich zur Sprache kommen. Aber er sollte doch, wenn auch unterschwellig, das ganze Geschehen bestimmen. Die gehobene Stimmung der Festteilnehmer hat ihren Grund zunächst darin, daß eben ein bestimmtes Ereignis gefeiert wird, das Anlaß zur Freude ist. J. Pieper ist jedoch der Ansicht, daß diese Begründung nicht hinreichend sei, weil »jeder am Konkreten sich entzündenden Festfreude ... eine schlechthin universale Zustimmung« vorausliegt, die sich auf die Welt im Ganzen erstreckt. Der Kerngedanke seiner Festtheorie lautet: »Ein Fest feiern heißt: die immer schon und alle Tage vollzogene Gutheißung der Welt aus besonderem Anlaß auf unalltägliche Weise begehen.« (Über das Phänomen des Festes, Köln/Opladen 1963, 12) Es mag dahingestellt bleiben, ob nicht auch schon eine partielle Bejahung der Welt die Fähigkeit verleiht, Unheilserfahrungen, die eine generelle Zustimmung fragwürdig machen, für einen gewissen Zeitraum einfach auszublenden und sich der Feststimmung hinzugeben. Wichtiger ist jedoch die Überlegung, worin die Affirmation der Welt, der »Mut zum Sein« (P. Tillich), letzlich gründet. Die Antworten werden, je nach weltanschaulicher Position, verschieden sein. Die christliche Begründung liegt im Glauben an die Welt als Schöpfung Gottes; denn der Schöpfungsglaube ist ein Bekenntnis zur universalen Sinnhaftigkeit der Welt aufgrund einer vorausliegenden göttlichen Sinnstiftung. Er entlastet den Menschen von der Sorge, der Welt überhaupt erst einen grundlegenden Sinn geben zu müssen. Aus ihm erwächst die Kraft, die alltägliche »in sich verfeindete und leidvoll zerrissene Welt« zu überschreiten, »also die Fähigkeit, ja zu sagen, und die Bereitschaft, zu feiern und zu loben – obwohl es so viel Verneinungswürdiges gibt und obwohl keineswegs alles gut ist, so wie es ist« (Synodenbeschluß »Unsere Hoffnung«, I/7). Der Geschenkcharakter des Festes wird in der Mythe dadurch ausgedrückt, daß der Junge von einem Adler auf einen hohen Berg entführt wird. »Der Adler, der König der Vögel, der zur Sonne fliegt und dessen Auge dem Licht des Himmels standhält, ist ein uraltes Lichtsymbol. Deshalb wird er zum Attribut der Götter und Könige«. (H. u. M. Schmidt, Die vergessene Bildersprache christlicher Kunst, München 2/1982, 34) Die Göttlichkeit der Gabe wird noch dadurch bekräftigt, daß der Junge auf einem Berg, dem Ort der Begegnung von Gott und Mensch, von der Adlermutter die wesentlichen Elemente eines Festes (Festhaus, Trommeln, Lied, Tanz, Essen) kennenlernt. Die Fähigkeit, ein Fest zu feiern, wird dem Menschen »von oben« zuteil; sie hat einen transzendenten Grund und ist eine »heilige Gabe«. Dieser Ansicht ist auch Pieper, wenn er die These aufstellt, das Fest gründe im Kult und »das kultische Fest sei die festlichste Gestalt des Festes überhaupt« (J. Pieper, Muße und Kult, München [8]1989, 78). Dieser theologische Zusammenhang tritt ausdrücklich nur in religiösen Feiern in Erscheinung. Aber er ist auch für uns insofern erhellend, als die enge Verbindung von christlichen und »weltlichen« Festen hier ihre Erklärung findet. Der Christ vermag auch diese Feste im Lichte des Glaubens zu sehen, nämlich unter dem Aspekt, daß die Zuwendung, die man sich gegenseitig schenkt und die alle »menschlich« und »jung« macht, als Symbol gewertet werden darf, in der das Ja Gottes erfahrbar, greifbar wird.

Fest und Hoffnung: Der vollständige Text der Mythe geht ausführlich auf die Veränderungen ein, die sich bei der Adlermutter einstellen, als sie sieht, daß der Junge »wirklich alles verstanden hat, was man wissen muß, um ein Fest zu feiern«: die hinfällige Adlermutter wird wieder jung. So endet die Erzählung mit dem Satz: »Denn wenn die Menschen Feste feiern, werden alle alten Adler jung.« Ein gelungenes Fest richtet die Menschen auf, sie erleben den Alltag aus einer gewissen Distanz und sehen ihn aus einer neuen Perspektive. Die Freude am Dasein, der Mut zum Leben werden gestärkt. Der Blick richtet sich nach vorne; neue Möglichkeiten der Lebensgestaltung, des Zusammenlebens, werden entdeckt. Festteilnehmer geben sich gelöster, sie gehen offener miteinander um; Zwänge und Abhängigkeiten, die das sonstige Leben einengen, auch gelegentlich unwahrhaftig machen, werden durchbrochen. Es zeigt sich, daß »es gar nicht so sein muß, wie es ist und sein zu müssen behauptet wird« (J. Moltmann, Die ersten Freigelassenen der Schöpfung, München ^{2}1971, 20). Anläßlich von Schulfesten, an deren Gestaltung alle beteiligt sind, Lehrpersonen, Schüler und Schülerinnen, auch die Eltern, können entsprechende Erfahrungen gemacht werden, die den Hoffnungscharakter eines Festes entdecken lassen. Das setzt jedoch Phantasie voraus und die Bereitschaft, die Träume und Vorstellungen von einer besseren Welt gleichsam spielend vorwegzunehmen. Man flüchtet damit keineswegs in eine Illusion. Im Gegenteil, die spielende Vergegenwärtigung des Erhofften verändert die Menschen; sie machen neue Erfahrungen im Umgang mit sich selbst und mit anderen – Erfahrungen, die sie ermutigen können, die Spielregeln des Alltags zu korrigieren und verändernd auf das gesellschaftliche Leben einzuwirken. Deshalb enthält das Fest ein kritisches Potential. Das läßt sich treffend an einem Kinderfest illustrieren, das aus dem Frühmittelalter stammt und vornehmlich in Klosterschulen stattfand. Einmal im Jahr wurde das Amt des Bischofs oder des Abtes von einem Schüler ausgeübt. Wenn anläßlich der Vesper der Vers des Magnifikats »Die Mächtigen hat er vom Thron gestürzt, die Niedrigen aber erhöht« gesungen wurde, legte der Bischof seine Insignien ab. Es erfolgte die Amtsübernahme durch einen Kinderbischof. Auch die übrigen Kleriker verließen das Chorgestühl, setzten sich in die Bänke, die den Schülern zugedacht waren, die ihrerseits die Plätze der Kleriker einnahmen. Durch diesen Rollentausch wurde allen die Vorläufigkeit der bestehenden Ordnung bewußt und das reklamiert, was die Bibel die Ordnung des Reiches Gottes nennt (vgl. Mt 18,1- 4).

Seite 29

Der Farbholzschnitt von HAP Grieshaber, interpretiert von H. Halbfas, beleuchtet aus einer anderen Sicht nochmals die Bedeutung des Festes für das menschliche Leben. Anhand der Symbolik des Baumes, der unten, in der Erde verankert ist, sich zugleich nach allen Seiten hin ausdehnt und nach oben weist, lassen sich die drei Zeitdimensionen eines Festes veranschaulichen. *Vergangenheit:* So wie die Wurzeln des Baumes ins Erdreich eindringen und ihm Halt verleihen, so haben auch die bedeutsamen Feste eine Verankerung in der Geschichte des Einzelnen bzw. der Menschheit. Als »heilige Gabe« wurzelt das Fest in der Transzendenz, biblisch gesprochen »in den Anfängen der Geschichte Gottes mit den Menschen«. *Gegenwart:* Der zeitliche Anfang muß zum mitlaufenden Anfang werden, d.h. »es muß unser Fest sein, nicht das von gestern, unser Fest, das uns neu macht!« Dies ereignet sich dann, wenn der Sinngehalt eines Festes durch neue, gegenwärtige Erfahrungen angereichert werden kann. Die Wachstumsringe eines Baumes veranschaulichen diesen Prozeß. *Zukunft:* Ein Baum wächst nach oben, seine Krone »füllt den Himmel aus«. Das bedeutet: Ein Fest vermittelt eine Lebensperspektive, die das Alltägliche neu sehen lehrt (»Holt den Himmel auf die Erde«), es vergegenwärtigt das Erhoffte (»Greift der Zukunft vor«). Von dieser Vorwegnahme des Zukünftigen, die die Gegenwart verändert, war bereits die Rede. Die letzte Strophe des Textes faßt die tiefe Bedeutung des Festes für eine wahrhaft menschliche Lebenskultur zusammen.

3 Den Sonntag feiern

Seite 30-31

Die Geschichte »Haben Sie den Sonntag gesehen?« bietet vielfältige Anregungen, mit der Klasse nicht nur über grundsätzliche, sondern auch praktische Fragen der Sonntagsgestaltung zu sprechen. Sie regt dazu an, die gesellschaftliche Situation zu analysieren, d. h. darüber nachzudenken, was »verloren«, »gestohlen« wurde bzw. »verschwunden«

ist. Die Reaktionen der Befragten zeigen, daß viele den Verlust noch nicht einmal bemerkt haben, ja der Auffassung sind, mit dem Vorkommen des Wortes Sonntag sei die Wirklichkeit bereits gegeben. Im Gegensatz dazu hat Patrick ein waches Gespür für den Verlust des Sonntags. Er läßt sich auch durch Unverständnis und Zurückweisung von der Suche nach dem Sonntag nicht abhalten. Im Verlauf der Geschichte wird das Profil des Gesuchten immer deutlicher gezeichnet. Viele Hinweise, was der Sonntag sein könnte und welche Sinngehalte mit diesem Tag verbunden sind, kommen hier zur Sprache. Auf diese Weise wird die Klasse in die Suchbewegung des Patrick einbezogen. Was macht den Sonntag so »wertvoll«? Was geht uns abhanden, wenn wir ihn »verlieren«? Welchen Gefährdungen ist dieser Tag in unserer gegenwärtigen Gesellschaft ausgesetzt? Wann läßt sich sagen, wir hätten ihn »gefunden«? Der Abschluß der Geschichte lädt dazu ein, gemeinsam darüber nachzudenken, wie der Sonntag, der »sicher wiederkommt«, gestaltet werden könnte.
Um der Suchbewegung den notwendigen Antrieb zu verleihen, sollte im Unterrichtsgespräch auf die Symbolik des Baumes (Seite 29) und auf den Dekalog (Seite 16/17) zurückgegriffen werden. Dazu einige *Anregungen:*

– Was die Wurzeln des Sonntags betrifft, so reichen sie zurück in die Anfänge der Geschichte Gottes mit Israel, das am Sabbat, dem 7. Tag der Woche, seines Gottes Jahwe in besonderer Weise gedachte. Das Wort ist abgeleitet von sabat, das soviel wie »aufhören«, »ruhen«, »von der Arbeit ablassen« bedeutet. Man darf wohl davon ausgehen, daß der Siebener-Rhythmus auf eine alte Menschheitserfahrung zurückgeht, die gezeigt hat, daß der Wechsel von Arbeit und Ruhe für das Wohlbefinden des Menschen unabdingbar ist. Wie sehr die 7-Tage-Woche in der Natur des Menschen verankert ist, zeigen die vergeblichen Versuche, sie abzuschaffen und durch das 10-Tage-Schema abzulösen (Französische Revolution). Der »Anfang« wird im biblischen Zeugnis unterschiedlich angesetzt. In Dtn 5,12-15 wird die Einhaltung des Sabbats heilsgeschichtlich begründet, nämlich mit dem Hinweis auf die Befreiung aus der Knechtschaft der Ägypter. »Denke daran, daß du selbst im Ägypterlande Sklave warst und Jahwe, dein Gott, dich von dort mit starker Hand und ausgestrecktem Arme herausführte. Darum gebot dir Jahwe, dein Gott, den Sabbattag zu feiern.« Die Dekalogfassung Ex 20,8-11 gibt eine schöpfungstheologische Begründung. Sie greift über den Anfang der Geschichte Israels hinaus und geht zurück bis zur Erschaffung der Welt und des Menschen. »Denn in sechs Tagen hat Jahwe den Himmel, die Erde und das Meer und alles, was in ihnen ist, erschaffen; aber am siebten Tage ruhte er. Deshalb hat Jahwe den Sabbat gesegnet und ihn geheiligt.« Diese Ausweitung, ja Radikalisierung (von lat. *radix* = Wurzel) erfolgte in der babylonischen Gefangenschaft (586-539). Das Ruhen Gottes wird zum Vorbild der Sabbatheiligung, zu dem die Exilierten in Babylon sich noch stärker als bisher verpflichtet sahen. Es grenzte sich dadurch von den umliegenden Völkern ab und bewahrte so seine Identität als Volk Jahwes. Der Sabbat wird als Bestandteil der Grundordnung der Welt gewertet, die Jahwe seiner Schöpfung eingestiftet hat. Wenn es in der priesterlichen Schöpfungserzählung heißt, am siebten Tage »vollendete« Gott sein Werk, dann ist die Feier des Sabbats gleichsam die Vorwegnahme der Vollendung der Welt. Was von jedem Fest gilt, trifft für diesen Festtag ganz besonders zu: »Ein richtiges Fest holt den Himmel auf die Erde, greift der Zukunft vor, gibt Mut und neue Liebe zum Leben.« Was bedeutet das?
– Die Vorwegnahme des Zukünftigen zeigt sich in der Ermöglichung von Freiheit. Das Geschehnis der Errettung aus der Knechtschaft der Ägypter soll Israel als Impuls verstehen, die geschenkte Befreiung all denen zu gewähren, die in irgendeiner Form von Unfreiheit leben. Hier stoßen wir wieder auf die bereits erwähnte Einbindung des Dekalogs in die Exodustradition (vgl. Kommentar zu Kapitel 1: Seite 16). »Die Befreiten – selbst doch ehemalige Sklaven – sollen nicht vergessen, daß ihre Freiheit verpflichtet: die Freiheitsinitiative des Exodusgeschehens ›macht Kreise‹, will ›Kreise machen‹, darf nie ›punktuell‹, auf eigene Privilegien beschränkt, ›gehalten‹ werden. Sie soll gerade die Bedürftigen entlasten – und zwar nicht als unverbindliche Philanthropie, sondern mit göttlichem, verbindlichem Recht.« (J. M. Lochmann, Wegweisung der Freiheit, Gütersloh

[2]1984, 57) Damit stoßen wir auf einen wichtigen Aspekt der Sabbatkultur: An diesem Tag, der »heilig« ist, d. h. Gott gehört und deshalb den Menschen zu alldem, was ihn an den anderen Tagen beschäftigt, zum Teil auch belastet, nicht zur Verfügung steht, soll er sich über die alltäglichen Zwänge erheben und die Erfahrung machen, daß seine Würde, seine Werthaftigkeit als Person ihm von Gott verliehen ist – unabhängig von seiner sozialen Stellung, seiner gesellschaftlichen »Brauchbarkeit«, seiner Leistungsfähigkeit. Deshalb darf er sich an diesem Tag des Gottesgedächtnisses von Verpflichtungen und Sorgen des Alltags befreit wissen. Er soll zur Ruhe kommen, zur Begegnung mit sich selbst, mit den Menschen – und mit Gott! Im Unterricht wäre herauszuarbeiten, wie unter den gegenwärtigen gesellschaftlichen und wirtschaftlichen Bedingungen eine entsprechende Sonntagskultur entwickelt werden kann (vgl. Aufgaben).
– Alles, was zum jüdischen Sabbat zu sagen ist, gilt auch für den christlichen Sonntag. Wie ist es zum Übergang vom jüdischen Sabbat zum christlichen Sonntag gekommen? Da die christliche Urgemeinde vorwiegend aus dem Judentum erwuchs, blieben in den ersten Jahrzehnten manche Verbindungen bestehen, so etwa die Teilnahme am Synagogengottesdienst und die Einhaltung des Sabbats (vgl. Mt 24,20; Apg 2,46; 3,1). Die heidenchristlichen Gemeinden, die nicht in gleichem Maße sich dem Judentum verpflichtet sahen, fühlten sich relativ frei von jüdischen Frömmigkeitsformen, so auch von der Sabbatfeier. Da der jüdische Sabbat an die Befreiung Israels aus der ägyptischen Knechtschaft »erinnerte« und die Christen in der Auferweckung Jesu von den Toten, die am »ersten Tag« der jüdischen Woche sich ereignete (vgl. Mt 28,1), die Fortführung der Freiheitsgeschichte Gottes sahen, versammelten sie sich nicht am Sabbat, sondern am Tag danach, am Sonntag, zur gottesdienstlichen Feier. Der Name rührt daher, daß im griechisch-römischen Kulturraum dieser Tag (dies solis) der Sonne (Helios) zugeordnet war. Weil die Christen Jesus Christus als »Sonne der Gerechtigkeit« (Mal 3,20), als »Licht der Welt« (Joh 8,12) verehrten, übernahmen sie diese Bezeichnung, unterlegten ihr aber diese christologische Bedeutung. Der Name »Herrentag« für den Sonntag steht in Verbindung mit der Bezeichnung »Herrenmahl« (1 Kor 11,20). Die christliche Gemeinde versammelte sich an diesem Tag zum Gottesdienst, zur eucharistischen Feier als »Erinnerung« an die Auferweckung Jesu.
Der Synodenbeschluß »Gottesdienst« (1975) faßt die Bedeutung des Sonntags wie folgt zusammen: »Die Feier des ganzen Sonntags ist für den Christen Ausdruck seiner Gottesverehrung. Sie soll ihn in seinem Glauben stärken, ihn für den Gottesdienst befähigen und für den Dienst in der Welt immer neu rüsten. Zugleich soll der Sonntag den Menschen aus vielfältigen Zwängen einer Lebensform befreien, die weitgehend durch die Gegebenheiten der industriellen Massengesellschaft geprägt ist. In seiner täglichen Arbeit verwirklicht der Mensch den Auftrag des Schöpfers, erwirbt seinen Lebensunterhalt und gestaltet die Welt. Um sich jedoch immer wieder seiner Würde als Mensch und Christ bewußt zu werden, setzt er in der Feier des Sonntags die werktägliche Arbeit aus und begegnet so wirksam der Gefahr, daß ihn die Arbeitswelt ihren Zwecken unterwirft, ihn versklavt und isoliert. Deshalb treten die Christen für den Sonntag als Tag der Feier und Ruhe ein; er ist wichtig nicht nur für ihre Gemeinde, sondern für die gesamte Gesellschaft.« (2.2)

4 Feste und Bräuche

Seite 32

Die inhaltlichen Schwerpunkte dieser Einheit ›Brauchtum und Feste im Jahreskreis‹ stellen den Zusammenhang her zwischen den vorausgehenden und nachfolgenden Einheiten des Kapitels. Während die hier vorgesehene kurze Einführung in das Kirchenjahr, vornehmlich in die drei großen Feste Ostern, Pfingsten und Weihnachten, auf der Einheit »Den Sonntag feiern« aufbaut, läßt sich der Text von A. de Saint-Exupéry über das Brauchtum an die Geschichte »Das Geschenk des Adlers« zurückbinden und auf das Osterbrauchtum beziehen.

Zum Thema *Brauchtum* sei folgendes gesagt: In der Geschichte vom Adler läßt sich der Junge von der Adlermutter erklären, wie Feste gefeiert werden. Dies kann gewiß auch so verstanden werden, daß der Mensch hinsichtlich der Festkultur auf Traditionen angewiesen ist. Wird er doch in eine Welt hineingeboren, die bereits über vielfältige Erfahrungen verfügt. Sie ersparen es ihm, jeweils am Nullpunkt anfangen zu müssen. Das trifft auch für die Festgestaltung zu. Im Verlauf der Jahrhunderte haben sich, nach Völkern und Zeiten verschieden, Riten und Gebräuche entwickelt, die Art und Verlauf eines Festes bestimmen. Dieser Vorgang hat einen anthropologischen Grund. Weil der Mensch in seiner Ganzheitlichkeit feiert, also Seele und Leib »ins Spiel kommen«, bedarf es der Symbole, zeichenhafter Handlungen. Manches davon besitzt eine die Zeit überdauernde prägende Kraft, so daß es institutionalisiert und zu Brauchtum wird. Darunter versteht man »alle in einer Gemeinschaft verbindlich gewordenen Formen des Handelns und Verhaltens, die von allen bei bestimmten Gelegenheiten und Anlässen nachvollzogen werden« (W. Scheer, Art. Brauchtum, in: Lexikon für Pädagogik, Bd. 1, Freiburg 1970, Sp. 211). Als religiöses Brauchtum ist das anzusehen, was eine religiöse Wurzel und einen religiösen Inhalt hat. Es handelt sich zwar nicht immer um liturgische Vollzüge, aber es besteht insofern eine Beziehung zur Liturgie, als im Brauchtum die Aussagen des christlichen Bekenntnisses in eine Symbolsprache übersetzt werden. Durch das Brauchtum wird der christliche Glaube, gewiß nicht immer ganz problemlos, in der Lebenswelt der Menschen verankert. Was für den Prozeß der Institutionalisierung generell gilt, ist auch hier zu bedenken: Institutionen haben eine entlastende Funktion, weil auf traditionelle Formen zurückgegriffen werden kann. Damit ist auch eine gewisse Verhaltenssicherheit gegeben. Andererseits stellen Institutionen für den Fall eine Belastung dar, wenn sie das gesellschaftliche Leben zu stark reglementieren und den Raum für schöpferische Tätigkeit einengen. Sie können sich als Hindernis für die Entwicklung neuer, zeitgemäßer Ausdrucksformen erweisen. Traditionsbildung hängt jedoch davon ab, ob ein Kerngedanke vorhanden ist, der integrierend wirkt und auf längere Zeit hin Bestand hat. Verliert das Brauchtum seinen Bezug zum Ursprung, so kann es zur folkloristischen Veranstaltung werden. Oftmals ist der Sinn nur verschüttet, so daß überlegt werden muß, wie er wieder erschlossen oder in zeitgemäßer Form belebt, d. h. wie ein bestimmtes Brauchtum wieder »brauchbar« gemacht werden kann.

Das Schaubild bietet einen Überblick über die christlichen Sonn- und Festtage im Jahreskreis. Es ist hier nicht daran gedacht, den Aufbau des Kirchenjahres und die verschieden kirchlichen Feiertage im einzelnen zu besprechen. Weil jedoch besonders herausragende Feste den allgemeinen Jahreslauf prägen und auf vielfältige Weise unser gesellschaftliches Leben bestimmen, sollten der Klasse einige grundlegende Kenntnisse über den Aufbau des Kirchenjahres vermittelt werden. Dabei kann an bereits Bekanntes angeknüpft werden.

Das Urfest der Kirche ist der *Sonntag*. An diesem Tag versammelten sich die ersten Christen, um des Todes und der Auferweckung Jesu zu gedenken. Die »Erinnerung« an dieses Geschehen wurde als so inhaltsreich und bedeutsam empfunden, daß man dazu überging, ein österliches Jahresfest zu begehen (Jahres-Pascha im Unterschied zum Sonntag als dem Wochen-Pascha). Es bestand zunächst nur als Osternachtfeier, die im weiteren Verlauf zur Liturgie der »heiligen drei Tage« – Karfreitag, Karsamstag und Ostersonntag – ausgestaltet wurde. Weil der Tag bereits am Vortag, und zwar mit dem Untergang der Sonne begann, wurde auch der Gründonnerstagabend dazugerechnet. Diese »Mitte« der Osterfeier wurde nochmals entfaltet – nach »rückwärts« durch die österliche Bußzeit, die der Vorbereitung auf das österliche Geschehen dient – nach »vorwärts« durch die Feier der »fünfzig Tage«, die mit dem Pfingstfest als Abschluß des *Osterfestkreises* enden. Dieses Fest, vielfach als zweiter Höhepunkt des österlichen Festkreises verstanden, stellt lediglich, ebenso wie das Fest Christi Himmelfahrt, den Grundgehalt des Osterfestes unter einem besonderen Aspekt heraus. Auferweckung Jesu beinhaltet zugleich seine Erhöhung (Himmelfahrt) und die Herabkunft des Geistes (Pfingsten), die bleibende Gegenwart des Geistes Jesu in der Welt.
Außer dem Osterfestkreis gibt es den *Weihnachtsfestkreis*. Er ist später entstanden und hat sich aus dem Osterfestkreis entwickelt. Man wollte nicht nur des Leidens, Sterbens und der Auferweckung Jesu gedenken, sondern im Verlauf des Jahres auch seiner Geburt. Was diesen Vorgang betrifft, so läßt sich eine Parallele zur Entstehungsgeschichte der Evangelien feststellen. Im Mittelpunkt der urkirchlichen Verkündigung stand zunächst das Bekenntnis zur Auferweckung Jesu von den Toten (vgl. Kor 15,3-8). Das Evangelium nach Markus kennt noch kein Kindheitsevangelium, vielmehr

beginnt der Evangelist mit dem Auftritt Johannes des Täufers und der Taufe Jesu (Mk 1,1-11). Im Matthäusevangelium dagegen, dann auch im Lukasevangelium, wird der Anfang der Lebensgeschichte Jesu, die Geburt, in die nachösterliche Verkündigung einbezogen (Mt 1 und 2; Lk 1 und 2). Dieser Zusammenhang spiegelt sich in der Entstehungsgeschichte des Kirchenjahres wider: Der Vorrang gebührt dem Osterfestkreis, nicht dem Weihnachtsfestkreis, wie vielfach aus dem Beginn des Kirchenjahres am ersten Adventssonntag gefolgert wird. Der Aufbau des Weihnachtsfestkreises entspricht der Gestaltung des österlichen Festkreises. Im Mittelpunkt steht das Fest der Geburt des Herrn (Weihnachtsfest) bzw. das Fest der Erscheinung des Herrn (6. Januar). Der Vorbereitung auf das Weihnachtsfest dient der *Advent* (= Ankunft), während andere Feste (1. Januar: Hochfest der Gottesmutter Maria – 2. Sonntag nach Weihnachten: Taufe des Herrn) das weihnachtliche Geheimnis ausklingen lassen.
Was die *geschichtliche Entwicklung des Weihnachtsfestkreises* betrifft, so finden wir bereits im Jahre 336 einen Hinweis, daß in den Gemeinden der Stadt Rom am 25. Dezember das Geburtsfest Jesu Christi begangen wurde. Die Gründe, die dazu geführt haben, an diesem Tage der Geburt des Herrn zu gedenken, sind nicht eindeutig auszumachen. Eine Richtung vertritt die Ansicht, durch die Einführung des Weihnachtsfestes sollte das heidnische »Fest des Unbesiegten Sonnengottes«, das vom römischen Kaiser Aurelian im Jahre 274 zu Ehren des syrischen Sonnengottes von Emesa eingeführt und am 25. Dezember gefeiert wurde, zurückgedrängt bzw. mit einem christlichen Sinn unterlegt werden. Diese christliche Deutung des heidnischen Festes bot sich auch an, da die biblische Tradition, wie bereits erwähnt, Jesus Christus im Symbol des Lichtes bzw. der Sonne interpretierte. Ein zweiter Versuch liegt in der sogenannten Berechnungshypothese vor. Schon früh bemühte man sich, das Geburtsjahr und den Tag der Geburt Jesu zu datieren. In den Evangelien ist kein zuverlässiger Hinweis vorhanden. Ausgehend von der Annahme, daß unter Berufung auf Lk 1,36 die Empfängnis Jesu am 25. März (Maria Verkündigung) sich ereignet habe, ergab sich der 25. Dezember als Tag der Geburt Jesu. Vermutlich haben beide Hypothesen in gleicher Weise auf die zeitliche Datierung des Weihnachtsfestes einen Einfluß ausgeübt.

5 Österliches Brauchtum

Seite 33

Aus der Fülle österlichen Brauchtums werden drei Symbole hervorgehoben: *Osterei*, *Osterkerze* und *Osterfeuer*. Das österliche Bekenntnis, die Sieghaftigkeit des Lebens über den Tod, wird in dem Symbol des Lichtes besonders anschaulich. Mit dem Licht sind verschiedene Wirkungen verbunden. Es strahlt Helligkeit aus und vertreibt die Dunkelheit; es erwärmt, schafft eine Atmosphäre, die das Gefühl der Vertrautheit vermittelt; es verleiht Orientierung und weist, z.B. als Leuchtfeuer, den rechten Weg. Vom Licht geht eine das Leben weckende und fördernde Kraft aus: Pflanzen durchbrechen das dunkle Erdreich, sie wenden sich dem Licht zu, um Anteil an der Lebenskraft der Sonne zu erhalten. So war das Feuer stets Symbol der Sonne, die alle erwärmt und erhellt, die Leben gibt, Leben in Fülle. Wenn die Sonne nach dem langen Winter wieder höherstieg, Frost und Kälte vertrieb, die Erde auftaute, dann entzündete man die Frühlingsfeuer. (H. Kirchhoff, Christliches Brauchtum im Jahreskreis, München [3]1992, 140) Es lag deshalb nahe, die Lichtsymbolik auch in die österliche Liturgie aufzunehmen. Sie prägt den ersten Teil der Osternachtliturgie. Nach der Entzündung des Osterfeuers – es besteht der Brauch, dieses Feuer aus einem Stein zu schlagen als Hinweis auf Christus, den »Eckstein« (1 Petr 2,3ff.) bzw. auf das Hervorgehen des Auferstandenen aus dem Felsengrab – findet eine Segnung des Feuers statt. Vermutlich sollte durch diese Segnung die Andersartigkeit dieses Feuers im Vergleich zum heidnischen Frühlingsfeuer betont werden. Anschließend wird die Osterkerze angezündet.

6 Weihnachten feiern

Während der Zugang zum Osterfest durch Erschließung bedeutsamer Symbole angebahnt wird, steht im Mittelpunkt dieser Einheit eine Erzählung von Stefan Heym, die den biblischen Geburtsgeschichten Jesu (Lk 2 und Mt 2) nachgestaltet ist. Die Geschichte »Mary« spiegelt in ihrem Verlauf, in den handelnden Personen und in den äußeren Gegebenheiten die biblischen Erzählungen wider und macht ihren Verkündigungsgehalt transparent. Damit ermöglichen sie den Schülern und Schülerinnen einen Zugang zur Botschaft der Evangelientexte. Deshalb bietet es sich auch an, die biblischen Bezugstexte erst nach der Besprechung dieser Weihnachtsgeschichte in den Unterrichtsprozeß einzubeziehen. Joe und seine Frau, die ein Kind erwartet, werden abgeschoben. Sie finden kein Verständnis und müssen sich Vorhaltungen anhören; es wird ihnen von den zuständigen Personen, die vorrangig an ihrem Privatleben interessiert sind, nur die notwendigste Hilfe gewährt. Ganz anders dagegen die Reaktion der drei Männer. Von ihnen geht eine »große Helligkeit« aus. Sie zeigt sich zunächst darin, daß das Elternpaar erstmalig menschliche Anteilnahme erfährt. Darüber hinaus hat die Helligkeit eine übertragene Bedeutung, die in der Erwähnung des Sternes anklingt. In der Sprache der Symbole ist der Stern, der in der Dunkelheit aufleuchtet, ein Hoffnungszeichen, ein Hinweis, daß ein Geschehen eine göttliche Dimension hat. Diese Vorstellung zieht sich durch viele Religionen. »An das Himmelszelt geheftet, scheinen die Sterne Gott am nächsten; die alten Ägypter bezeichneten sie als ›Gefolgsleute des Osiris‹. In der babylonisch-assyrischen Religion erscheinen die Gestirne als Offenbarung der göttlichen Mächte; in Mesopotamien ist auch erstmals die Lehre vom Parallelismus himmlischen und irdischen Geschehens greifbar.« (M. Lurker, Wörterbuch biblischer Bilder und Symbole, München [4]1990, 361) Die immer deutlicher sich abzeichnende Verschränkung der Erzählung mit den Kindheitsevangelien erschließt deren Sinngehalt: Die Geburt Jesu in »Niedrigkeit« ist zwar ein einmaliger Vorgang, aber sie ereignet sich stets aufs neue, wo Menschen in Not hilfreiche Nähe erfahren. Diese Weihnachtsbotschaft steht jedoch im Kontrast zu der Art und Weise, wie heute vielfach dieses Fest begangen wird. Darauf macht das Bild von B. Heinen aufmerksam. *Seite 34-35*

Das Kapitel endet, wie begonnen, mit dem Thema »Tanz«. Im Liedtext von Sidney Carter wird Jesus als Tanzmeister bezeichnet, der die Menschen zum Tanz auffordert, jedoch damit unterschiedliche Reaktionen auslöst. Das Bild hat zwar keinen biblischen Anhaltspunkt (vgl. Mt 11,16-19), jedoch ist es geeignet, Jesu Leben und Wirken zum Ausdruck zu bringen. Ist doch der Tanz zutiefst eine religiöse Ausdrucksform, in der sich Grundelemente des christlichen Glaubens – Leben, Heilung, Freude, Befreiung, Hoffnung u. a. – verleiblichen. Gegenwärtig wird die Bedeutung des Tanzes für die christliche Feier, die Liturgie, wieder entdeckt. Das Alte Testament kennt Begebenheiten, die von der Hochschätzung des liturgischen Tanzes Zeugnis ablegen: Mirjam tanzt nach dem Durchzug Israels durch das Schilfmeer (Ex 15,19-21), David tanzt vor der Bundeslade (2 Sam 6,16). *Seite 36*

Literaturhinweise

A. Adam, Das Kirchenjahr mitfeiern, Freiburg/Basel/Wien, [3]1983.
H. Kirchhoff, Christliches Brauchtum im Jahreskreis, München [3]1992.
G.M. Martin, Fest und Alltag. Bausteine einer Theorie des Festes, Stuttgart 1973.
J. Pieper, Muße und Kult, München [8]1989.

3 Worte, auf die man sich verlassen kann

Die Bibel – eine Sammlung von Glaubensgeschichten

Religionsbuch Seite 37-46

Mit dem Kapitel sind *zwei Intentionen* verbunden.

- Zunächst wird anhand alt- und neutestamentlicher Texte aufgezeigt, daß die Bibel eine Sammlung von Glaubensgeschichten ist, die mit der Absicht erzählt, aufgeschrieben und gesammelt wurden, um den Leser bzw. den Hörer zum Glauben zu bewegen. An einigen Perikopen wird diese Intention exemplarisch veranschaulicht. Dabei wird auch zu klären sein, was unter Glaube zu verstehen ist.
- Die zweite Intention ist bibelkundlicher Art. Es wird eine kurze Einführung in den Überlieferungsprozeß der biblischen Geschichten bis zu ihrer Schriftwerdung gegeben.

Beide Intentionen sind aufeinander abgestimmt. Der bibelkundliche Teil berührt das Verhältnis, das zwischen dem Alten und dem Neuen Testament besteht. Die Thematik betrifft auch das Verhältnis Juden – Christen. Da nämlich die Schriften des Alten Testaments sowohl für die Juden als auch für die Christen als Glaubensdokumente gelten, stellt sich die Frage nach der jeweiligen Lesart dieser gemeinsamen Zeugnisse. Auf dieses Problem machen die Überschriften der dritten und vierten Einheit aufmerksam. Weil sich in diesem Kapitel mehrere Aspekte bündeln und auch Beziehungen zu anderen Kapiteln auftun, sollte bei entsprechenden Gelegenheiten darauf Bezug genommen werden.

Das Eingangsbild Seite 37 führt in den Themenbereich »Worte, auf die man sich verlassen kann« ein. Da Glauben mit Vertrauen zu tun hat, soll in der ersten Einheit ›Geschichten gegen Angst und Zweifel‹ zunächst herausgearbeitet werden, wodurch sich die Haltung des Vertrauens auszeichnet. Im nächsten Schritt wäre dann herauszufinden, was aus der Sicht der Bibel unter Glauben zu verstehen ist. Dies geschieht nicht abstrakt, sondern konkret, und zwar in Verbindung mit biblischen Gestalten, der Person des Abraham und der des Petrus. Die nachfolgenden Einheiten befassen sich mit dem zweiten Themenkomplex, der erzählenden Weitergabe der biblischen Geschichten (2. Einheit) und der Entstehung der jüdischen (3. Einheit) und der christlichen Schriften (4. Einheit). Den Abschluß bildet das Thema »Vom Weg der Bibel bis heute« (5. Einheit).

Seite 37 Das Bild von Ernst Alt stellt die im Mittelpunkt der Perikope »Der Gang Jesu auf dem Wasser« (Mt 14,22-33, vgl. Seite 41) stehende Szene dar: Petrus verläßt auf das Wort Jesu hin das Boot. Seine Reaktion wird kontrastiert durch das Verhalten der zurückbleibenden Jünger. Das Boot befindet sich auf hoher See und wird von tobenden Wellen umspült. Petrus wendet sich mit seiner ganzen Gestalt dem Rufenden zu. Alles, was sich um ihn herum ereignet, entzieht sich seiner Aufmerksamkeit. Mit seiner rechten Hand möchte er Jesus ergreifen. Sein Wort verleiht ihm Kraft und Mut, den Schritt zu wagen. Er achtet nicht der Gefahren, die sich ihm auftun. Wie groß das Wagnis ist, das Petrus im Vertrauen auf die Verläßlichkeit des Wortes Jesu eingeht, läßt sich an den Reaktionen der anderen Jünger ablesen. Einer hält mit aller Kraft Petrus am Gewand fest und möchte ihn in das Boot zurückziehen; ein anderer faßt sich an den Kopf, er hält das Unternehmen für Wahnsinn; ein anderer macht eine unzweideutige Geste, die anzeigt, wie er über Petrus denkt; andere wiederum starren völlig entgeistert in die Gegend, sie sind sprachlos, mitansehen zu müssen, was Petrus dort tut und worauf er sich einläßt; wieder ein anderer scheint sich in sein Schicksal ergeben zu haben. Die Gefährlichkeit der Situation, in der sich alle befinden, wird noch unterstrichen durch die Wassermassen, die über dem Boot zusammenzuschlagen drohen. Doch das alles hält Petrus nicht zurück. Im Vertrauen auf die Verläßlichkeit des Wortes Jesu setzt er sich der lebensbedrohenden Macht des Wassers aus. Weil das Bild, wie im zweiten Schritt zu erarbeiten ist, den zentralen Gehalt des biblischen Glaubensverständnisses in den Blick rückt, nimmt es im Rahmen des Kapitels eine wichtige Funktion wahr.

1 Geschichten gegen Angst und Zweifel

Seite 38-39

Die Angst ist eine Grundbefindlichkeit des Menschen. In ihr findet das Bewußtsein seiner Endlichkeit seinen Ausdruck. Wer spürt, daß ihm nur begrenzte Kräfte zur Verfügung stehen, lebt, wenn auch nicht stets, in der Angst, sein Leben verlieren zu können. Die Erfahrung, daß man sich auf gute, freundschaftliche Beziehungen verlassen kann, mindert die Angst und verleiht Mut. Während die Erzählung von Michael Ende dazu aufruft, der Angst nicht auszuweichen, sich ihr zu stellen und sie in Mut und Zuversicht zu verwandeln, gehen die beiden Kurzgeschichten näher auf die Haltung des Vertrauens ein. Wie die Geschichte »Der Seiltänzer« zeigt, wird das Vertrauen in dem Maße herausgefordert, als man seine eigene Existenz »ins Spiel« bringen muß. Die eingerahmten Redewendungen geben weitere Anregungen für das Unterrichtsgespräch. Darüber nachzudenken ist für den Unterrichtsgang deshalb so wichtig, weil das Vertrauen die anthropologische Basis für den christlichen Glauben ist und eine wesentliche Seite des Glaubens selbst darstellt.

Vertrauen betrifft stets ein Beziehungsverhältnis. Man kann Vertrauen zu sich selbst, zu anderen Menschen, auch zu einer Sache haben. Im Unterschied zur Gewißheit, die auf einem überprüfbarem Wissen, auf sicherer, unumstößlicher Kenntnis beruht, gehört zum Vertrauen die Offenheit, das Sich-Einlassen auf eine Sache, eine Person, über die ich nicht zu verfügen vermag. »Vertrauen ist nur dort möglich, wo ich mich auf etwas beziehe, das grundsätzlich nicht in meiner Macht steht. Vertrauen schließt darum immer ein Wagnis ein, und dies gehört untrennbar zu seinem Wesen.« (O.F. Bollnow, Wesen und Wandel der Tugenden, Frankfurt 1959, 178) Geht man von dieser Definition aus, so hat das Vertrauen seinen eigentlichen Ort im Bereich der zwischenmenschlichen Beziehungen. Von welcher Art diese Beziehung sein muß, läßt sich anhand der beiden Kurzgeschichten erarbeiten. Zur Vertiefung seien einige Überlegungen angeführt.

Aufgrund der Freiheit, die den Menschen dazu befähigt, über seine Handlungen verfügen zu können, d.h. selbst zu entscheiden, zu wem er Beziehungen wünscht und welcher Art und Intensität sie sein sollen, sind zwischenmenschliche Beziehungen, sofern sie über eine rein äußere Kontaktaufnahme hinausgehen und in tiefere Schichten des Personseins hineinreichen, stets vom Vertrauen geprägt. Beziehungen dieser Art beanspruchen die ganze Person, alle menschlichen Kräfte, die Verstandes-, Willens- und Gemütkräfte. Einerseits: Vertrauen darf nicht blindlings geschehen; es bedarf hierzu der Erfahrung, des Verstandes, also der Argumente, die für die Vertrauenswürdigkeit eines anderen sprechen. Man darf nicht unbesehen jemandem Vertrauen schenken. Andererseits: Die Erfahrungen, die ich mit einem Menschen mache, die Argumente, die für seine Vertrauenswürdigkeit sprechen, können nicht mehr sein als Anhaltspunkte und Indizien. Sie geben keine absolute Gewißheit. Das ergibt sich aus der Freiheit, der Selbstmächtigkeit des anderen, woraus eine gewisse »Unberechenbarkeit« resultiert. Letztere kann zum Zweifel führen, zu ängstlich gestellten Fragen, ob das Vertrauen gerechtfertigt ist. Die Vertrauens»beweise«, die Anzeichen, die für jemanden sprechen, können jedoch eine »Absprungbasis«, d. h. eine Grundlage dafür sein, es zu wagen, ihm Vertrauen zu schenken. Sie geben mir die Berechtigung, das Wagnis mit ihm einzugehen. Diese Offenheit ist nicht negativ zu werten, im Gegenteil, gerade in dieser Entscheidung »für« den anderen, durch den Vorschuß an Vertrauen, drückt sich die Anerkennung der Person aus, der ich das Vertrauen ausspreche. Es bedarf also einer willentlichen Entscheidung, eines bewußten »Ja«, einer liebenden Bejahung des Mitmenschen. Gäbe es in den zwischenmenschlichen Beziehungen eine absolute Gewißheit, so könnten sie nicht die Tiefe erreichen, die eine Vertrauensbasis besitzt. Die »Ungewißheit«, ohne die es kein Vertrauen gibt, eröffnet die Chance personaler, von der Liebe geformter Beziehungen. So kann mit der Zeit eine Vertrauensbasis entstehen, »eine vorrangige Atmosphäre des Vertrauens, die dem Menschen einen Spielraum in gutem Glauben läßt und nicht jeden Schritt argwöhnisch betrachtet« (Bollnow, 179). Im Unterrichtsgespräch müßte dieser positive Aspekt des Vertrauens sichtbar werden. Er ist für das Verständnis des christlichen Glaubens von grundlegender Bedeutung.

Aber auch ein anderer Gesichtspunkt bedarf der Erwähnung. Die Erzählung »Der Sprung« schildert eine Situation, in der es um das Vertrauen eines Kindes zu seinem Vater geht. Es wagt einen Schritt, den es ohne den Zuruf, das hilfreiche Entgegenkommen des Vaters, nicht tun würde. Durch das Vertrauen zum Vater, der zum Sprung ermutigt, entfalten sich die kindlichen Kräfte. Es wächst über sich hinaus. Während zunächst darauf aufmerksam gemacht wurde, daß Vertrauen die Anerkennung, die liebende Bejahung dessen meint, dem man Vertrauen schenkt, läßt sich in Verbindung mit der Geschichte von L.J. Suenens die Unerläßlichkeit des Vertrauens für die Entfaltung des Menschen, zumal des jungen Menschen, herausarbeiten. Wer sich einem Menschen anvertraut, weiß sich von ihm getragen, sieht in ihm einen Wegbegleiter. Die Erfahrung, jemanden zur Seite zu haben, ermutigt zu Schritten »nach vorne«, in ein »unbekanntes Land«. Die Vertrauensbasis kann sich als so tragend erweisen, daß sich ein tiefes Lebens-, ja ein Seinsvertrauen entwickelt. Man fühlt sich letztlich »im Ganzen des Seins geborgen« (Bollnow, 181), obwohl so vieles unstimmig, ja widersinnig ist, das den Zweifel an der Sinnhaftigkeit des Ganzen nährt. Kindern und Jugendlichen zu einer positiven, tragfähigen Lebenseinstellung zu verhelfen, ist für Martin Buber die grundlegende Aufgabe des Erziehers: »Vertrauen, Vertrauen zur Welt, weil es diesen Menschen gibt – das ist das innerlichste Werk des erzieherischen Verhältnisses.« (Reden über Erziehung, Heidelberg 1956, 39)
Die Ausführungen lassen jedoch durchblicken, daß das Wort »Vertrauen« auch durch »Glauben« ersetzt werden kann. Allerdings muß zur Klärung dieses Begriffes eine Differenzierung vorgenommen werden. Wird es mit der Bedeutung versehen »Ich vermute«, dann besteht kein Zusammenhang. Wohl aber, wenn an Formulierungen wie »Ich glaube dir«, »Ich glaube an dich« gedacht wird. Der erste Satz bringt die Bereitschaft zum Ausdruck, eine Aussage, die man nicht selbst überprüfen kann, auf die Vertrauenswürdigkeit eines anderen hin für zutreffend zu halten. Der zweite Satz hebt das Vertrauen, die Qualität der Beziehung, noch stärker hervor. Wer so spricht, glaubt nicht an einen bestimmten Sachverhalt, der der eigenen Einsicht entzogen ist, sondern an eine Person. Für den Unterricht ist es wichtig, den Zusammenhang von Vertrauen und Glauben anzusprechen und ihn bewußt zu machen; denn auf den Seiten 38-39 ist vom Vertrauen die Rede, auf den beiden nachfolgenden vom Glauben.
Die Reflexion über das Wesen des Vertrauens, die Einsicht, daß menschliche Beziehungen, je dichter und intensiver sie sind, auf Vertrauen basieren, führt zu zwei Folgerungen. Sie betreffen den zweiten Teil der ersten Einheit, die biblische Sicht des Glaubens. Wenn nach christlicher Auffassung Gott ein personales Wesen ist – wie sehr auch alle unsere Vorstellungen von Gott hinter der Wirklichkeit, die wir mit dieser Bezeichnung zur Sprache bringen, zurückbleiben –, dann entspricht es dem Wesen und der Würde dieser Beziehung, daß hier erst recht das Vertrauen eine ganz entscheidende Rolle spielt. Nur diese Haltung wird der Freiheit und Würde Gottes und des Menschen gerecht. Und die

zweite Folgerung: Das Vertrauen unter Menschen dient nicht nur der Veranschaulichung der Gottesbeziehung, sondern sie stellt auch den »Ort« dar, wo das Vertrauen zu Gott seinen existentiellen Haftpunkt, eine Erfahrungsgrundlage hat.

Die Besinnung auf das Wesen des Vertrauens erleichtert den Zugang zum biblischen Glaubensverständnis. Das Wort *glauben* wird im Hebräischen von einer Wurzel abgeleitet, die soviel wie »festsein, sich sicher wissen, sich halten an« bedeutet. Auch Worte wie »trauen, hoffen, harren und sich-bergen« tragen zur Klärung des Glaubensbegriffes bei. Glauben im biblischen Verständnis wäre demnach ein persönliches, die ganze menschliche Existenz umfassendes Standfassen in Gott, ein Sichverlassen auf die Treue und Zuverlässigkeit Gottes. Diese theoretische Bestimmung wird im Religionsbuch in Verbindung mit der Gestalt des Abraham und einer Petrus-Geschichte veranschaulicht. Die Beispiele sind auch deshalb gewählt, weil sie den inneren Zusammenhang der beiden biblischen Bücher, Altes und Neues Testament, belegen.

Seite 40-41

Das Thema »Glaube« durchzieht den ganzen Abraham-Erzählkreis (Gen 12,1-25,8). Am Anfang steht die Erwählung Abrahams, die Zusage einer dreifachen Verheißung (12,1-9). Hier wird das Thema intoniert.

Die Zeichnung von R.P. Litzenburger »Aufbrechender Abraham« zeigt einen Mann, der seinen bisherigen Lebensbereich verlassen hat und einer ungewissen Zukunft entgegensieht. Er steht vor einer dunklen Wand. Der Ausblick ist ihm versperrt. Sein Gesichtsausdruck verrät Angst und Zweifel, sein Blick richtet sich nicht nach vorne, er ist eher rückwärts gerichtet. Mit der rechten Hand hält er sich an dem fest, was er gegenwärtig »in der Hand hat«. Mit vielen Fasern seines Lebens ist er der Stadt seines Aufbruchs verhaftet. Er »hängt« an seiner Vergangenzeit, an dem Ort, der ihm bisher Sicherheit gab und den zu verlassen ihm befohlen wurde.

Der Bibeltext führt in die Ausgangssituation Abrahams ein. Jahwe wendet sich ihm zu und gibt ihm den Befehl, sich aus allen natürlichen Verwurzelungen (Land, Verwandtschaft, Vaterhaus) zu lösen. Er soll alle Sicherheiten preisgeben, die Vergangenheit hinter sich lassen und im Vertrauen auf Jahwes Wort sich der Zukunft zuwenden. Das »nach vorne« weisende Wort ist eine Verheißung, eine Zusage, die den Augenblick, die Gegenwart, überschreitet. Sie wird sich erst in der Zukunft erfüllen, bewahrheiten. Zugesagt werden: Land, Nachkommenschaft und Segen. »Land« bedeutet für einen Halbnomaden wie Abraham sehr viel, ebenso die »Nachkommenschaft« – garantiert sie doch den Fortbestand der Sippe und die Versorgung im Alter. »Segen« ist die Zusage von Lebensfülle, der Inbegriff für alles, was den Menschen heil und glücklich macht.

Für Abraham gibt es gegenwärtig jedoch keine Hinweise, wie dies alles sich einstellen könnte. Im Gegenteil, vieles spricht dagegen. Der Aufruf, die Sicherheit preiszugeben und sich auf Zukünftiges einzulassen, stellt für Abraham ein Wagnis dar. Es werden ihm zwar hohe Güter zugesagt, aber sie sind für ihn gegenwärtig nicht greifbar, ja, seine Erfahrungen sprechen gegen die Verwirklichung der Verheißung bzw. lassen sie als Zumutung erscheinen. Abraham ist alt und hochbetagt und soll dennoch auf Nachkommenschaft hoffen! – Seine Existenzgrundlage als Nomade ist fruchtbares Land, das sich in vermuteter, erreichbarer Nähe befinden sollte. Er aber soll sich mit seiner Sippe und seinem lebenden Besitz aufmachen in ein unbekanntes Land! – Und dann soll er, der Stammvater einer kleinen Sippe, auch noch davon überzeugt sein, daß von ihm allen Völkern der Erde »Segen«, d.h. Gutes zuteil werden soll!

Die Reaktion Abrahams auf den Befehl Jahwes wird nur knapp erwähnt: »Da zog Abraham weg, wie der Herr ihm gesagt hatte ...« In diesem Entschluß drückt sich sein tiefes Vertrauen in die Zuverlässigkeit der göttlichen Verheißung aus. Das Wort »Glauben« kommt zwar in dieser Perikope

nicht vor – es taucht erst in Gen 15,6 auf –, aber die Reaktion Abrahams ist eindeutig. »Abraham macht das Verheißungswort Jahwes zum Fundament seines Lebens.« (A. Deißler, Worauf es ankommt. Biblisch glauben!, Freiburg 1982, 24) Bedenkt man das Lebensalter Abrahams, so ist es vor allem die Verheißung einer zahlreichen Nachkommenschaft, die ihn zum Glauben aufruft und sein Vertrauen in die Verläßlichkeit des Gotteswortes auf die äußerste Probe stellt. Indem er sich »aufmacht«, den Aufbruch wagt und seine Schritte »nach vorne«, in die Zukunft lenkt, wird er zum Exempel des gläubigen Menschen (vgl. Mt 8,5-13; Röm 4,13-22; Hebr 11,8- 11).
Die folgenden Kapitel des Abraham-Erzählkreises konzentrieren sich auf diese Zusage. Nunmehr geht es ausschließlich um die Bewahrheitung der Verheißung einer zahlreichen Nachkommenschaft. Anhand der im fünften Impuls erwähnten Perikopen läßt sich die Glaubensgeschichte des Abraham verfolgen. Nach Gen 17,15-17 wird alles noch paradoxer. Die Verheißung bezieht sich nicht nur, wie bisher geschehen, auf Abraham, sondern auch auf seine Frau Sarai. Sie erhält den Namen Sara (Fürstin) und wird von nun an in die Glaubensgeschichte ihres Mannes einbezogen. Jahwe erneuert die Verheißung einer zahlreichen Nachkommenschaft, aber da Sara »alt und hochbetagt« ist und es ihr »nicht mehr nach Frauenart« (Gen 18,11) ergeht, steht dem Glauben an die Bewahrheitung des Wortes noch ein zusätzliches Argument entgegen, nämlich das Alter der Sara. Abrahams Antwort ist Ausdruck einer tiefen Krise: Einerseits drückt er im Gestus des Sich-Niederwerfens seine Ergebenheit gegenüber Jahwe aus, andererseits scheint ihm das alles als »lächerlich«, als völlig irreal angesichts des hohen Alters, in dem sich beide befinden. Die erneute Bestätigung der Verheißung, von der, wie in Gen 18,9-14 erwähnt, auch Sara erfährt, löst in ihr eine ähnliche Reaktion aus. Sara ist jedoch insofern noch radikaler vom Zweifel gepackt, als sie, wie ihr Lachen zu erkennen gibt, Jahwes Wort überhaupt nicht ernstnimmt. Sie hält sich mehr an die »Realitäten«. In diesem Zusammenhang steht das Wort Jahwes: »Ist denn für Jahwe etwas zu wunderbar?«
Die Abraham-Sara-Erzählungen sind exemplarische Glaubensgeschichten. Sie zeigen, was in der Bibel unter Glauben verstanden wird und wie er sich im konkreten Leben zu bewähren hat. Zwei Aspekte sind bemerkenswert. Zunächst: Der Glaubende macht sich in Gott fest, er betrachet das Bestehende nicht als das Endgültige und spricht Gott die Kraft zu, die Gegenwart zu verwandeln, etwas zu verwirklichen, was aus menschlicher Sicht als unrealisierbar erscheint. Gottes schöpferische Kraft – so bekennt der Glaubende – ist noch keineswegs an ein Ende gekommen! Sodann: Die Erzählungen zeigen den Weg-Charakter des Glaubens. Glaube und Un-Glaube liegen nahe beieinander. Weil dem Glaubenden zugemutet wird, oftmals den Erfahrungen und einsichtigen Argumenten zuwider sich in Gottes Verheißung festzumachen, muß auch jederzeit mit dem Zweifel gerechnet werden. Hier kann nicht von einem festen Besitz gesprochen werden, von einem unerschütterlichen Glauben, der jeglicher Anfechtung enthoben ist.
Die nachfolgenden Verse erwähnen den Ausgangspunkt der Wanderung Abrahams (Haran), den weiteren Weg über Sichem zum ephraimitischen Bergland zwischen Bet-El und Ai bis an den Negev. Genaue Angaben werden nicht gemacht. Vermutlich ist an Hebron oder Beerscheba gedacht. Die Erwähnung Sichems will besagen, daß dieser Ort schon seit Abrahams Zeiten ein israelitischer Kultort ist. Es ist der Ort, an dem nach Gen 28,10-22 Jakob den Traum von der Himmelsleiter hatte und wo er nach seiner Rückkehr aus Haran einen Altar errichtete (Gen 35,20). Wir haben es mit einer Kultaitiologie zu tun, d. h. mit einer Erzählung, die eine Stätte als einen seit Abrahams Zeiten existierenden Kultort ausweist. Bemerkenswert ist die erneute Bestätigung der Verheißung in Verbindung mit einem Baum. »In der Geschichte einer jeden Religion, in den Volksüberlieferungen, in der Archäologie und Kunst der ganzen Welt findet man heilige Bäume. Der Baum ist den alten Völkern Offenbarung Gottes, Bild des Kosmos, Symbol des Lebens, Mittelpunkt der Welt, Sinnbild der sich stets erneuernden Natur.« (D. Forstner, Die Welt der christlichen Symbole, Innsbruck/Wien 1986, 149)

In der neutestamentlichen Perikope »Jesus rettet den sinkenden Petrus« finden sich ebenfalls die erwähnten Glaubensaspekte. Die Wundergeschichte hat, so J. Gnilka, zwei Schwerpunkte: »den Wandel Jesu auf dem Wasser und die Rettung des sinkenden Petrus« (Das Matthäusevangelium, 2. Teil, Freiburg/Basel/Wien 1988, 12). Die Überschrift im Religionsbuch – »Eine Geschichte von Petrus« – lenkt den Blick auf den Glauben des

Petrus. Die Handlung findet fernab von den Volksmassen statt. Jesus zieht sich auf einen Berg zum Gebet zurück. Dieser Ort hat eine symbolische Bedeutung; er ist in den Religionen ein Sinnbild für die Nähe zu Gott. Der Gegenwind wühlt das Meer auf und bringt das Boot in Gefahr. Nach biblischer Überlieferung sind Wasser und Sturm chaotische Mächte. Sie stehen für alle Gefahren, denen der Mensch ausgesetzt sein kann. Die vierte Nachtwache ist die Zeit zwischen 3-6 Uhr morgens, Stunden, in denen Gottes Hilfe zu erwarten ist. Zu dieser Zeit kommt Jesus, auf dem See wandelnd, den Jüngern entgegen, die in große Bedrängnis geraten sind. Der Gang über das Wasser ist ein Zeichen für die göttliche Macht Jesu, für seine Herrschaft, der alle chaotischen Mächte der Erde unterworfen sind. Die Erscheinung Jesu löst bei den Jüngern Furcht und Schrecken aus. Jesus gibt sich zu erkennen – »Ich bin es« – und fordert sie auf, Mut, Vertrauen zu haben und sich angesichts der bedrohlichen Situation nicht zu fürchten. Im weiteren Verlauf der Geschichte steht Petrus im Mittelpunkt. Der Zweifel, ob der Erscheinende wirklich Jesus ist, ist noch nicht von ihm gewichen. Er will sich Gewißheit dadurch verschaffen, daß er die Zuverlässigkeit seines Wortes erproben möchte, seines Befehles, zu ihm über das Wasser zu kommen. Auf den Zuruf Jesu »Komm!« verläßt Petrus das Boot und vermag über das Wasser auf Jesus zuzugehen. Angesichts des starken Windes erfaßt ihn jedoch Angst, von den Wassern verschlungen zu werden. Da ihm zuvor das Vertrauen zu Jesus, der Glaube an die Verläßlichkeit seines Wortes, die Fähigkeit verliehen hatte, der Bedrohung durch das Wasser standzuhalten, ist der aufkommende Zweifel die Ursache dafür, daß er unterzugehen droht. Der Schrei ist zugleich ein Gebet (»Herr« = Bekenntnis zur Göttlichkeit Jesu). Jesus macht ihm den Vorwurf des Kleinglaubens und des Zweifelns. »Was im Sinn des Matthäus Kleinglaube meint, vermag der sinkende Petrus exemplarisch darzustellen: in einer Situation, in der die eigene Existenz bedroht ist, das auf Jesus gesetzte Vertrauen nicht durchstehen.« (J. Gnilka, 14) Die Geschichte endet mit dem Bekenntnis der Jünger zu Jesus als dem Sohne Gottes, zum Ausdruck gebracht durch Wort und Handlung.

Die Bezeichnung der biblischen Erzählungen über den Glauben als »Geschichten gegen Angst und Zweifel« rückt den Akt des Vertrauens in den Mittelpunkt. Damit ist zugleich auch, wie z.B. der Ruf des Petrus »Herr« zeigt, ein inhaltliches Bekenntnis verbunden. Beides gehört zur »Grundgestalt des Glaubens: Sein Kern ist das Vertrauen, die Bejahung und Anerkennung der Person und das darin sich manifestierende Erkennen. Dabei und darin wird auch bejaht, was von dieser Person kommt an Aussage und Ausdruck im einzelnen: zunächst als Aussage der Person über sich selbst, über ihre Gesinnung, über ihre Absicht, über ihr Selbst. Der auf die Person bezogene Aussageglaube gründet im Du-Glauben. Die Aussage, die die Person in ihrem Selbst betrifft, wird bejaht, weil die Person bejaht wird, an die ich glaube, der ich glaube.« (H. Fries, Fundamentaltheologie, Graz/Wien/Köln 1985, 23) Weil vielfach die Aussage, das inhaltliche Bekenntnis, im Vordergrund des Glaubensverständnisses der Christen steht, ist eine Korrektur im Sinne der Intention dieser Einheit notwendig. Dadurch wird die ausschließliche Fixierung auf die Glaubensinhalte relativiert und der existentielle Anspruch des christlichen Glaubens in den Blick gerückt. Der christliche Glaube befähigt zu Schritten, die man sonst nicht zu tun wagt; dem Glaubenden öffnet sich ein größerer Horizont; er entdeckt neue Lebensmöglichkeiten.

Für das unterrichtliche Gespräch über den Glauben dürften sich daraus wichtige Folgerungen ergeben. Der Text auf Seite 89 (Gebet eines Jungen im Warschauer Ghetto) aktualisiert und radikalisiert das biblische Glaubensverständnis.

2 Erfahrungen in Geschichten weitersagen

Seite 42-43

Diese Einheit befaßt sich mit dem Überlieferungsprozeß der biblischen Erzählungen. Für den Umgang mit der Bibel, zum richtigen Verständnis der einzelnen Perikopen, ist es erforderlich, über diesen Prozeß einige grundlegende Kenntnisse zu besitzen.

Am Anfang standen Erfahrungen, die Israel mit Jahwe bzw. die Jünger mit Jesus von Nazaret gemacht haben. Es waren Erfahrungen, in denen sich ihnen der tragende Grund des Lebens erschloß: Jahwe, der mit-gehende Gott, der Vater Jesu Christi. Von diesen Erfahrungen haben die Menschen erzählt. Sie ließen ihre Zuhörer jedoch nicht »draußen«, sondern haben sie in das Geschehen einbezogen. Sie konnten dies tun, weil das, was sie zu erzählen hatten, den Grund des Menschseins, die Tiefe der Person berührte. Der Hörer sollte sich in der Geschichte wiederfinden. Es wurde deshalb auch nicht der Eindruck erweckt, als ob das Geschehen abgeschlossen sei. Es mußte ein Raum offengehalten werden, der es dem Zuhörer ermöglichte, seine eigenen Erfahrungen zu integrieren, selbst in die Erzählung einzutreten und sich in ihr wiederzufinden. Auf diese Weise wurde Israel zu einer »Erzählgemeinschaft« (E. Zenger). Es fand ein Austausch von Erfahrungen statt, so daß die Vergangenheit stets lebendig blieb. In einem weiteren Schritt wurden die Erzählungen aufgeschrieben, gesammelt und zu größeren Überlieferungseinheiten zusammengefaßt. Aber dies geschah in der gleichen Weise, wie sich auch die mündliche Weitergabe vollzog: Die schriftlichen Zeugnisse waren für Israel keine abgeschlossenen Dokumente, sondern sie konnten »fortgeschrieben« und durch neue Erfahrungen angereichert werden, gleichsam wie die Jahresringe bei einem Baum.

Der gleiche Vorgang begegnet uns auch in der Überlieferung der neutestamentlichen Glaubenszeugnisse. Am Anfang stand die Wort- und Tatverkündigung Jesu. Seine Erfahrungen mit Gott wurden später, nach Ostern, in den christlichen Gemeinden weitererzählt, gesammelt und als Evangelien aufgeschrieben. Auch hier vollzog sich die Weitergabe in Form einer gegenwartsbezogenen Entfaltung und Ausgestaltung der überlieferten Geschichten. Dies sicherte ihre bleibende Aktualität. Die Hörer der nachösterlichen Gemeinden sahen ihre eigenen Erfahrungen durch die Erzählungen gedeutet und haben ihre Situation, ihre konkreten Fragen und Probleme, in sie eingezeichnet. Die Erzählungen von Jesus, dem Messias (= Christus) Gottes, waren für die nachösterlichen Gemeinden nach vorne hin »offen«; sie luden zur Identifikation, zum Weitererzählen ein. So entstand am Ende die Bibel. Ihren unvergleichlichen Rang beschreibt J. Nieuwenhuis mit folgenden Worten: »Die Bibel ist ein Ausloten und ein Aussprechen der Tiefe des menschlichen Daseins. In der Bibel sind menschliche Erfahrungen niedergelegt und verkörpert, die meinen eigenen Erfahrungen parallel laufen. Ich erkenne mich selbst, mein eigenes zufälliges Dasein, in jenen großen Gestalten, die dort sprechend und hoffend und verzweifelnd und zornig und schuldbeladen und erlösend aufgeführt werden. Sie spiegeln mich selbst wider. Mit Hilfe dieser biblischen Erfahrungen wird meine eigene Erfahrung der Wirklichkeit tiefer und bewußter; ich kann jetzt meinem eigenen Erleben Hände und Füße geben, ich kann meine Erfahrungen deuten und interpretieren, ich kann damit ›zutage treten‹. In mein Dasein kommt eine Transparenz, eine Durchsichtigkeit, ein Ausblick. Ich kann glauben.« (Gläubige Erziehung, Düsseldorf 1974, 153)

Dieser Überlieferungsprozeß, das Weitersagen von Erfahrungen, wird an den Erzählungen über Abraham und an der matthäischen Wundergeschichte vom Sturm auf dem Meere (8,23-27) näher erläutert.

Der erste Impuls enthält einen Gedanken, dem ein bestimmtes Denkmodell zugrundeliegt. Er bedarf daher einer näheren Erläuterung. Abraham war zweifellos eine historische Gestalt. Israel hat aber in ihm nicht nur eine individuelle Person gesehen, sondern es betrachtete ihn als eine Gestalt, die das ganze Volk verkörperte. Als Erstling faßt er alle Geschlechter zusammen; in ihm als dem Repräsentanten des Volkes fand sich Israel selbst dargestellt. Man bezeichnet Abraham deshalb als Korporativpersönlichkeit. »Die Spuren des Abraham verschwinden für den Forscher im Dunkel einer nicht mehr aufhellbaren und vom Wachstum der Überlieferung verstellten Vergangenheit. Viele Generationen haben an seiner Gestalt gearbeitet … Im Pentateuch ist an ihm viel weniger interessant, wer er ursprünglich gewesen ist, vielmehr aber, wie ihn Israel in der Rückschau aus seinem Selbst-, Welt- und Gottesverständnis heraus gesehen hat. Die Geschichten, die mit ihm verbunden und schließlich bei der Endredaktion Bestandteile des von Israel regelmäßig gelesenen und immer neu ausgelegten Pentateuch wurden, sind keine Historien, sondern Glaubenszeugnisse.« (H. Werner, Abraham. Der Erstling und Repräsentant Israels, Göttingen 1965, 31)

Dieses Denkmodell hat also dazu geführt, daß Israel sich einerseits in den Abraham-Erzählungen selbst wiederfand, und andererseits sich berechtigt sah, seine eigenen Erfahrungen in die überlieferten Zeugnisse einzuzeichnen. Konkret gesprochen: In der Erwählung Abrahams (Gen 12,1-4) hat Israel den Anfang seiner eigenen Erwählung gesehen, die aus geschichtlicher Sicht sich wesentlich später ereignete. So wie Abraham geboten wurde, sich auf den Weg zu machen und der Zusage Jahwes zu vertrauen, so auch Israel. Bedenken wir den Lebensweg Abrahams, sein Schwanken zwischen Glaube und Unglaube, so lassen sich in der Geschichte des Volkes Israel ähnliche Reaktionen entdecken. Aus der Rückschau konnte Israel auch die Einlösung der Zusagen Jahwes, die Verifizierung seiner Verheißungen, erkennen: die zahlreiche Nachkommenschaft, das Erstarken der Stämme, der Besitz des Landes.
Die zentrale Bedeutung, die die Abraham-Erzählungen für das Selbstverständnis Israels hatten und heute noch für die Juden haben, kann im Unterricht nur anfanghaft aufgezeigt werden. Bei der Besprechung des 4. Kapitels »Gott ist mit seinem Volk unterwegs« bietet sich eine Gelegenheit, nochmals auf die Parallelisierung »Abraham – Israel« zu sprechen zu kommen. Es wäre jedoch viel erreicht, wenn die Schüler und Schülerinnen motiviert wären, die Identifikation Israels mit Abraham zum Anlaß zu nehmen, die Geschichte des Patriarchen auf die Gegenwart zu beziehen, vielleicht auch zu versuchen, sich selbst in diesen Erzählungen zu entdecken. Dazu will der zweite Impuls anregen.

Das Religionsbuch geht ausführlicher auf die neutestamentliche Überlieferungsgeschichte ein. Als Beispiel wurde die Perikope Mt 8,23-27 gewählt. Der Lehrtext »Eine Glaubensgeschichte wird erzählt« beschreibt die Situation der christlichen Gemeinde in Jerusalem. Erste Verfolgungen brechen über sie herein. Petrus und Johannes werden vom Hohen Rat verhört und verhaftet, jedoch auf wunderbare Weise wieder befreit (Apg 4,1-22; 5,17-21). Mit der Steinigung des Stephanus beginnt eine schwere Verfolgung der Gemeinde, die zu ihrer Zerstreuung führte (Apg 7,54-8,3).
In dieser Situation der Anfechtung wird in der Gemeinde die Geschichte von Jesu Sturmstillung erzählt. Sie ist, wie das Wort »folgen« im ersten Satz und der Kontext der Erzählung andeutet (vgl. 8,18-22), eine Nachfolgegeschichte. Auffallend ist der Gegensatz zwischen dem »gewaltigen Sturm«, der zu Anfang herrscht, und der »völligen Stille« am Ende. Das Boot hat eine symbolische Bedeutung. Es stellt die Kirche dar, die Gemeinde, die der Verfolgung ausgesetzt ist und in ihrer Not sich hilfesuchend an Jesus wendet. Aber der Ruf ist zugleich ein Bekenntnis, eine vertrauensvolle Bitte um die Offenbarung seiner Macht in ihrer gegenwärtigen Not. In seiner Antwort tadelt Jesus die Jünger wegen ihrer Angst und ihres Kleinglaubens. In der Situation der Bedrängnis haben sie zwar nicht ihren Glauben verloren, aber es ist ein »gebrochener, halbherziger, unzureichender Glaube … Die Jünger werden getadelt, nicht weil sie Angst haben. Sie ist menschlich, jeder kennt sie. Der Tadel trifft sie, weil sie sich ängstigen, obwohl Jesus mit ihnen im Boot ist. Der Glaube ist eine Kraft, die die Angst überwindet.« (J. Gnilka, Das Matthäusevangelium, 1. Teil, Freiburg/Basel/Wien 1986, 318) Die Gemeinde soll angesichts der Verfolgung nicht mutlos werden und Jesus Christus, dem Herrn der Gemeinde, sich anvertrauen. Er ist in ihrer Mitte und wird sie in ihrer Not nicht preisgeben. Die Verläßlichkeit des Wortes Jesu zeigt sich darin, daß er durch sein machtvolles Wort

den Sturm in seine Schranken weist. Die Abschlußfrage wird von Leuten gestellt, die das Geschehen vom Ufer her verfolgt haben. Sie richtet sich an die Jünger, d. h. an die christliche Gemeinde, deren Glaube an die Gegenwart Jesu inmitten ihrer Bedrängnis gestärkt werden soll. Sie werden ermutigt, in der Zeit der Verfolgung sich in der Nachfolge Jesu zu bewähren.

Seite 43 Das Bild zeigt, wie die Bauern von Solentiname in Lateinamerika das biblische Zeugnis von der Verläßlichkeit des Wortes Jesu auf ihre Situation beziehen. Die Darstellung orientiert sich an Mt 14,22-33 (Seite 41) und ist in einigen Zügen frei gestaltet – ein Zeichen dafür, daß die Gläubigen produktiv mit der Überlieferung umgehen. Sie zeichnen ihre eigenen Erfahrungen in die Geschichte ein. Jesus steht am Ufer und heißt den Petrus, zu ihm zu kommen. Das Boot befindet sich in stürmischer See, die Wasser überspielen die Bordwand, zwei Männer schwimmen auf das Boot zu und suchen Rettung. Die Szene ist von dunklen Wolken überlagert. Sie kündigen Unheil an. Im Unterschied zur biblischen Geschichte kommt Jesus den Jüngern nicht auf dem See entgegen, sondern steht auf festem, mit Pflanzen bewachsenem Grund.

Damit im Unterrichtsgespräch herausgearbeitet werden kann, welcher Art die Glaubenssituation der lateinamerikanischen Gemeinden ist, die sich in diesem Bild widerspiegelt, bedarf es einiger Informationen. Die chaotischen, lebensbedrohenden Mächte, symbolisiert durch die dunklen Wolken und die aufgewühlte See, sind vielfacher Art: Hunger, chronische Krankheiten, Analphabetismus, Arbeitslosigkeit, Ausbeutung, Ungerechtigkeiten in den internationalen Beziehungen, wirtschaftlich und kultureller Neokolonialismus, nicht zuletzt die Verfolgung der Christen, der Bischöfe und Priester, die sich für die Änderung der Lebensverhältnisse einsetzten, durch die Machthaber. In dieser Situation sehen die Christen in der Botschaft Jesu einen »festen Boden«, in seinem Wort einen verläßlichen Anker, der ihnen Stand verleiht und Kraft zu seiner Nachfolge gibt. Im Vertrauen auf die rettende und heilende Macht Gottes, im Glauben an den Anbruch der Gottesherrschaft in Jesu Leben, kämpfen sie gegen die chaotischen Mäche.

3 Die Heiligen Schriften der Juden entstehen
4 Die Heiligen Schriften der Christen entstehen

Seite 44-45 Diese beiden Seiten befassen sich mit den Überlieferungsphasen der biblischen Botschaft, der sog. biblischen Literaturgeschichte. Was in der zweiten Einheit bereits an Beispielen veranschaulicht wurde, wird nun in einen größeren Zusammenhang gestellt und näher erläutert. Es werden die einzelnen Stadien erwähnt, die die Verkündigung der Offenbarung Gottes bis zur Schriftwerdung und Kanonisierung der Schriften durchlaufen hat.

Bevor die etwas ungewöhnlich klingenden Formulierungen »Schriften der Juden« und »Schriften der Christen« näher erläutert und begründet werden, seien einige zusätzliche Informationen zu den beiden Einheiten gegeben.

Die Juden nennen ihre Bibel »Tenach«. Es handelt sich um ein Kunstwort, das sich aus den hebräischen Anfangsbuchstaben der drei Teile der Bibel »Tora« (Gesetz, Weisung) – »Propheten« – »Schriften« zusammensetzt. Diesen drei Gruppen sind eine Anzahl von Büchern zugeordnet. Nach herkömmlicher Zählung sind es 39. Der wichtigste Teil der jüdischen Bibel ist die *Tora,* die ersten fünf Bücher Mose, auch *Pentateuch* genannt. »Die Tora ist das Fundament, auf das die anderen Teile bezogen sind.« (E. Zenger, Das Erste Testament. Die jüdische Bibel und die Christen, Düsseldorf 1991, 164) Innerhalb dieser Bücher nehmen der Dekalog und die Übergabe der »Weisung« am Berge Sinai eine zentrale Stellung ein. Zu den Propheten gehören nach jüdischer Lesart nicht nur die Schriften der großen prophetischen Gestalten Isaels (z.B. Jeremias, Isaias, Ezechiel,

Hosea), sondern auch die »frühen Propheten«, die Bücher Josua, Richter, 1/2 Samuel, 1/2 Könige, weil bereits in diesen Schriften Propheten erwähnt werden (z. B. Samuel, Natan, Elija, Elischa). Zu den »Schriften« zählen u.a. die Psalmen, das Buch Hiob, das Hohelied, die Klagelieder, das Buch der Weisheit. Die jüdische Bibel ist in hebräischer Sprache verfaßt, einzelne Abschnitte sind in aramäischer Sprache geschrieben. (Zur Bedeutung der Tora vgl. Kap. 1: Miteinander leben, Seite 15ff.)
Die Christen nennen die jüdische Bibel Altes Testament. Neuerdings wird der Vorschlag gemacht, vom Ersten Testament (AT) und vom Zweiten Testament (NT) zu sprechen (Zenger). Auch die Bezeichnung Hebräische Bibel im Unterschied zu dem in griechischer Sprache verfaßen Neuen Testament findet sich in der Literatur.

Die Kirche hat anläßlich der Aufnahme der jüdischen Bibel in ihren Kanon eine andere Einteilung vorgenommen. Es sind nicht mehr drei, sondern vier Gruppen. Die Tora (Pentateuch) als Fundament hat ihre Stellung bewahrt. Es folgen die Geschichtsbücher, zu denen auch die frühen Propheten gehören, anschließend die Lehrbücher der Weisheit nebst den Psalmen, und zum Schluß die Propheten. Das Einteilungsprinzip sind die Zeitdimensionen: Vergangenheit – Gegenwart – Zukunft. Das erklärt auch die Anordnung der prophetischen Literatur. Sie bildet die Brücke zur neutestamentlichen Verkündigung, in die Zeit der Erfüllung. Im Unterschied zum jüdischen zählt der kirchliche Kanon 46 Bücher. Er enthält noch einige Bücher (z.B. Tobit und Judit, die beiden Makkabäerbücher), die in den jüdischen Kanon nicht aufgenommen wurden.
Der *Entstehungsprozeß der jüdischen Schriften* wird unter den Überschriften »Erzählen« – »Aufschreiben« – »Sammeln und Abschreiben« – »Festlegung der Sammlung« zusammengefaßt. Die erste Phase wurde bereits erwähnt. Zur Illustration der zweiten Phase bietet sich die Exodustradition an. Sie ist ein Beispiel dafür, wie Israel in Zeiten erneuter Herausforderung seinen Glauben in Erinnerung an Jahwes befreiendes Handeln formulierte und dadurch Hoffnung für die Gegenwart schöpfte (Jahwist – Elohist – Priesterschrift). Die alttestamentliche Wirkungsgeschichte der Exodustradition wird im 4. Kapitel »Gott ist mit seinem Volk unterwegs« (Seite 58f.) behandelt.
Was den *Werdeprozeß der Schriften der Christen* betrifft, so wird hinsichtlich der Evangelien von einem dreifachen »Sitz im Leben« gesprochen.

1. Stadium: Am Anfang steht die Verkündigung der Gottesherrschaft. Darunter ist die Gegenwart der heilenden, rettenden Macht Gottes zu verstehen. Er verkündete diese Botschaft unter Verwendung der Heiligen Schriften seines Volkes, in einer Sprache und in Bildern, die seinen Hörern zugänglich waren. (Vgl. Kapitel 12: Jesus erzählt vom Reich Gottes)
2. Stadium: Die Jünger verkünden nach Ostern die Worte und Taten Jesu im Lichte seiner Auferstehung. Schon früh werden seine Worte wie auch seine Taten in Überlieferungseinheiten teils mündlich, teils schriftlich zusammengefaßt (Gleichnisse, Prophetenworte, Schul- und Streitgespräche, Wundergeschichten). In dieser Zeit der urkirchlichen Verkündigung entstehen auch die Leidensgeschichte, die Ostererzählungen und die Kindheitsgeschichten. Man bezeichnet diese Phase als »Evangelium vor den Evangelien«. Einerseits wußte sich die Kirche an die Botschaft des vorösterlichen Jesus gebunden, und andererseits sah sie sich beauftragt, seine Botschaft auf die neue, nachösterliche Situation zu beziehen und sie im Lichte der Anfragen und Probleme auszulegen, die sich nunmehr für die christlichen Gemeinden ergaben. In der zweiten Einheit wurde dieser Zusammenhang von Tradition und Interpretation an einem Beispiel veranschaulicht.
3. Stadium: Die Evangelisten haben die kirchliche Überlieferung in einen größeren Zusammenhang gestellt. In ihrer redaktionellen Tätigkeit haben sie sich von der Situation der Gemeinden, für die sie das Evangelium verfaßten, und von ihrer theologischen Konzeption, ihrer Verkündigungsabsicht, leiten lassen.

So ergeben sich folgende Stadien:
1. Sitz im Leben: Verkündigung Jesu – 2. Sitz im Leben: Verkündigung der Urkirche (Evangelium vor den Evangelien) – 3. Sitz im Leben: Verkündigung der Urkirche (Evangelisten).
Am Ende der biblischen Überlieferungsprozesse steht die *Kanonisierung*. Der Begriff »Kanon« ist vom griechischen Wort »kano« abgeleitet, das wiederum im Zusammenhang mit dem hebräischen Wort »kannäh« steht. Es bedeutet Schilfrohr, gerader Stab, im übertragenen Sinn Richtschnur, Maßstab, Norm. Demnach ist unter Kanonbildung der Prozeß der Herausbildung der maßgeblichen, für die Glaubensgemeinschaft verbindlichen Offenbarungszeugnisse zu verstehen. Was die Kriterien der Auswahl der Schriften betrifft, so dürfte vor allem die Erfahrung maßgeblich gewesen sein, die Juden wie Christen im Umgang mit den überlieferten Zeugnissen gemacht haben. Schriften, die zum Glauben »bewegten«, zur Nachfolge Jesu »inspirierten«, wurden dank ihrer spirituellen Qualität zum Basisdokument der Glaubensgemeinschaft.

Abschließend seien noch einige Anmerkungen zum Verhältnis der beiden Testamente gemacht. Sie sind nicht nur für den Unterricht über biblische Texte wichtig, sondern beleuchten auch das Verhältnis zwischen Judentum und Christentum.
Im Unterschied zur allgemein gebräuchlichen Unterscheidung von Altes Testament – Neues Testament findet sich in den Überschriften der beiden Einheiten eine andere Sprachregelung. Damit soll in Erinnerung gerufen werden, daß das Buch, das die Christen als Altes Testament bezeichnen, das Glaubensdokument des jüdischen Volkes ist. Erst als in der jungen Kirche schriftliche Zeugnisse über die Botschaft Jesu Christi verfaßt und als Neues Testament bezeichnet wurden, erhielt kirchlicherseits die jüdische Bibel den Namen Altes Testament. Die christliche Bibel ist somit ein »zweigeteiltes Buch«, eine »Schrift in zwei Teilen« (C. Dohmen/F. Mußner, Nur die halbe Wahrheit? Für die Einheit der ganzen Bibel, Freiburg/Basel/Wien 1993, 92). Christen und Juden besitzen ein gemeinsames Zeugnis – von den Juden als Tenach, von den Christen als Altes Testament bezeichnet. Diese Tatsache ist für das christlich-jüdische Verhältnis, das Gespräch zwischen Juden und Christen, von grundlegender Bedeutung (vgl. Kap. 6: Aus einer Wurzel – Juden und Christen).

Welche Konsequenzen ergeben sich aus der Herkunftsgeschichte des Alten Testamentes für die Auslegung alttestamentlicher Texte im Religionsunterricht?
– Die alttestamentlichen Schriften sind der Niederschlag der Erfahrungen des jüdischen Volkes, die es in einem langen Zeitraum seiner Geschichte mit Gott (Jahwe) gemacht hat. Sie besitzen deshalb, unabhängig von ihrer Bedeutung für die Kirche, einen Eigenwert. Sie sind ursprünglich das Glaubenszeugnis Israels. Christen sollten sich deshalb zunächst Kenntnis darüber verschaffen, wie Juden diese Schriften verstehen und sie auslegen.
– Die Bezeichnung Altes Testament hat innerhalb der Kirche der Vorstellung Vorschub geleistet, man könnte eigentlich auf diesen Teil der Bibel verzichten. Man habe doch das »Neue« Testament, in dem alles aufgehoben sei, was im »Alten« Testament für unser Heil bedeutsam ist. Alt und neu werden im Sinne einer Wertung verstanden. Das Alte ist vergangen, es ist überholt, das Neue ist das Bessere, nunmehr Gültige. Diese Einschätzung verleitet dazu, die Bibel der Juden ausschließlich christologisch zu lesen, d.h. nur auf das zu achten, was aus christlicher Sicht auf Jesus Christus verweist. Diese Art Umgang mit dem Alten Testament führt zu einer Verabsolutierung des Schemas »Verheißung – Erfüllung«. Das Schema besagt: Was in den Schriften Israels verheißen wird, ist in Jesus Christus zur Erfüllung gekommen. Diese Sehweise ist aus christlicher Sicht durchaus berechtigt, sie birgt jedoch die Gefahr in sich, zu wenig auf die ursprüngliche Aussage zu achten und in den Text etwas hineinzulesen, was nicht gemeint ist, und der von den jüdischen Lesern deshalb auch anders verstanden wird. »So legitim und wichtig es … ist,

daß Christen beim Umgang mit dem Alten Testament keinen anderen Gott bezeugt sehen als eben den, der in Jesus Christus und in der Kirche gewirkt hat und wirkt, und daß alttestamentliche Texte für Christen auf Christus hin transparent werden, so falsch ist es zugleich, wenn dabei alttestamentliche Texte christlich so vereinnahmt werden, daß ihr ursprünglicher, Israel bzw. dem jüdischen Volk gegebener Sinn verdrängt oder gar ausgeschlossen wird.« (E. Zenger, Die jüdische Bibel – unaufhebbare Grundlage der Kirche, in: H. Flothkötter/B. Nacke [Hg.], Das Judentum – eine Wurzel des Christlichen, Würzburg 1990, 79) Diese selektive Wahrnehmung wird dem inhaltlichen Reichtum der jüdischen Glaubenszeugnisse auch insofern nicht gerecht, als – wie Zenger unter Hinweis auf Hebr 1,1f. hervorhebt – nicht alle alttestamentlichen Verheißungen sich in Jesus erfüllt haben und auch nicht alle neutestamentlichen Aussagen über Jesus sich alttestamentlich untermauern lassen (72f.).

– Die christliche Kirche hat die Schriften Israels in ihren Kanon aufgenommen und sie zum integralen Bestandteil ihrer Bibel gemacht. Daraus ergibt sich die Frage, wie das Verhältnis der beiden Teile der einen Bibel christlicherseits zu verstehen ist und welche Konsequenzen sich daraus für ihre Auslegung ergeben. Zunächst ist zu sagen, daß viele neutestamentliche Aussagen ohne Kenntnis der alttestamentlichen Zeugnisse unverständlich bleiben. Denn die christliche Gemeinde hat ja die Lebensgeschichte Jesu Christi als Fortführung der Geschichte Gottes mit Israel gedeutet und deshalb in ihren Glaubenszeugnissen, den neutestamentlichen Schriften, immer wieder auf das Alte Testament verwiesen (vgl. die Reflexionszitate in der matthäischen Kindheitsgeschichte). Das Neue Testament muß deshalb im Zusammenhang mit dem Alten Testament gelesen werden. Weil das Alte Testament aber eine Eigenwertigkeit besitzt und nicht als Torso gewertet werden darf, müssen Christen sich zugleich auch bemühen, den immanenten Verkündigungsgehalt der jüdisch-alttestamentlichen Schriften zu entdecken. Der rechte Umgang mit dem Alten Testament verlangt von Christen also einen »zweifachen Gang«, eine »zweifache Leseweise« (C. Dohmen/F. Mußner, 53. 54). Der erste Gang nimmt seinen Ausgangspunkt im Alten Testament selbst, das Buch wird aus der Sicht Israels gelesen. Der zweite Gang hat seinen Ausgangspunkt im Neuen Testament, die Schriften Israels werden retrospektiv gelesen, aus der Sicht der Kirche.

Was bedeutet das für den Unterricht über biblische Texte? Eine alttestamentliche Perikope ist zunächst nach ihrer eigenen Aussage zu befragen, nach der Lesart Israels (z.B. die Abraham- Erzählungen). Sollte sie direkt oder indirekt im Neuen Testament erwähnt werden, so ist diese Stelle im Lichte der alttestamentlichen Geschichte zu interpretieren (z.B. Mt 8,5-13). Bezüge dieser Art sind aber auf keinen Fall hinsichtlich jeder Perikope der beiden Teile zu erwarten. Der Respekt vor der relativen Eigenständigkeit beider Bücher der einen Bibel verbietet es, unsachgemäße Beziehungen herzustellen (z.B. Gen 22,1-19: Die Opferung des Isaak als Voraus-Bild des Kreuzesopfers Jesu Christi).

– Die rechte Sicht des Verhältnisses der beiden Testamente zueinander ist eine tragfähige Basis für das christlich-jüdische Gespräch. Beiden Religionen ist das Erste Testament gemeinsam – als Tenach für die Juden, als Altes Testament für die Christen. Die Christen entdecken im Gespräch mit den Juden den ganzen Reichtum des Ersten Testaments. Sie werden auch besser verstehen, weshalb die Juden gerade aufgrund der messianischen Hoffnung sich nicht entschließen können, den Glauben der Christen an Jesus als den Messias Gottes zu übernehmen. »Gerade das ernsthafte Hinhören der Christen auf die sogenannten messianischen Texte des Ersten Testaments sollte sie einerseits dafür wachhalten, daß die Verheißungen Gottes noch nicht erfüllt sind – wie unerträglich wären sonst die Gegenwart und die Zukunft, wenn wir über das hinaus, was schon ist, nicht noch etwas zu erwarten, zu erhoffen hätten (nämlich IHN, den zur Vollendung kommenden Gott)! Und das Hören auf das Erste Testament sollte andererseits das die Christen ärgernde Nein der Juden zu Jesus als dem Messias verständlich machen, wenn diese, nicht zuletzt aus der Differenz zwischen den messianischen Texten des Tenach und der von den Christen mit Jesus verbundenen messianischen Wirklichkeit, die Messiasfrage meinen offen halten zu müssen – um des Gottesreiches willen!« (E. Zenger, Das Erste Testament. Die jüdische Bibel und die Christen, Düsseldorf 1991, 207)

Literaturhinweise

A. Deissler, Worauf es ankommt. Biblisch glauben!, Freiburg 1982.

C. Dohmen/F. Mußner, Nur die halbe Wahrheit? Für die Einheit der ganzen Bibel, Freiburg/Basel/Wien 1993.

W. Egger, Kleine Bibelkunde zum Neuen Testament, Innsbruck 1981.

J. Scharbert, Genesis (Die Neue Echterbibel), Würzburg 1986.

E. Zenger, Das Erste Testament. Die jüdische Bibel und die Christen, Düsseldorf 1991.

4 Gott ist mit seinem Volk unterwegs

Exodus

Das Kapitel ist in drei Abschnitte gegliedert. Im ersten Abschnitt »Das Volk Israel macht sich auf den Weg« (Seite 48-57) wird die Situation der Israeliten in Ägypten und die Befreiung aus der Knechtschaft der Situation einer südamerikanischen Familie gegenübergestellt, die von einem Aufbruchswillen erfaßt ist. Der zweite Abschnitt »Wie die Exodus-Geschichte weitererzählt wird« (Seite 58f.) macht die Schüler mit der alttestamentlichen Wirkungsgeschichte des Exodus-Ereignisses bekannt. Der dritte Abschnitt »Erinnerung an den Exodus – Hoffnung für heute« (Seite 60-62) schlägt nochmals den Bogen zur Gegenwart anhand einer Bildergeschichte, die aufzeigt, wie Menschen in Brasilien bzw. in Peru aus der Erinnerung an den alttestamentlichen Exodus Hoffnung schöpfen und ihre Lebensbedingungen verändern.
Angesichts der didaktischen Struktur des Kapitels bietet es sich an, vom bisherigen Schema der Kommentierung abzusehen und eine andere Gliederung vorzuziehen. Es ist deshalb ratsam, zunächst den Text insgesamt zu lesen, um festzustellen, in welchem Kontext die einzelnen Elemente berücksichtigt werden.
Besonders hingewiesen sei schließlich auf die ausführlichen Kommentierungen a) des Kapiteleingangsbildes Seite 47, in dem die Erzähltraditionen des Exodus in diesem großartigen Bilde Marc Chagalls noch einmal vertiefend zusammengefaßt werden, sowie b) des Wandteppichs Seite 56, beide am Schluß dieses Kapitelkommentars oben Seite 57 bzw. Seite 60ff.

1 Das Exodusereignis und seine theologische Deutung

1.1 Ereignis und Deutung (Seite 48, 52f.)

Nach E. Zenger und P. Weimar ist der Exodus der gelungene Befreiungsversuch einer kleinen Gruppe, die im östlichen Nildelta bei Großbauprojekten eingesetzt war. Dieser Fluchtversuch erfolgte unter der maßgeblichen Führung eines Mannes namens Mose. Er verfügte aufgrund seiner Ortskenntnisse und seiner Kontakte zu halbnomadischen Gruppen der Sinaihalbinsel über Voraussetzungen, die dem Unternehmen eine Erfolgschance geben. Der Ausbruch einer Pestepidemie bietet eine günstige Gelegenheit zur Flucht. Sie ist nicht ohne Risiko, aber sie gelingt trotz Absperrung und Verfolgung. Das Passieren einer gefährlichen Wasserquelle signalisiert das Gelingen der Flucht. Sie wurde von Anfang an von der Gruppe als wunderbare Rettung interpretiert und von Mose in Verbindung mit dem Gottesnamen »Jahwe« gebracht. IHM verdanken sie ihre Rettung. Geographisches Ziel der Jahwe-Leute ist Palästina, das sie mit halbnomadischen Gruppen, die sich ihnen unterwegs anschließen, von Osten her erreichten. Dort wurden sie zum »theologischen Sauerteig« Israels, des Zwölf-Stämme-Verbandes. (Vgl. Exodus – Geschichten und Geschichte der Befreiung Israels, Stuttgart 1975, 114f.)
Schwierigkeiten wird die Frage bereiten, inwiefern die Israeliten sich berechtigt sahen, die geglückte Flucht der Hilfe ihres Gottes Jahwe zuzuschreiben. Deutungen wie »Wir haben Glück gehabt!« würden sich eher anbieten. Wie läßt sich die theologische Inter-

pretation des Geschehens, das ja auch auf die Initiative der Israeliten zurückgeht, einsichtig machen?

Der Grundgehalt der Exoduserzählung dürfte darin zu sehen sein, daß die Jahwe-Leute sich in höchster Not befanden und in der plötzlichen, wider Erwarten erfahrenen Befreiung aus der Knechtschaft der Ägypter das Wirken ihres Gottes Jahwe gesehen haben und demzufolge ihm die Errettung zusprachen. »Singet Jahwe, denn er ist hocherhaben, Roß und Reiter warf er ins Meer!« (Ex 15,21) Berechtigung und Verantwortbarkeit einer solchen theologischen Interpretation (Jahwe hat uns errettet!) lagen für die Jahwe-Leute in der Erfahrung von Sinn, in der Bestätigung des Daseins, in der Ermöglichung eines freiheitlichen Lebens. Die Erretteten fühlten sich existentiell in einer Weise betroffen, die ihnen den Geschenkcharakter ihres Daseins offenbarte. Was ihnen zuteil wurde – Zuwendung, Befreiung, Hoffnung – war ihres Erachtens unverfügbar. Die partielle Sinnerfahrung der Befreiung werteten sie als Zeichen und Symbol für das Ganze ihres Daseins. In der Erfahrung von Glück und Heil hatte sich ihnen die Tiefendimension der Wirklichkeit erschlossen. Aufgrund dieser Erfahrung sahen sie sich zu diesem Glauben berechtigt.

Wenn Israel diese Befreiung Gott zusprach und seine Geschichte auf Gott hin deutete, dann liegt dieser Sicht eine bestimmte Welterfahrung zugrunde. Darüber gibt uns der biblische Wunderbegriff Aufschluß. Man dachte noch nicht in naturwissenschaftlichen Kategorien. Für den biblischen Menschen ist die ganze Welt der Ort des göttlichen Handelns, das er vor allem dort sieht, wo ihm wider Erwarten eine heilshafte, kreatürliches Unheil aufhebende Zuwendung zuteil wird. Hier ist für ihn der rettende, befreiende Gott am Werke. Nach biblischem Verständnis kann es sich bei einem Wunder durchaus um ein normales, auf natürliche Weise erklärbares Ereignis handeln; das Wunderbare beginnt für den Menschen der Bibel nicht erst dort, wo die Schwelle des natürlich Erklärbaren überschritten wird und auf keine weltimmanente Ursache als Erklärungsgrund verwiesen werden kann. Die Kategorie des Wunderbaren ist nach biblischem Verständnis dort vorhanden, wo der Mensch sich existentiell-heilshaft betroffen weiß. In solchen Situationen sieht er die fürsorgende Macht seines Gottes Jahwe am Werke.

1.2 Die Gotteserfahrung Israels »Ich bin der Ich-bin-da« (Seite 47, 50-52)

Das Bekenntnis zum gegenwärtigen, hilfreichen Gott findet seinen Ausdruck im Namen Jahwe: »Ich bin der Ich-bin-da«. Der Deutung dieses Gottesnamens ist im Unterricht besondere Beachtung zu schenken.

Nach orientalischer Auffassung stellt der Name nicht lediglich eine äußerliche Kennzeichnung einer Person dar, sondern der Name offenbart das Wesen dessen, der diesen Namen trägt. Dies ist auch bei der Anrede »Jahwe« zu bedenken. Der Name ist vom Wortstamm »sein« abgeleitet und besagt soviel wie »Er ist«. Dabei ist in Erinnerung zu rufen, daß der semitische Seinsbegriff einen dynamischen Grundzug enthält. Er drückt nicht die bloße Existenz aus, sondern das Mächtig-Sein, Wirksam-Sein, Lebendig-Sein, Mit-Sein, Sich-als-lebendig-in-Erfahrung-bringen (vgl. E. Zenger, Die Mitte der alttestamentlichen Glaubensgeschichte, KatBl 101 (1976) 6). Mit dem Namen ist die Vorstellung eines Gottes verbunden, der Israels Not und Bedrängnis »sieht«, der das »Wehklagen« des Volkes »hört« und »herabsteigt«, um es aus der Gewalt der Ägypter zu befreien und es aus diesem Lande herauszuführen in ein schönes und geräumiges Land, das von Milch und Honig fließt« (vgl. Ex 3,7f.).

Von der Offenbarung des Namens Jahwe hören wir in Ex 3,1-17. Das Eingangsbild von M. Chagall nimmt auf diese Offenbarungsgeschichte Bezug (Seite 47). Im Text wird auf die Geschichte vom brennenden Dornbusch ausdrücklich hingewiesen (Seite 50). Martin

Buber hat den Vers 14 wie folgt übersetzt: »Ich werde dasein, als der ich dasein werde«. Der Bedeutungsgehalt des Namens muß vor dem Hintergrund der altorientalischen Vorstellung gesehen werden, daß in der Preisgabe des Namens eine Entmachtung des Namensträgers erfolgt und der Empfänger nunmehr Macht über den Namensträger erhält (vgl. Gen 32,30). Während der erste Teil des Satzes »Ich werde dasein« auf die Anwesenheit, die hilfreiche Nähe Jahwes aufmerksam macht und Israel ihn deshalb auch nicht zu beschwören braucht, erinnert der zweite Teil »als der ich dasein werde« daran, daß Jahwe auch nicht beschworen werden kann, weil er die Art seiner Gegenwart, seiner hilfreichen Nähe selber bestimmt. Durch die Kundgabe seines Namens gibt er sich nicht in die Verfügungsgewalt seines Volkes. Er bleibt der je größere, unverfügbare Gott, der seinem Volk stets nahe bleibt, aber nicht auf bestimmte Wünsche festgelegt, gleichsam »verzweckt« werden kann.

Weil der Sinngehalt des geoffenbarten Gottesnamens für die biblische Rede von Gott von zentraler Bedeutung ist und deshalb auch im Religionsunterricht entfaltet werden sollte, seien die vier Aspekte genannt, die nach E. Zenger in Ex 3,14 zur Sprache kommen. Was schwingt alles für den Israeliten mit, wenn er diesen Gottesnamen vernimmt oder ihn ausspricht?

1. Zuverlässigkeit: »Ich bin so bei euch da, daß ihr fest mit mir rechnen könnt. Wenn ihr auch wandelt im Tale des Todes, ihr dürft darauf bauen, daß ich da bin. Wenn ihr auch zweifelnd, schreiend oder stumm geworden von mir weglauft, ihr dürft wissen: Ich bin bei euch da, selbst wenn ihr mich nicht mehr erkennt.«

2. Unverfügbarkeit: »Ich bin so bei euch da, daß ihr mit mir rechnen müßt, wann und wie ich will – vielleicht auch dann und so, wie es euch sogar stört. Es mag durchaus Situationen und Stationen eures Lebensweges geben, wo ihr euch nicht gerade gerne daran erinnern laßt, daß ich bei euch da sein will, oder wo ihr lieber einen anderen Gott hättet.«

3. Ausschließlichkeit: »Ich bin so bei euch da, daß ihr allein mit mir rechnet als dem, der euch rettend nahe sein kann. Mit mir zu rechnen, verlangt von euch eine klare Entscheidung, damit ernst zu machen, daß ich für euch der einzige bin, der euch Halt und Maß geben darf. Nur in mir könnt und dürft ihr der wahren Liebe, der wahren Güte und dem wahren Leben begegnen.«

4. Unbegrenztheit: »Ich bin so bei euch da, daß mein Nahe-Sein keine örtlichen, institutionellen und zeitlichen Grenzen kennt. Wenn ich bei euch da bin, schließt das nicht aus, daß ich sogar bei euren Feinden da sein kann. Ja, mein rettendes Nahe-Sein übersteigt die Erde, auf der ihr lebt und die ihr so oft zum Mittelpunkt eures Lebens macht. Sogar der Tod ist für mich keine Grenze, die meiner Lebenskraft Schranken setzen könnte.« (E. Zenger, Der Gott der Bibel, Stuttgart 1979, 111)

Wenn von Unverfügbarkeit die Rede ist, dann wird damit auch auf die Offenheit der israelitischen Gottesvorstellung hingewiesen. Sie besagt, daß Jahwe sich nicht endgültig und abschließend am Berg Horeb geoffenbart hat. Erst sein zukünftiges Handeln wird die Tiefe, das volle Ausmaß seiner hilfreichen Gegenwart, zur Sprache bringen. Dem Volk wird untersagt, sich ein »Bild« von Gott zu machen (vgl. Ex 20,4), zu meinen, ihn schon »begriffen« zu haben. An Israel ergeht der Aufruf, nach vorne zu schreiten, sich auf seinen Gott einzulassen und neue Erfahrungen mit ihm zu machen. Die Erinnerung an die Befreiungstat Jahwes hat Israel in der Hoffnung bestärkt, daß er sich zukünftig aufs neue als der mit-gehende Gott erweisen werde. In dieser Gottesvorstellung liegt die Wirkungsgeschichte der alttestamentlichen Exoduserfahrung begründet, von der anschließend zu sprechen sein wird.

1.3 Kontexte zum Verständnis des Exodusereignisses und seiner Bedeutung (Seite 46-54)

Die beiden Geschichten »Ich bin da« (Seite 50) und »Chance der Bärenraupe, über die Straße zu kommen« (Seite 52) sollen den Schülern und Schülerinnen den Zugang zum Verständnis des Exodusereignisses erleichtern, vor allem die Deutung erschließen, die Israel diesem Geschehen gegeben hat. So wie der Schüler durch die Zusage der Mutter, in seiner Nähe zu bleiben, seine Angst zu überwinden vermag, so wurde auch die Jahwe-Gruppe durch die Gegenwart Jahwes in ihrem Entschluß bestärkt, ihrem Leiden ein Ende zu machen und die Flucht zu wagen. Dieses Unternehmen ist nicht ohne Gefahren. Deshalb konnten sie auch zu Anfang des Erfolges nicht sicher sein. Wenn sie sich dennoch aufmachten, so geschah es im Vertrauen auf Jahwe – in der Hoffnung, »über die Straße zu kommen«, d.h. die zugesprochene Freiheit zu erlangen.
Die Fotographien bzw. die graphischen Darstellungen, die sich auf die Landschaft des vorderen Orients beziehen (Seite 48, 53, 54), sollen die Schüler und Schülerinnen darauf hinweisen, daß der Glaube Israels an einen Gott der Befreiung in der Geschichte des Volkes verankert ist. Wie das sog. »heilsgeschichtliche Credo« (Dtn 26,5b-9) (Seite 57) zeigt, bekennt Israel sich zu Jahwe, indem es seine Geschichte erzählt – angefangen von Abraham bis zur Landgabe (Seite 57). Und es erzählt seine Geschichte in der Weise, daß zugleich von Jahwe die Rede ist. Seine Macht und hilfreiche Gegenwart hat das Volk in geschichtlichen Ereignissen erfahren. Nach der Seßhaftwerdung der einwandernden Stämme, unter denen die Jahwe-Leute eine zentrale Stellung einnehmen, kristallisiert sich diese geschichtliche Verankerung des Gottesglaubens Israels immer stärker heraus. Anläßlich der Darbringung der Erstlinge preist Israel seinen Gott, der es »mit starker Hand und ausgestreckten Armen, unter großen Schrecken, unter Zeichen und Wundern« aus der ägyptischen Knechtschaft befreit und in das Land gebracht hat. Das Gottesbekenntnis Israels ist so sehr mit der Auszugs- und Landgabegeschichte verbunden, daß der Prophet Hosea Jahwe als Gott »vom Lande Ägypten her« bezeichnet (12,10; 13,4).

2 Die alttestamentliche Wirkungsgeschichte der Exoduserfahrung

Die Erinnerung an die Errettung der Jahwe-Leute aus der Knechtschaft der Ägypter lebt vor allem in Situationen wieder auf, die mit der dortigen Situation zu vergleichen ist. In Notsituationen besann sich das Volk auf den Gott der Befreiung. Dabei ist zu bedenken, daß im Wort »Erinnerung« der Hinweis enthalten ist, daß ein historisches Ereignis, auf das man sich bezieht, nicht der Vergangenheit angehört, sondern auch die Gegenwart bestimmt und darüber hinaus auch in der Zukunft noch Geltung besitzt. Das bedeutet: Wenn Israel sich an das Exodusgeschehen »erinnerte«, dann war es davon überzeugt, daß Jahwe sich auch jetzt als ein befreiender Gott erweisen werde, der das Volk aus der gegenwärtigen Unheilssituation erretten wird. Das einstmals Geschehene gehört nicht der Vergangenheit an, sondern es bleibt stets aktuell und von überzeitlicher Gültigkeit.

2.1 Kritik der Könige (Jahwist) (Seite 58f.)

Diese »Erinnerung« an die Errettung der Jahwe-Leute erhielt erstmalig in der Zeit der Könige David (1010-967) und Salomo (967-960) besondere Aktualität. Die Einführung des Königtums unter Saul (1020-1010) stellte eine grundlegende Zäsur in der Geschichte Israels dar, das sich als Theokratie (Gottesherrschaft) verstand. Die Meinungen bezüglich der Übernahme einer außerisraelitischen Herrschaftsform sind darum auch geteilt (vgl. 1 Sam 8-12). Die einen sahen darin eine staatspolitische Notwendigkeit, die anderen be-

tonten mehr die Gefahr, daß das irdische Königtum die Königsherrschaft Jahwes verdunkeln und beeinträchtigen könnte. Diese Befürchtungen haben sich insofern bewahrheitet, als das Königtum unter David, vor allem aber unter Salomo, immer stärker selbstherrliche Züge aufwies (vgl. 1 Kön 12,1-11). Das Reich wurde in organisatorischer Hinsicht ausgebaut, es fand eine bis dahin unbekannte Zentralisierung der Befugnisse statt, herrschaftliche Bauten wurden errichtet, Frondienste schränkten die Freiheitsrechte der Bürger ein, die Steuerlasten wurden vermehrt. Ausländische Verhältnisse galten als Vorbild dieser staatlichen und gesellschaftlichen Veränderungen. Salomo holte ägyptische Verwaltungsfachleute ins Land und orientierte sich an den im Ausland herrschenden Praktiken. So nahm der neue Staat in den Augen der Israeliten immer stärker pharaonenhafte Züge an. In dieser Situation »erinnerte« man sich an die Zeit der ägyptischen Knechtschaft. Durch die bedrückenden Verhältnisse unter den Königen David und Salomo gewinnt die im religiösen Bewußtsein vorhandene Exodustradition aktuelle Bedeutung. Man erinnert sich nicht nur an die Vergangenheit, sondern die Erfahrung der Jahwe-Leute wird zum Interpretationsschema für die gegenwärtige Situation. Indem der Jahwist die Exodustradition erzählt, wird das vorhandene Königsregiment kritisiert. David und Salomo werden als Pharaonen gesehen. Wie der ägyptische König, so werden auch sie durch die Macht Jahwes in ihre Schranken verwiesen. In einer Zeit erneuter Unterdrückung stellt somit die jahwistische Exoduserzählung ein Bekenntnis zur Hoffnung dar. Diese kritische Wertung gegenwärtiger Verhältnisse ist jedoch dem Text auf den ersten Blick nicht anzusehen. Erweckt er doch den Eindruck, daß lediglich von vergangenen Ereignissen erzählt wird. Man spricht von der Vergangenheit in der Intention, die Gegenwart zu kritisieren und zu bewältigen. »Die alten Exodusgeschichten gebrauchen ... ein Vokabular, durch das in der längst vergangenen Unterdrückung Israels in Ägypten zugleich die vom Staat Salomos praktizierte Unterdrückung angeklagt wird. Damit wird die neue Situation, in dem sie in die alte Exodusgeschichte eingebunden wird, auf Jahwe hin aufgebrochen. Denn diese Exodusgeschichte erzählt von gelungenem Widerstand gegen Pharao und vom längeren Atem des Freiheitswillens Jahwes. Von daher werden diese Exodusgeschichten zur Anklage gegen Salomo und zum Hoffnungsimpuls für das Jahwevolk. Deshalb muß nun auch gesagt werden, daß Israel in Ägypten war und Israel von Jahwe aus der Sklaverei befreit wurde, auch wenn es für den Historiker ein an Jahwe glaubendes Israel in Ägypten noch nicht gab.« (E. Zenger, Die Mitte der alttestamentlichen Glaubensgeschichte, 11f.) Somit ist die Exodusgeschichte ein Dokument kritischer Auseinandersetzung mit gegenwärtigen Verhältnissen. Die Erinnerung verleiht Hoffnung, sie provoziert einen Befreiungsprozeß.
Die jahwistische Darstellung vom Auszug aus Ägypten (blaue Schrift, linke Spalte, Seite 59) macht den aktuellen Bezug deutlich: Jahwe ist der allein Handelnde. »Und der Herr trieb die ganze Nacht das Meer durch einen starken Ostwind fort.« Angesichts der Eroberungskriege der israelitischen Herrscher wird durch den Hinweis, daß die Errettung am Schilfmeer der Initiative Gottes zu verdanken ist, eine Kritik an den kriegerischen Unternehmungen der Könige laut. Gott hat dem Volk Israel das Land gegeben und seine Grenzen festgelegt. Deshalb ist es den Königen nicht erlaubt, neue Gebiete zu erobern.

2.2 Hoffnung auf Heimkehr (Priesterschrift) (Seite 58f.)

Zur Zeit der babylonischen Gefangenschaft (586-538) befindet sich das Südreich (Juda) ebenfalls in einer Situation, die die Exodustradition wieder lebendig werden läßt. In dieser Zeit entsteht eine zweite Quellenschrift, und zwar in Priesterkreisen. Wir haben es mit einer Neuinterpretation der Exodustradition zu tun, die aus der Perspektive des exilierten

Volkes in Babylon erfolgt. Grundlegende Thematik ist die Identifizierung des Volkes in Babylon mit den Exilierten in Ägypten. So wie Jahwe Israel aus der Knechtschaft der Ägypter befreit hat, so wird er auch das Volk aus der babylonischen Verbannung erretten. Auch die priesterliche Erzählung stellt kein Referieren vergangener Ereignisse dar, sondern sie will den in Babylon Lebenden Hoffnung auf Heimkehr vermitteln. Erfahrungen, die Menschen in der Vergangenheit mit Jahwe gemacht haben, werden neu erzählt, und zwar so, daß die Hörer Vertrauen zu ihrem Gott gewinnen, der sich auch jetzt als machtvoller Befreier und Erretter erweisen wird. Jahwe wird einen neuen Moses erwecken, der das Volk in die Freiheit führt. Deshalb wird auch in der priesterlichen Erzählform (rote Schrift, rechte Spalte) Mose eine besondere Rolle zugedacht. Weil in Babylon die Wassermassen (Euphrat und Tigris) eine besondere Gefährdung darstellen und dort als chaotische, widergöttliche Mächte gewertet werden, wird in der priesterlichen Überlieferung der Auszug in der Weise geschildert, daß die Wassermassen sich spalten und das Volk gleichsam in Form einer Prozession durch das Meer hindurchzuziehen vermag. Die Erfahrung der Errettung aus der Knechtschaft der Ägypter, die Israel bereits zur Zeit des Jahwisten mit Hoffnung erfüllt hat, wird auch durch die Kontrasterfahrung in Babylon nicht ausgelöscht. Die Exilierten seufzen unter dem Joch der Verbannung, der Trennung vom verheißenen Land, aber die Vergangenheit bleibt auch jetzt lebendig und prägt die Gegenwart. Davon kündet auch die Botschaft des Propheten Deutero-Jesaja (um 550 v.Chr.). In bewußter Anlehnung an den ersten Exodus spricht er von einem neuen Auszug und verleiht den Exilierten in Erinnerung an das vergangene göttliche Heilshandeln die Hoffnung auf Heimkehr (vgl. 43,16-21; 48,21; 51,10; 52,12). Ausdruck dieser Hoffnung ist ebenfalls die priesterliche Schöpfungserzählung (Gen 1,1-2,4a). (Vgl. Treffpunkt RU 7/8, Kapitel 9: Hoffen auf Heil, Seite 122ff.)

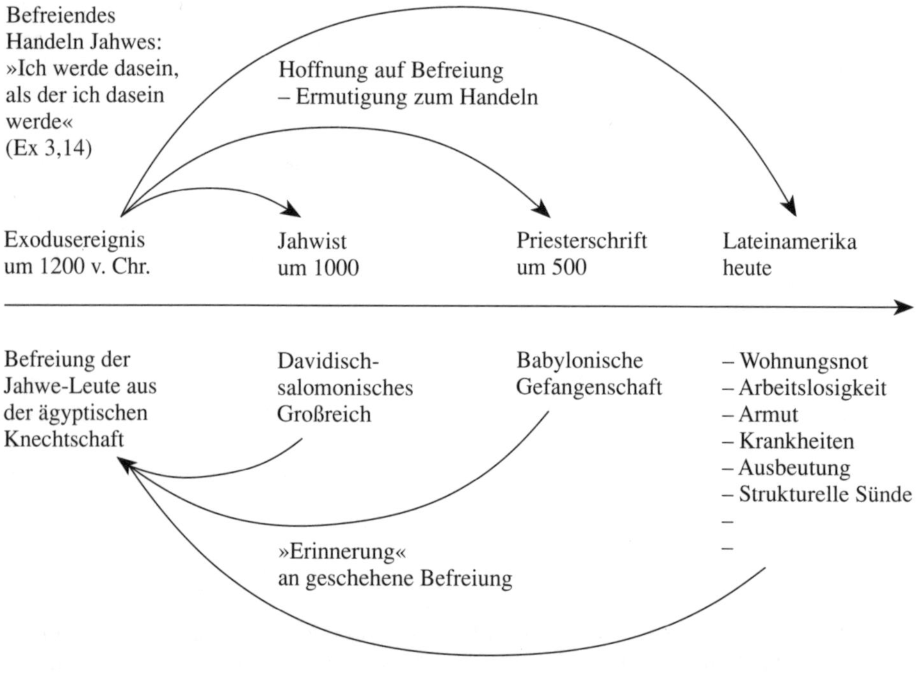

2.3 Verpflichtung und Erinnerung (Seite 57)

Die alttestamentliche Wirkungsgeschichte der Exoduserfahrung prägt auch die Beziehungen der Menschen untereinander. Israel war sich stets der Verpflichtung bewußt, die sich aus der geschenkten Befreiung für das mitmenschliche Verhältnis ergibt. Es hat dieses Ereignis als Auftrag verstanden, all denen Befreiung zu vermitteln, die im Unheil leben. Dazu gehören die Fremdlinge, die Witwen und Waisen, die Armen. Die Sorge um die sozial Schwachen wird mit dem Hinweis auf den Aufenthalt in Ägypten begründet. (Vgl. Ex 22,20-26; Lev 19,33-36; Dt 10,17-22) Im Unterschied zu Ex 20,11 wird in Dt 5,15 als Begründung dafür, daß auch die Kinder, die Fremdlinge und Knechte und Mägde ein Anrecht auf die Sabbatruhe haben, auf die Exoduserfahrung hingewiesen. Sie stellt gleichsam einen Impuls dar, das Geschenk weiterzugeben und auch anderen Befreiungserfahrungen zu vermitteln. Diese sozial-ethische Komponente, die sich aus der theologisch verankerten Befreiungsgeschichte ergibt, spiegelt sich auch in der aus Brasilien stammenden Bildergeschichte wider (Seite 59/60).
Im Gedenken an die Landgabe feiert Israel anläßlich des Abschlusses der Ernte das *Laubhüttenfest* (Seite 57). Die Erstlinge jeglicher Feldfrucht werden zum Zeichen des Dankes Gott dargebracht, der ihnen das Land als »Erbbesitz« zugesprochen hat. »Ihr sollt sieben Tage in Laubhütten wohnen, ... damit eure späteren Geschlechter erfahren, daß ich die Israeliten in Hütten ließ, als ich sie aus dem Land Ägypten herausführte, ich Jahwe, euer Gott« (Lev 23,42f.). Die religiöse Bedeutung des Laubhüttenfestes hat ein jüdischer Autor wie folgt beschrieben: »Jetzt ziehst du in ein anderes Land, wo du festen Boden unter den Füßen haben wirst. Aus einer Sippe von Nomaden in Kanaan und einem Volk von Sklaven in Ägypten wirst du ein selbständiges, unabhängiges, freies Volk in deinen eigenen Grenzen, auf nationalem Boden, wo du dein eigenes Leben führen wirst, in voller Selbstbestimmung über allem, was du hast und was in dir ist. Dann wirst du zu Hause sein. Dadurch wird ein Wandel in deiner Existenz herbeigeführt. So darf und so soll es sein, in jeder Hinsicht. Nur nicht in der einen: daß du dir einbildest, du hättest es allein geschafft! Daß du dir möglicherweise sagst: ›Meiner Kräfte und meiner Hände Stärke haben mir diesen Reichtum gewonnen‹ (5. Mose 8,17). Selbst dieses Streben nach dem Land ist letzten Endes nicht das Ziel des Lebens. Ein Mittel ist es. Das mußt du wissen, das mußt du dir stets vor Augen halten. Du, der du dem Geschlecht angehörst, das den Auszug erlebt hat, du vergißt den gestrigen Tag wahrscheinlich nicht so leicht. Aber deine Kinder, deine Nachkommen von morgen, übermorgen und noch später, die das Heute, das Gestern und das Vorgestern nicht selbst erlebt haben – sie müssen es lernen, deine Geschichte nachzuvollziehen. Sie müssen sich dessen bewußt sein, daß ihre Väter auch in der Wüste von Gott beschützt und behütet wurden. Daß man auch in festen Burgen der Gefahr ausgesetzt, dagegen in unbeständigen Hütten froh und glücklich sein kann. Deshalb sollen sie jahraus, jahrein eine ganze Woche ihres Lebens symbolisch gleich dem in der Wüste umherziehenden Volk leben, ihre feste Wohnung verlassen und unter dem zerbrechlichen Dach der Hütte sitzen, durch das die Sterne am Himmel hineinscheinen. Das soll ihnen das Gefühl für die Vergänglichkeit alles Zeitlichen vermitteln und ihren Glauben an Gott und ihr Vertrauen in ihn festigen.« (S.Ph. De Vries, Jüdische Riten und Symbole, Wiesbaden 1991, 93f.) Das Laubhüttenfest ist ein Fest der Freude, ja das Fest schlechthin.

3 Die Exoduserfahrung in ihrer Bedeutung für heutiges Christsein

3.1 Geschichte einer südamerikanischen Familie (Seite 49, 51, 55)

Im ersten Abschnitt des Kapitels, das sich mit dem Exodusereignis und seiner theologischen Deutung befaßt, wird parallel zu den einzelnen Stationen des Weges der Israeliten die Geschichte einer südamerikanischen Familie erzählt. Der äußere Verlauf der beiden Weg-Geschichten läßt viele Vergleiche zu. Während jedoch die Elemente, die sich auf die Geschichte Israels beziehen, nicht nur den Aufbruchswillen des Volkes, sondern auch die Initiative Gottes erwähnen, fehlt dieser letzte Hinweis in der Juanita-Geschichte – abgesehen von der Bemerkung, daß die Großmutter das hölzerne Kreuz von der Wand und mit auf den Weg in die Stadt nimmt. Die theologische Motivation dieses Aufbruchs in eine hoffentlich glücklichere Zukunft wird lediglich angedeutet. Diese Geschichte wird vermutlich eher mit dem Einverständnis der Schüler und Schülerinnen rechnen können. Zugleich aber ist sie wegen ihrer Nähe zur Exodus-Geschichte geeignet, Verständnis dafür anzubahnen, welche Ermutigung es bedeutet, in einer solchen Situation Gott »im Rücken« zu haben und mit seiner Hilfe rechnen zu dürfen. Sie hat deshalb nicht nur die Funktion, den Weg der Jahwe-Leute an einem Beispiel, das aus unserer Zeit stammt, zu veranschaulichen; vielmehr stellt sie darüber hinaus eine Verstehenshilfe dar, indem sie den Brükkenschlag zur biblischen Exodustradition ermöglicht. Nimmt man beide Geschichten zusammen, so zeigen die unterschiedlichen Akzentsetzungen zugleich das Verwobensein von menschlicher Entschlußkraft und göttlicher Ermutigung. (Vgl. Negro-Spiritual Seite 51)

3.2 Brasilianische Bildergeschichte (Seite 60f.) – *Misereor-Hungertuch* (Seite 62)

Der Bezug zur Gegenwart wird ein zweites Mal in der brasilianischen Bildergeschichte und im Misereor-Hungertuch aus Peru hergestellt. In beiden Elementen wird die Frage, woher die Menschen die Kraft nehmen, ihre Situation zu verändern, mit dem Hinweis auf die Exodus-Geschichte beantwortet. Die Antwort erfährt jedoch eine Steigerung. Während in der Bildergeschichte nur das gemeinsame Lesen der biblischen Texte erwähnt wird, wodurch die Gemeinde sich bestärkt fühlt, im Vertrauen auf Gott den Aufbruch zu wagen, veranschaulicht das Bild aus Peru, was die Geschichte vom brennenden Dornbusch bereits jetzt schon im Leben der Christen bewirkt hat. Zuvor haben die Schüler und Schülerinnen die alttestamentliche Wirkungsgeschichte kennengelernt. Bildergeschichte und Misereor-Hungertuch zeigen ihnen, daß eine Gleichzeitigkeit besteht zwischen »damals« und »heute«.

Hier stellt sich gewiß die Frage, weshalb die biblische Exodustradition lediglich mit der Lebenssituation lateinamerikanischer Christen verschränkt und nicht in Beziehung gesetzt wird zu Erfahrungen, die den Lebensbereich der Schüler und Schülerinnen heute bestimmen. Die Intention des Kapitels, die auch den didaktischen Aufbau bestimmt, liegt jedoch darin, den Schülern das Modell eines biblisch orientierten christlichen Daseinsverständnisses und der sich daraus ergebenden Lebenspraxis vorzustellen. Weil der Glaube der personalen Veranschaulichung bedarf, müssen sie vertraut gemacht werden mit Menschen bzw. Gruppen, die sich in Situationen der Not, der Erniedrigung und Unfreiheit der Errettung der Israeliten aus der Knechtschaft der Ägypter »erinnern« und aus dem Geschehen von einst Hoffnung schöpfen, daß auch sie nicht auf ihre eigenen Kräfte allein gestellt sind, sondern mit Gott rechnen dürfen. Er befähigt sie zu eigenem Tun und ermutigt sie zum Aufbruch in ein Leben in Freiheit und Würde. Anhand eines solchen Modells, das in verschiedenen Variationen und Situationen entfaltet wird, läßt sich zeigen, an welchen Gott Christen glauben und was dieser Glaube zu bewegen vermag. Da die Wirklichkeit, auf die die biblisch-christliche Tradition mit dem Wort »Gott« hinweist, von vielen jungen Meschen nicht mehr als selbstverständlich akzeptiert wird, ist es notwendig, sich der »indirekten« und »praktischen« Rede von Gott zu bedienen, d.h. die Lebensrelevanz des Gottesglaubens aufzuzeigen. Inwieweit der Schüler sein eigenes Leben im Horizont dieser Exodustradition zu sehen vermag oder dazu bereit ist, läßt sich im vorhinein nicht sagen. Hier spielen verschiedene Faktoren eine wichtige Rolle. Deshalb kann die unterrichtliche Aufarbeitung dieses Kapitels nur darauf ausgerichtet sein, einen religiösen Lernprozeß im Medium biblisch-christlicher Tradition anzustoßen bzw. zu begleiten. Dabei ist es notwendig, solche Situationen im Leben junger Menschen zu identifizieren, die einen Haftpunkt für die Übernahme dieser biblischen Glaubensperspektive sein können. Dies kann aber nur im jeweiligen Unterrichtsgespräch herausgefunden werden.

Literaturhinweise

D. Biancucci, Einführung in die Theologie der Befreiung, München 1987.
L. Boff, Aus dem Tal der Tränen ins gelobte Land. Der Weg der Kirche mit den Unterdrückten, Düsseldorf 1982.
F. Kerstiens, Praxis der Befreiung, Zürich/Einsiedeln/Köln 1984.
E. Zenger, Der Gott der Bibel, Stuttgart 1979.
E. Zenger, Am Fuß des Sinai, Düsseldorf 1993.

Marc Chagall (1887-1985): Mose vor dem brennenden Dornbusch und Durchzug durch das Schilfmeer

Seite 47

Vorbemerkung: Das im Religionsbuch farblich zu schwache und in der epischen Quererstreckung auf 15,7 cm verkleinerte Bild (Originalgröße: 312 x 195 cm) kann didaktisch als Arbeitsgrundlage nicht befriedigen. Für eine differenzierte Erschließung und Deutung des Gemäldes im Unterricht sollten ein farblich authentisches Dia des Gesamtbildes und, wenn möglich, mehrere Detaildias zur Verfügung stehen.
Das Bild eröffnet Kapitel 4: »Gott ist mit seinem Volk unterwegs«. Es sollte jedoch erst am Ende der Betrachtung der biblischen Erzähltraditionen zum Exodus behandelt werden, da es in einer gewaltigen Zusammenfassung das erste Eingreifen Jahwes zugunsten seines Volkes im Sklavenhaus Ägypten (Ex 3,7) in der Szene der Berufung des Mose am brennenden Dornbusch (Ex 2,23-25; 3,1-22; 4,1-17) und den endgültigen Durchbruch in die Freiheit im Schilfmeerereignis (Ex 13,17-22; 14,1-31) vor Augen stellt. Zwischen diesen beiden Szenen, die die Erzählchronologie der Bibel in hebräischer Leserichtung von rechts nach links vorführen, auch mit deutlicher Schrägneigung von rechts unten nach links oben, liegen aus dem Jahre 1931 sieben Gouachemalereien und aus den Jahren 1931-1939 sechs Radierungen vor. All diese Szenen läßt Chagall zugunsten einer ungeheuren Verdichtung des Exodusthemas weg.
Das Bild soll nun nach den oben genannten Perikopen erschlossen werden. Dabei wird sich zeigen, daß es eine »Schnittmenge« zwischen Text und Bild gibt, daß der Text aber auch Aussagen macht, die im Zeichenvorrat des Bildes nicht aufgenommen werden, bzw. das Bild Zeichen enthält in seiner vom Künstler gewollten Eigenwelt, die im Text keine Entsprechung finden. Das ist didaktisch bedeutungsvoll, da es ermöglicht, die Schüler in ein entdeckendes Gespräch zwischen Text- und Bildwelt zu führen.
Das Gemälde Chagalls hat drei dominante senkrechte Achsen. Die Mittelachse aus lodernd brennendem Dornbusch und darüber schwebendem Engel Gottes in der kreisrunden Lichtaura ist wie in allen Bildwerken die Achse der eigentlichen Mächtigkeit. Auf der rechten Seite schwebt knieend Mose als individuelle Persönlichkeit in Betrachtung der ungeheuren Berufung zum Führer des Volkes aus der Sklaverei, auf der linken Seite als kollektive Erscheinung, dessen Leib unter seinem

führenden Kopf sich aus den Israeliten und den nachrückenden Ägyptern aufbaut. Das Blau des Schilfmeeres ist von Chagall von der linken Seite nach rechts über das gesamte Bild gezogen worden, so daß es die unteren drei Viertel des Bildes als dominante Grundfarbe begleitet. Das obere Viertel des Bildes wird von rechts nach links durch eine wellig verlaufende Linie vom blaugrundigen Hauptteil des Bildes abgetrennt und zeigt wohl in einem schattierungsreichen Grün den Schabbat-Schalom im geschenkten Land, das von Milch und Honig fließt (Ex 3,8).
Auf der rechten Seite oberhalb des Mosekopfes sind die Schafe und Ziegen zu sehen, die Mose als Hirt seines Schwiegervaters Jitro über die Steppe hinaus zum Gottesberg Horeb trieb (Ex 3,1). Aus den rotleuchtenden Flammen steigt der sehr weiblich empfundene, auf der Leinwand schwebende, sich aber gleichzeitig durch eine gewisse Unschärfe zurückziehende Gottesengel auf (Ex 3,2). Er ist umfangen von einer Aura aus konzentrischen Kreisringen, die nach unten zu den Flammen wie ein Tor geöffnet sind. Der innere Kreisring ist nach rechts flammend rot, nach links durch Weiß deutlich aufgehöht. Rechts folgt dann ein schmaler blauer Kreisring, dann ein noch schmalerer Ring im Goldgelb der Kabod-Lichtglanzherrlichkeit Gottes, der aber besonders links leuchtend zum Durchzug durch das Schilfmeer ausstrahlt. Diese Kreisformation ist eine sehr alte Symbolisierung Gottes in der Welt der Menschen. Vor ihm schwebt gleichsam aus dem paradiesisch empfundenen Gelobten Land der zarte Engel. Mose hat auf diesem heiligen Boden bereits die Schuhe abgelegt (Ex 3,5). Das zarte Grün des Gottesengels entsteht aus der Mischung des himmlischen Blaus, der Lieblingsfarbe Chagalls, mit dem strahlenden Goldgelb der Lichtglanzherrlichkeit. Mose fürchtet sich, Gott anzuschauen (Ex 3,6). Er blickt zur Seite weg, mehr betroffen nachsinnend in sich hinein als im Tagtraum in eine unbestimmte Weite. Der Gestus der weit geöffneten Arme des Engels kann vorläufig als erste Vorstellung Gottes (Ex 3,6) bzw. als Hinweis auf das schöne, weite Land gedeutet werden, in das er sein Volk führen will (Ex 3,8). Der Gestus verbindet aber auch die Berufung und Sendung des Mose mit der Vision der Herausführung aus dem Sklavenhaus (Ex 3,10). Mose hat den Kopf geneigt, um der Rede des Gottesengels zu lauschen. Gleichzeitg weicht er ein wenig zurück, greift sich mit der rechten Hand ans Herz und fragt: »Wer bin ich, daß ich zum Pharao gehen und die Israeliten aus Ägypten herausführen könnte?« (Ex 3,11). Er spürt die Last der Berufung zum Propheten. Von nun an soll er nicht mehr die Schafe und Ziegen seines Schwiegervaters Jitro weiden, sondern das Volk Israel. Der Gestus des Engels ist in der Abfolge der Erzählung aber auch Zeichen der offenen Nähe und stützenden Begleitung (Ex 3,12). Etwas von der Lichtglanzherrlichkeit Gottes liegt golden auf Moses Gesicht und in den Lichtstrahlen auf seinem Kopf (Ex 34,29-35), die ihn stets als den kennzeichnen, der Gott von Angesicht zu Angesicht gesehen hat (Ex 33,11). Mose hat die Stirn in Falten gelegt und weicht zum zweiten Mal aus: Die Israeliten werden nach dem fragen, der ihn für diese hohe Aufgabe legitimiert und gesandt hat. Da entäußert sich Gott in der Offenbarung seines Namens: »Ich werde dasein, als der ich dasein werde« (Ex 3,14; übersetzt von Martin Buber). Die Schwingungen dieses Gottesnamens für den Israeliten (vgl. E. Zenger, a.a.O, Seite 111): Zuverlässigkeit, Unverfügbarkeit, Ausschließlichkeit und Unbegrenztheit sollten an dem Gottesengel und seiner Lichtaura bedacht werden. Können diese Schwingungen in den Bildzeichen augespürt werden oder finden diese Attributionen in ihnen keinen Rückhalt?
Das fragende Zaudern des Mose in seinem dritten Ausweichen (Ex 4,1) wird in seinem Gesicht und erneut in seiner rechten Hand spürbar. Es ist fruchtbar, die Schüler in dem Gesicht des Mose lesen zu lassen. Was bringt es von seinem Innern zum Vorschein? Auch der Gestus seiner rechten Hand könnte gedeutet werden. Wenn diese Hand sprechen könnte, was würde sie dann zum Ausdruck bringen?
Ein viertes Mal weicht Mose seiner Berufung aus im Hinweis auf seinen schwerfälligen Mund und seine schwerfällige Zunge (Ex 4,10). Er weist den Herrn auf einen gravierenden Mangel für seine große Führungsaufgabe hin. Seine linke Hand am Herzarm, an der die Bindung der Gebetsriemen für die Herzkapsel beginnt, ist nur vierfingrig; sie weist also eine Mißbildung, eine Anomalie auf. In Jiddisch heißt das: Mose ist ein Kaliker. Der Herr aber erwidert ihm: »Geh also! Ich bin mit deinem Mund und weise dich an, was du reden sollst« (Ex 4,12). Es fällt auf, daß der Handrücken der linken Hand mit dem Grün des Gottesengels gesäumt ist und ins Zentrum sich ziemlich farbintensiv die gold-gelbe Lichtglanzherrlichkeit der Lichtaura ergießt. Wenn Gott mit Mose ist, dann kann er alles.
Doch ein letztes, fünftes Mal weicht Mose ohne Begründung aus: »Aber bitte, Herr, schick doch

einen andern!« (Ex 4,13). Daraufhin entbrennt der Zorn JHWHs (Ex 4,14). Das mag in dem lodernden Rot der Lichtaura über die linke Hand des Engels hinweg auf den knienden Mose zu auflodern. Darauf weist ihn der Herr auf seinen Bruder Aaron als Hilfe hin bis zur Aufgipfelung in dem ungeheuren Satz: »Er wird für dich der Mund sein, und du wirst für ihn Gott sein« (Ex 4,16). Der Bruder, zur Hilfe gesandt, erscheint bereits hinter dem Rücken des Mose gleichsam als Stamm eines Lebensbaumes, angeschnitten durch den rechten Rand. Er trägt die Lostasche des Hohenpriesters mit den zwölf Steinen der zwölf Stämme Israels auf seiner Brust (Ex 28,15-21), die Mütze des Hohenpriesters und in seiner Linken eine Reisetasche. Göttlicher Lichtglanz liegt auf seiner Kopfbedeckung, auf der Lostasche über seinem Herzen und auf seinem linken Fuß (vgl. Ex 4,27-31). Mose trägt den epiphanweißen Mantel, der der Israel behütenden Gotteswolke im linken Bilddrittel gleicht: Der chassidische Jude trägt ihn beim Gebet, am festlichen Schabbat, bei der Bundesstifung der Hochzeit und bei der Heimkehr zum Gott Israels während des Sterbens. Er ist der zum Führer berufene Prophet (vgl. Dt 18,15.18).
Die linke Seite des Bildes zeigt nun, wie Mose die schwere Berufung in der Hinausführung aus dem Sklavenhaus verwirklicht. Er ist aus dem Zaudern der führende Kopf geworden, den das Licht des Kabod aus der Aura des Engels intensiv erfüllt. Aber er ist kein selbsternannter Führer, kein forscher Duce, sondern er ist im Stil seiner Führung und in der Wegweisung an das Licht aus den Toratafeln gebunden, die ihm in der Ecke ganz links oben im Bild dunkel und schemenhaft das Gesicht und die rechte Hand Jahwes vor Augen hält. Hinter seinem Kopf bleiben die Pyramiden des Zwangsstaates zurück.
Mose und Israel sind ikonographisch noch nie so gezeigt worden. Chagall zeigt Mose uns »als eine kollektive Erscheinung«. Diese »symbolische Verschränkung von Mose, Israel und (sogar) Ägypten zu einer Figur (ist) eine großartige didaktische Leistung, die dem Bibeltext eine neue Ebene beifügt« (H. Halbfas, a.a.O., Seite 241f.).
In ruhiger Ordnung zieht Israel hinter dem führenden Kopf gleichsam als der Leib des Mose durch die gefährlichen Wasser des Schilfmeeres (vgl. Ex 13,18 c). Die Juden, so auch Chagall, unterscheiden in dieser Darstellung des zentralen Heilsereignisses absulut keine Quellenschichten. Für den Künstler bleibt alles in dem gewaltigen Traditionsstrom der Hebräischen Bibel. »Voll Zuversicht« (Ex 14,8) ziehen die Israeliten weiter bzw. schauen zu, wie der Herr für sie kämpft (Ex 14,13-14). In der Mitte des Zuges schenkt jemand einem Lamm Geborgenheit, und unmittelbar vor der Wolkensäule schauen Israeliten auf das Heerlager der Ägypter. Die Wolkensäule ist an das Ende des Zuges der Israeliten getreten (Ex 14,19-20). Chagall komponiert sie parallel zur fragenden Handbewegung des Mose vor dem brennenden Dornbusch ins Bild, die die nachrückenden Ägypter von vorn und von der Seite einschließt. Auf ihr glänzen vielfältige goldtonige Lichter der Kabod-Lichtglanzherrlichkeit aus dem gewaltig strahlenden Kreisringsegment auf der linken Seite der Aura. Gleichzeitig lodert das dunkel strahlende Feuer des Dornbuschs und des Kreisringsegments auf der rechten Seite des Engels hinüber auf die aggressiven, in wilder Chaotik wirbelnden Heerhaufen der Ägypter. Beides, Gold-gelb und feuriges Rot sind farbliche Übersetzungen des Begriffs »Kabod« in die Schicht bildlicher Darstellung. Vom Erweis SEINER »Herrlichkeit« (Kabod) an dem Pharao und seiner ganzen Streitmacht ist in Ex 14,4 und 14,17-18 die Rede (vgl. auch 14,24). Chagall kam es bei der Darstellung des Streitwagens des Pharao, seiner Krone und der Waffen nicht auf die Exaktheit nach Bildern aus archäologischen Befunden der altägyptischen Kunst an. Wichtig ist für ihn das Symbol vielfältiger Aggression und die Gefährdung für Israel. Die Waffen der Streitmacht stoßen in die Wolkensäule wie in Watte und können die Israeliten in keiner Weise erreichen. Neben den angreifenden Soldaten werden aber auch schon solche im Sturz in die Tiefe gezeigt.
Was aber mag es bedeuen, daß die Streitmacht Ägyptens gleichsam die schreitenden Beine des Mose-Israel aufbaut? Hier liegt eine fruchtbare didaktische Fragestellung vor. Welche Anteile Ägyptens nimmt Israel als seinen Schatten an den Beinen aus Ägypten mit? Zunächst sicher die Aggressivität, aber auch die Götter Ägyptens, etwa das Stierbild als Symbol der Gegenwart Gottes (vgl. Ex 32,4 d). Sicherlich auch das Gefühl, schudig geworden zu sein an den Feinden, die bei der Verfolgung der Fliehenden ums Leben kamen. Israel wird ihrer in jeder Pesachnacht beim Sedermahl gedenken. Und Ägypten wird in den Phantasien, Wünschen und Sehnsüchten Israels die große Versuchung, ja Verlockung bleiben:

- Mose führt zunächst in die Wüste, das fruchtbare Kulturland muß aufgegeben werden;
- er führt in vielfältige Gefährdungen hinaus, der in dieser Hinsicht Schutz gewährende Raum des Sklavenhauses ist dahin;
- er führt in den Raum des Mangels, die Fülle der Kornkammer ist verloren;
- der Weg geht auch in den Hunger, das Verlangen nach den »Fleischtöpfen« wird bleiben (Ex 16,3);
- Risikobereitschaft ist gefordert, die Erinnerung an die Absicherung eines täglichen Gleichmaßes der, wenn auch harten, Lebensbedingungen wird bleiben;
- eigene Verantwortung nur erhält die Gemeinschaft am Leben, in Ägypten hatte der Befehlsempfang der Sklaven auch Komponenten der Bequemlichkeit;
- Mose führt auf Geheiß Jahwes in die Freiheit, die Sehnsucht nach der rigiden Ordnung im Sklavendasein ist für Israel ständige Gefährdung.

Das alles ist die Be-lastung aus Ägypten, die die kollektive Erscheinung des Mose und des Leibes Israels mitaufbaut.

Im vielfältig grün getönten Streifen oben rechts wird die Landgabe intoniert: Ein Zweig und ein in Ästen und Blättern gegliederter Baum neigen sich über das Land und erinnern über etwa vier festen Häusern aus Witebsk an die luftige Transparenz der Laubhütten, durch die ein astrales Gebilde, eine sternenstrahlige Sonne und – wie so oft bei Chagall – ein abnehmender Mond hindurchscheinen. Sie symbolisieren die zerbrechlichen Hütten der Wüstenwanderung. Unnachahmlich dicht sind die Schönheit und der vielfältige Reichtum des Landes in Dtn 8,7-10 geschildert; mit dieser Schilderung ist aber auch die Mahnung verbunden, im Reichtum die Weisungen für ein glückendes Leben nie zu vergessen, die im gleichen Streifen ganz links vor Moses Kopf erscheinen (Dtn 8,11). Diesen Streifen bevölkern Weidetiere und Vögel des Luftraums, auf deren Flügeln die Lichtglanzherrlichkeit Gottes schimmert. Auf die zentrale Lichtaura schwebt ein Engel zu, der über das Land auf einem zart gold-gelb leuchtenden Schofahorn den Schalom des festlichen Schabbat bläst, durch den das Leben im Gelobten Land von anderer Qualität und Tiefe ist, als es das Leben unter dem Joch der Sklaverei war. Dieser Zusammenhang ist in der Sabbatbegründung des zweiten Dekalogs klar herausgestellt (vgl. Dtn 5,12-15).

Eine gelungene Zusammenfassung und gleichzeitig vertiefende Entfaltung wäre es, den weit geöffneten Arm- und Handgestus des Malak Jahwe (Ex 3,2) in der zentralen Lichtaura in Varianten eines Tafeltextes auszulegen, die den beigezogenen biblischen Erzähltraditionen und der Bildwelt Chagalls gerecht werden können.

Literatur

Christoph Goldmann, »Message Biblique Marc Chalgall – Der Bildmidrasch eines jüdischen Malers zur hebräischen Bibel«. Band 1: Analyse und Interpretation. Inaugural-Dissertation zur Erlangung der Würde eines Doktors der Evangelisch-Theologischen Fakultät der Ruprecht-Karls-Universität zu Heidelberg, 1989

Hubertus Halbfas: Religionsunterricht in der Grundschule – Lehrerhandbuch 3. Düsseldorf [1]1985

Erich Zenger: Der Gott der Bibel. Sachbuch zu den Anfängen des alttestamentlichen Gottesglaubens. Stuttgart [2]1981

Hans-Dietrich Schütz

Seite 56 **Marc Chagall (1887-1985): »Wandteppich für die Eingangshalle«**

Dieser 1971 entstandene Wandteppich empfängt den Besucher im Vorraum an der Wand, die dem Eingang zum Musée Message Biblique in Nizza gegenüberliegt. [In diesem Punkt ist die Ortsangabe des Kunstwerks im Religionsbuch irrig.] Der Ort der Hängung zeigt demzufolge die Funktion der Tapisserie an. Sie ist die Mittlerin zwischen der Welt draußen und der Welt des Künstlers in diesem Museum. Die Landschaft, die sie evoziert, ist die Landschaft des Mittelmeerraumes.

Das tiefe Blau im Zentrum des Bildes auf der Grenze der beiden Hälften deutet dieses Meer an, von dem Chagall bekannte, daß es tröstlich für ihn sei, daß die Wasser, die die Côte d'Azur bespülen, also den Lebensraum seiner Wahlheimat, die gleichen Wasser sind, die auch die Küsten Israels berühren. Das mag physikalisch völlig falsch sein, aber »es ist wichtiger, die Elemente der Welt darzustellen, die nicht sichtbar sind, als die Natur in allen ihren Aspekten wiederzugeben« (M. Chagall).

Über der linken, westlichen Küste sieht man die dunkelbraune Stadtlandschaft von Vence oder Saint-Paul. Die Fruchtbarkeit dieses Küstenstrichs ist durch das grüne Dreieck angedeutet. Nicht zufällig erscheint unter dieser Stadtlandschaft, unter der in hellerem Braun ein mehr weiblich empfundenes Gesicht zu träumen scheint, die Signatur des Künstlers. Der Gobelin wurde zwei Jahre vor Eröffnung des Musée Biblique für die Eingangshalle von Chagall entworfen und von Evelyne Lelong gewebt. Der Künstler wollte eine Hommage an das Land gestalten, wo er nach seinen eigenen Worten ein zweites Mal geboren wurde.

Gleich wie der Stier, der Europa von den Gestaden des Lichts aus dem Vorderen Orient nach Kreta entführte – Chagall liebte solche Synkretismen –, entspringt den Fluten des Meeres ein Pferd, einen Fisch zart auf seinen Leib konturiert, das unter seinem Kopf die ungeschiedene Einheit des weiblich-männlichen Menschen zeigt (Gen 1,27), der einen blau-grün-gelb-violetten Huldigungsstrauß über diese Küsten des Lichts hält. In dem Vierbeiner hat sich Chagall oft selbst chiffriert. Oben links leuchtet eine in den radialen Emanationen, den roten Dreiecksformationen und Kreisringsegmenten ungemein dynamisch wirkende Sonne. Versinnbilden die astralen und tierischen Bildzeichen auf dieser Seite des Wassers die vier Elemente, die den visuellen Lebensraum für den Künstler so vibrierend und erregend machen? Der blau-grüne mächtige Fisch streckt sich aus dem Wasser des Meeres zu einem herabfallenden pflanzlichen Gebilde, hinter dem das Feuer des Sonnenballs strahlt; der Vierbeiner, über dessen Kopf die Glut der Sonne geht, kann die Erde symbolisieren mit den Menschen, die geschwisterlich in ihn eingeborgen sind; die Vögel charakterisieren den Raum der Luft.

Der Kopf des Chagall-Tieres ist aber nicht nur in der Geschlechtsspannung auf die Henne zurückbezogen, in der rotglühend ein Ei leuchtet und deren Kopf sich nach seinem Kopf streckt, sondern sein Blick ist auch über sie hinweg und über den Raum des Meeres zurückgewandt in das Land der Bibel, das Chagall seit seiner Kindheit, seit seinen Besuchen dort mit Bella 1931 und Virginia Haggard 1951 und später mehrere Male mit Vava in seinem Herzen trug und durch das er inspiriert wurde, die fast unübersehbare Fülle biblischer Bilder aus jüdischem Empfinden zu gestalten. Ambroise Vollard gegenüber, der ihn um 1930 beauftragte, Radierungen zur Bibel zu schaffen, äußerte der Künstler, er müsse zuvor das Land der Bibel besuchen, um sein Licht, seine Atmosphäre in sich aufzunehmen, auf dem Boden gestanden zu haben, in dem die Gebeine so vieler Propheten ruhen. Für ihn war, auch nach der Gründung des Staates Israel mit all seinen ungelösten Problemen, diese Landschaft biblisch geblieben. So steigt jenseits des Meeres die Silhouette der heiligen Stadt Jerusalem auf, des Zentrums des verheißenen, von JHWH geschenkten Landes unter einer hell gleißenden Sonne.

Diese Sonne, die in einer gewaltigen Kreisscheibe und in einem wuchtigen Kreisring fast doppelt so groß ist wie die Sonne über der Côte d'Azur, symbolisiert, wie die Lichtaura über dem brennenden Dornbusch bei der Berufung des Mose, die nicht darstellbare Herrlichkeit des Gottes Israels, der seinem Volk dieses Land geschenkt hat. Die obere Hälfte der zentralen Kreisscheibe füllt der Kabod-Lichtglanz, der auch zusammen mit dem leuchtenden Rot und dem mystischen, enthusiasmierenden Grün im Kreisring aufscheint: »Wie ein Vogel mit ausgebreiteten Flügeln wird der Herr der Heere Jerusalem schützen, es beschirmen und befreien, verschonen und retten« (Jes 31,5). Und: »Schau auf Zion, die Stadt unserer Feste! Deine Augen werden Jerusalem sehen, den Ort der Ruhe, das Zelt, das man nicht abbricht, dessen Pflöcke man niemals mehr ausreißt, dessen Stricke nie mehr zerreißen. Ja, dort wird der Herr unser mächtiger Gott sein. Es ist ein Ort mit breiten Flüssen und Strömen« (Jes 33,20-21).

Folgt man der Mauer über die zwei Palmen hinweg, so sieht man am rechten Bildrand einen vitalen Ölbaum, dessen Zweige, Blüten und Früchte rechts von der intensiven Lichtglanzherrlichkeit Gottes umfangen sind und sich dreiästig in die Lichtaura der Jahwe-Sonne hineinstrecken. An seiner Wurzel sitzt, an seinem Stamm lehnt ein in der Bibel lesender Meditierender mit einer Frau und einem Kind. Chagall setzt häufig in die rechten unteren Bildecken solche die Heilsereignisse bedenkende Fromme, die die Werke Gottes in der Heilsgeschichte der Menschheit und in den persönlichen Erfahrungen bedenken. Damit nimmt er das Bild des Gerechten auf, der wie ein Baum am Wasser ist (Ps 1,1-3). Seine Füße sind wie die Wurzeln des Baumes zu einem Wasser hin ausgestreckt. Er ist der Mensch, der seine Freude hat an der Weisung des Herrn und über SEINER Weisung murmelt tages und nachts (Ps 1,2 nach M. Buber).

Von hier aus läßt sich ein Bezug herstellen von diesem Wandteppich zu dem Bibeltext auf Seite 56 des Religionsbuchs: Das Sich-fest-Machen in der Weisung Jahwes ist die Voraussetzung, das Land der Verheißung in Besitz nehmen und darin bestehen zu können. Nur darin kann die Stärke Israels liegen (Dtn 11,8-9). Das Sich-Kümmern des Herrn um sein Land, das Ruhen Seiner Augen auf ihm (Dtn 11,12) wird in der ruhigen Rundung der Gottessonne über dem Land anschaubar. Lebens-wichtig ist, daß der Ölbaum Israel in der vertrauenden Hingabe an IHN seine Zweige in SEIN Licht ausstreckt. Unvergleichlich schön und leuchtend erscheint das Bild vom Ölbaum Israel in einer zärtlich zugewandten Gottesrede nach dem assyrischen Exil der Bewohner des Nordreichs beim Propheten Hosea (14,6-8; besonders Vers 7).

Aber in dem Meditierenden an der Wurzel des vitalen Ölbaums steckt auch der Künstler selbst. Es sind ja offenbar die Zweige dieses Ölbaums, in gleicher Farbgebung wie dieser, die das Paar im Chagall-Tier hinüberträgt nach Frankreich, an den Ort, wo die Werke seines Schaffens aus diesen Wurzeln heraus den Betrachtern seiner Kunst geschenkt werden. Dieses Zweiggebinde vom Ölbaum im Heiligen Land, auf dem Teppich auch wie als Huldigung über dem für den Künstler gesegneten Landstrich Südfrankreichs dargeboten, überbrückt die beiden Welten diesseits und jenseits des Meeres.

Die beiden Hälften des Bildes werden aber auch im sonnendurchleuchteten Luftraum, jetzt in Gegenrichtung: von links nach rechts, vom Lebens- und Schaffensraum des Künstlers zum Heiligen Land hin, aufeinander bezogen: Ein Vogel, erinnernd an die Taube der Noah-Geschichte, die den Schalom Gottes mit seiner Schöpfung spürbar werden läßt (Gen 8,11), fliegt mit einem feingliedrigen Blätterzweig, der schon in die Lichtaura der Gottessonne eintaucht und sich zu den Zweigen des Ölbaums hinübersehnt, und bietet Frieden an, bringt den Segenswunsch Chagalls nach Frieden, der eine sprachliche Wurzel Jeruschalajims ist, über diese Stadt und das ganze Land:

»Erbittet für Jerusalem Frieden!
Wer dich liebt, sei in dir geborgen.
Friede wohne in deinen Mauern,
in deinen Häusern Geborgenheit.« *(Ps 122,6-7)*

Andererseits bewegt sich wieder eine Girlande aus Zweigen des Granatapfelbaums mit den leuchtend roten, vielkernigen Früchten der Liebe und Fruchtbarkeit wie ein Huldigungsbogen über dem Chagall-Tier auf die Küste Südfrankreichs zu. Ein Trostwort des Propheten Jesaja (27,6) mag diesem Bildzeichen zugeordnet werden: »In künftigen Tagen schlägt Jakob wieder Wurzel, Israel blüht und gedeiht, und der Erdkreis füllt sich mit Früchten.«

In diesem Bild mit seinen beiden Hälften ist sehr eindrucksvoll die Erfahrungswelt des Juden Chagall korrelativ verschränkt und ins Gespräch gebracht mit den nährenden Quellgründen und Erfahrungen der biblischen Botschaft. In dieser fruchtbaren Spannung mag auch begründet sein, daß die individuelle Erfahrungswelt des Künstlers auf der westlichen Seite farbig so furios und differenziert ins Bild gesetzt ist, der eine mehr ruhige, in großen Symbolen geklärte biblische Welt auf der östlichen Seite aus dem von weit herkommenden Traditionsstrom der Bibel: dem Leuchten Jahwes über dem geschenkten Land ein kraftvolles Gegengewicht schaffen kann.

Literatur

Musée National Message Biblique Marc Chagall Nice – Catalogue des collections. Editions de la Réunion des musées nationaux, Paris 1990, Seite 236-241

Pierre Provoyeur: Marc Chagall – Bilder zur Bibel. Belser-Verlag, Stuttgart 1983, Seite 233-236

Hans-Dietrich Schütz

5 Menschen verehren Gott

Beten mit allen Sinnen

Religionsbuch Seite 63-76

Mit dem Thema sind verschiedene Intentionen verbunden. Wie die Formulierung bereits andeutet, sollen die Schüler und Schülerinnen zunächst in religiöse Ausdrucksformen verschiedener Religionen eingeführt werden. Die Elemente beziehen sich auf den Islam, das Christentum und das Judentum, wobei den ersten beiden Religionen besondere Aufmerksamkeit geschenkt wird. Das Judentum wird im 6. Kapitel eigens thematisiert. Diese Vielfalt der Formen der Gottesverehrung soll den Horizont der Jugendlichen weiten und ihnen die Erkenntnis vermitteln, daß Menschen sich im Gebet an eine Macht wenden, die größer ist als die selbst und die erfahrbare Welt. Religion und religiöse Ausdrucksformen gehören zum Menschsein. Die Kenntnis anderer Religionen, ihrer Gebetspraxis, soll sie zur Achtung der religiösen Auffassungen und Bekenntnisse anderer Menschen führen. Sie ist Voraussetzung für das friedliche Zusammenleben der Völker. Es gibt keinen »Weltfrieden ohne Religionsfrieden« (H. Küng). Der Blick in nichtchristliche Religionen ermöglicht auch ein besseres Verständnis der Formen der Gottesverehrung der Christen. Trotz aller Verschiedenheiten in Inhalt und Form der Gebete ist der Grundtenor in allen Religionen der gleiche.

Beten ist zwar ein inneres Geschehen, jedoch findet es seinen Ausdruck in äußeren Handlungen. Es ist ein ganzheitlicher Akt, der alle Sinne umfaßt. Inneres und Äußeres gehören zusammen und bilden eine Einheit. Darauf macht der Untertitel aufmerksam. Die Einheiten »Beten mit dem ganzen Körper« und »Beten mit den Füßen« gehen auf diesen thematischen Aspekt ein.

Ein weiterer Schwerpunkt des Kapitels liegt in der Einführung in die Gebetspraxis. In drei Einheiten – »Beten ist Hören«, »Beten und Tun« und »Beten ist Sprechen – aber wie?« – wird eine kleine Gebetsschule vorgelegt. Ihre Zielsetzung ist natürlich begrenzt. Es ist jedoch beabsichtigt, über den kognitiven Bereich hinaus auch die emotionale, religiös-gläubige Dimension anzusprechen. Was im Unterricht erreicht werden kann, hängt nicht zuletzt von den Einstellungen ab, die in der Klasse gegenüber diesem Thema vorherrschend sind. Man wird gewiß mit Aussagen wie »Wozu überhaupt beten?«, »Es bringt nichts!«, »Es ist Zeitverschwendung!« u.a. Reaktionen rechnen müssen. Weil es sich um ein zentrales Thema handelt, das vor allem unser Gottesbild betrifft und viele Aspekte des christlichen Glaubens »auf den Punkt bringt« – Gebet als »Testfall des Glaubens« (W. Kasper), »sprechender Glaube« (O.H. Pesch) –, bietet sich bei allen Schwierigkeiten, mit denen gerade hier zu rechnen ist, die Chance, den Blick der Jugendlichen auf die »Mitte« der christlichen Botschaft und des Christseins zu lenken. Das ermöglicht wiederum, die Glaubenssystematik, d. h. die Einheit und Zusammengehörigkeit der religionsunterrichtlichen Themen, etwas durchsichtiger zu machen. Die vielen Querverbindungen zu anderen Kapiteln des Unterrichtswerkes sind gerade bei diesem Thema nicht zu übersehen.

Diese kurze Darlegung der inhaltlichen Ausfächerung macht die didaktische Struktur des Kapitels transparent. Als Einstieg ist das allgemein menschliche Phänomen der Gottesverehrung gewählt (Seite 64f.). Die Schüler und Schülerinnen bekommen einen Einblick in

Inhalt und Form religiöser Bekenntnisse verschiedener Völker bzw. Weltreligionen (Buddhismus, Hinduismus, Judentum, Christentum, Islam). Das sollte ihren Blick weiten und sie auf religiöse Urphänomene hinweisen. Es folgen zwei Einheiten, die, ausgehend von äußeren Formen der Gottesverehrung, einen Zugang zu inneren Vollzügen erlauben, die das Beten ausmachen. Die drei letzten Einheiten (Seite 73-76) haben das Beten selbst zum Gegenstand. Es wird unter drei Aspekten beleuchtet.

1 Menschen aller Völker beten zu Gott

Seite 63 Das Photo zeigt samaritische Beter beim Osterfest in Nablus/Israel, die durch ihr ganzes Äußeres (Haltung der Hände, Gesichtsausdruck, Körperhaltung) die innere Gesinnung, die Selbsthingabe an Gott verkörpern.

Seite 64-65 Die Gebete sind, wie die Hinweise belegen, verschiedenen Religionen entnommen. Die Bildelemente zeigen buddhistische Mönche, die in einem Tempel in Bangkok das Bildnis eines meditierenden Buddha verehren. Ein weiteres Bild zeigt einen Hindu, der am Ganges bei Benares betet. Für das Judentum ist die Verehrung der Tora an der Klagemauer zu Jerusalem von großer Bedeutung (vgl. Treffpunkt RU 5/6, 16f., 83). Wie ein christlicher Gottesdienst in Tansania gefeiert wird, zeigt ein weiteres Bild. In dieser Aufzählung ist der Islam durch ein Photo vertreten, das muslimische Mekkapilger beim Umschreiten der Kaaba darstellt.

Die Texte vermitteln einen Eindruck von den großen Themen, die in den Gebeten der Religionen anklingen. Es ist das Lob Gottes, seine Verherrlichung, das Bekenntnis zu seiner fürsorglichen Liebe, die zum Dank verpflichtet, aber auch die Bitte um Gottes hilfreiche Nähe in Situationen der Gefahr, das Wissen um die Gefährdetheit, das Bedrohtsein des Menschen, die ihn zur Bitte um Gottes hilfreiche Nähe in allen Situationen des Lebens veranlaßt. Vergleicht man die Gottesanreden, so lassen sich, was ihre Grundaussagen betrifft, überraschend viele Gemeinsamkeiten feststellen. Diese breite Basis erlaubt ein gemeinsames Gebet, wie es in Assisi 1986 stattgefunden hat (vgl. Treffpunkt RU 7/8, 169).

2 Beten mit dem ganzen Körper

Seite 66-67 In der zweiten Einheit wird am Beispiel muslimischer Frömmigkeit, ausgehend von den dort praktizierten Formen der Gottesverehrung, ein Zugang zum Gebetsvollzug eröffnet. Da es sich um Grundgebärden handelt, ist diese Sprache auch denen nicht gänzlich fremd, die nicht dieser Religion angehören. Aus der Verfaßtheit des Menschen als eines leibgeistigen Wesens resultiert eine Wechselwirkung zwischen »Innen« und »Außen«. Innere Vorgänge drängen nach leibhaftem Ausdruck, und äußere Haltungen wirken auf den geistigen Bereich zurück. Was es bedeutet, daß der Mensch eine »vergeistigte Leiblichkeit« bzw. eine »verleiblichte Geistigkeit« (R. Guardini) ist, sollte den jungen Menschen an konkreten Beispielen aus ihrem eigenen Leben bewußt gemacht werden. Wegen ihrer grundsätzlichen Bedeutung sei die anthropologische Definition kurz erläutert:

Der menschliche Leib ist Ausdrucksfeld des Geistes, das Medium, in dem und durch das sich der Geist offenbart und zur Sprache bringt. Die biologische Anthropologie hat darauf aufmerksam gemacht, daß der menschliche Leib im Vergleich zum Körper des Tieres eine größere Unspezialisiertheit aufweist. Seine Offenheit und Unbestimmtheit macht ihn geeignet, seelisch-geistige Vorgänge zu »verkörpern«. Da unter den Gebetsgebärden die Haltung der Hände eine wichtige Rolle spielt, sei das Gemeinte in Verbindung mit diesem Körperteil erläutert. M. Heidegger hat dazu folgendes gesagt: »Allein das Wesen der

Hand läßt sich nie als ein leibliches Greiforgan bestimmen oder von diesen her erklären. Greiforgane besitzt z.B. der Affe, aber er hat keine Hand. Die Hand ist von allen Greiforganen: Tatzen, Krallen, Fängen, unendlich, d.h. durch einen Abgrund des Wesens verschieden. Nur ein Wesen, das spricht, d.h. denkt, kann die Hand haben und in der Handhabung Werke der Hand vollbringen. Allein das Werk der Hand ist reicher, als wir gewöhnlich meinen. Die Hand greift und fängt nicht nur, drückt und stößt nicht nur. Die Hand reicht und empfängt, und zwar nicht allein Dinge, sondern sie reicht sich und empfängt sich in anderen. Die Hand hält. Die Hand trägt, die Hand zeichnet, vermutlich, weil der Mensch ein Zeichen ist. Die Hände falten sich, wenn diese Gebärde den Menschen in die große Einfalt tragen soll. Dies ist die Hand und ist das eigentliche Hand-Werk.« (Was heißt Denken?, Frankfurt 1942, 51) Was für die Hand gilt, trifft für den Leib insgesamt zu. Die Definition »verleiblichte Geistigkeit« hebt den gleichen Gedanken hervor, jedoch mit dem Akzent versehen, daß der Mensch hinsichtlich seiner Gedanken, seiner Gefühle, die er andern mitteilen will, auf den Leib und seine Möglichkeiten der Versprachlichung, sei sie verbal oder nonverbal, angewiesen ist. Die Verschränkung von Geistigem und Leiblichem zeigt sich aber auch darin, daß der äußere Vollzug auf das Innere zurückwirkt. Um es an Beispielen zu erläutern: Das Niederwerfen zeigt nicht nur die Unterwerfung, die Hingabe an Gott an, sondern sie läßt den Menschen auch tiefer in diese Haltung gegenüber Gott hineinwachsen. Ähnliches läßt sich vom Sitzen, Knien, Stehen, ebenso vom Tanzen sagen. Diese grundlegenden Zusammenhänge müssen bei der Besprechung der zweiten Einheit thematisiert werden. Wenn unter der Überschrift »Beten mit dem ganzen Körper« muslimische Gebetshaltungen behandelt werden, so hat die Thematik über die islamische Religion hinaus eine generelle Bedeutung für das Verstehen religiöser Ausdrucksformen überhaupt.

Die Texte von Antoinette Becker schildern Verlauf und Bedeutung des privaten Gebetes der Muslime, des täglichen Pflichtgebetes. Damit die Klasse ein noch tieferes Verständnis davon gewinnt und den Sinn der einzelnen Verrichtungen zu erfassen vermag, sei die Kommentierung von Adel Th. Khoury (aus: Der Islam. Sein Glaube, seine Lebensordnung, sein Anspruch. Freiburg 1992, 130-135) in Auszügen angeführt:

Das Gebet ist der vorzügliche Ausdruck des Glaubens. Es beinhaltet die Anerkennung der Souveränität Gottes und der Abhängigkeit des Menschen vom göttlichen Wohlwollen.

1. Die Pflicht zum Gebet

Das Pflichtgebet wird zwar vom einzelnen Muslim verrichtet, es besitzt jedoch eine einheitliche Form und erfolgt nach festen Riten, die es zu einem Ritus der Gemeinschaft macht und daher den einzelnen Gläubigen in die Solidarität der Gemeinschaft der Muslime fest einbindet. Der Koran betont die Pflicht der Muslime, das Gebet zu verrichten. Diese Vorschrift verpflichtet alle Erwachsenen, Männer und Frauen. Das Gebet gibt dem Tag der Muslime seinen Rahmen, denn es muß nach den Angaben des Korans und der Tradition fünfmal am Tag verrichtet werden: mittags, nachmittags, abends, in der Nacht und in der Morgendämmerung. Zu den gegebenen Zeiten ruft der Muezzin die Gläubigen zum Gebet.

2. Reinheitsvorschriften

Der Muslim darf nicht unvermittelt vom täglichen Geschäft zur Verrichtung des Gebets übergehen. Er muß sich in den Zustand kultischer Reinheit versetzen.

2.1 Rituelle Waschungen

Je nach dem Grad der vorherigen Unreinheit wird eine Teilreinigung oder eine Ganzwaschung vollzogen. Die Ganzwaschung betrifft alle Teile des Körpers. Die Teilwaschung wird folgendermaßen vollzogen:

- Der Muslim faßt innerlich die Absicht, sich zu reinigen.
- Er spricht die basmala: Im Namen Gottes, des Erbarmers, des Barmherzigen.
- Er wäscht sich die Hände, reinigt sich die Zähne mit einem Zahnstocher oder putzt sich die Zähne mit einer Zahnbürste.
- Er spült sich den Mund aus und zieht Wasser aus der rechten Hand in die Nase, dann spuckt er das Wasser aus und läßt es aus der Nase in die linke Hand zurückfließen.
- Er wäscht und reibt sich das ganze Gesicht von der Haarwurzel bis zum Kinn und von einem Ohr zum anderen.
- Er streicht sich über den Kopf einschließlich der Ohren, bei diesen außen und innen. Beim Streichen über den Kopf mit Wasser beginnt er vorne, zieht es bis zum Hinterkopf und wieder zurück.
- Er wäscht sich die Füße bis zu den Knöcheln und sorgt dafür, daß das Wasser die Haut zwischen den Zehen benetzt. Er beginnt dabei mit dem rechten Fuß, dann wäscht er den linken Fuß und reibt beide Füße.
- Dies alles geschieht einmal. Wer es aber noch sorgfältiger machen will, vollzieht diese Handlung dreimal.

2.2 Körper, Kleider und Gebetsort

Außer dem Körper des Betenden müssen auch seine Kleider und der Ort, an dem er betet, reingehalten werden. Ein solcher Ort ist vor allem die Moschee (Anbetungsort). Man kann sich aber auch einen Gebetsplatz herrichten, indem man einen Teppich oder ein Kleidungsstück oder etwas Ähnliches auf der Erde ausbreitet. Bei den Riten zur Herstellung der kultischen Reinheit geht es den muslimischen Gläubigen um mehr als einen Akt der äußeren Hygiene. Die Waschungen bereiten den Gläubigen auf das Gebet vor, indem sie ihm innere Ruhe verleihen und seine Aggressivität dämpfen. Außerdem ist die Waschung ein Mittel, das Herz des Muslims auf Gott auszurichten, seinen Glauben zu festigen, seinen Wandel zu bessern und seine Fehler zu überwinden. So ist die Waschung ein Symbol der inneren Reinheit, der Reue und der Abkehr von der Sünde.

3. Vollzug des Gebets

Das rituelle Pflichtgebet besteht aus einer Anzahl von Einheiten, rak'a = Verbeugungen genannt. Das Mittags-, das Nachmittags- und das Nachtgebet bestehen jeweils aus vier Einheiten; das Abendgebet besteht aus drei und das Morgengebet aus nur zwei Einheiten. Im folgenden wird eine Gebetseinheit beschrieben.

Weihezustand: Der Beter muß sich mit dem Gesicht in Richtung Mekka hinstellen. Diese Gebetsrichtung wird in den Moscheen durch eine Nische angezeigt. Der Beter formuliert nun seine Absicht, daß Pflichtgebet zu verrichten, er tritt in den Weihezustand, indem er spricht: »Gott ist größer«.

Rezitation: Stehend spricht der Beter Worte des Lobes: ›Preis sei dir, mein Gott, und Lob sei dir! Gebenedeit sei dein Name, und erhaben sei deine Herrlichkeit! Es gibt keinen Gott außer dir.‹ Er fügt hinzu: ›Ich suche meine Zuflucht bei Gott vor dem gesteinigten Satan.‹ Dann rezitiert er die erste Sure des Korans, die Eröffnung (al-Fatiha).

Verbeugung: Der Beter verbeugt sich, legt die Hände auf seine Knie und spricht: ›Gott ist größer‹, dann dreimal: ›Preis sei meinem Herrn, dem Majestätischen!‹ Er richtet sich auf und sagt: ›Gott erhört den, der ihn lobt.‹ Und: ›Gott, unser Herr, Lob sei dir!‹

Prostration: Als Zeichen seiner totalen Hingabe an Gott, seiner Anbetung und seiner Unterwerfung unter den Willen Gottes kniet der Beter und legt seine Stirn auf den Boden und spricht: ›Gott ist größer‹, dann dreimal: ›Preis sei meinem Herrn, dem Höchsten!‹ Dann setzt er sich auf seine Fersen und spricht: ›Gott ist größer‹, dann: ›Mein Gott, vergib mir, erbarme dich meiner, leite mich recht, bewahre mich und gib mir meinen Lebensunterhalt‹, oder: ›Mein Gott, vergib mir. Mein Gott, vergib mir.‹ Daraufhin wiederholt er die Prostration mit den entsprechenden Haltungen und Texten. Damit endet die erste Gebetseinheit.

Gebetsschluß: Zum Schluß richtet der Beter einen Gruß nach rechts und nach links und spricht: ›Der Friede sei über euch und die Barmherzigkeit Gottes!‹ Damit ist der Weihezustand aufgehoben.

4. Bedeutung der Körperhaltungen
Die Körperhaltungen, die das Rezitieren von Versen und Gebeten begleiten, sollen beim Beter eine innere Einstellung zum Ausdruck bringen, die als ›Anwesenheit des Herzens‹ bezeichnet wird. Wer sich zum Gebet hinstellt und sich zu Gott wendet, muß eine lautere Absicht haben, sein Gebet in Demut verrichten. Denn sein Leben liegt in der Hand Gottes. Das bedeutet zweierlei. Zum einen hat der Gläubige die Gewißheit, daß Gott ihm die guten Dinge beschert und sich als der gütige, huldvolle und feinfühlige Gott zeigt, dem ›demütige Ergebenheit‹ gebührt. Der Gläubige weiß aber auch, daß Gott der transzendente, verborgene Gott bleibt, dessen Wille unerforschlich und dessen Entscheidungen nicht hinterfragbar sind. Deswegen muß der Mensch mit Furcht beten, seine Anliegen in vertrauensvollem Verlangen und zugleich in demütiger Ehrfurcht vortragen. Die verschiedenen Körperhaltungen spiegeln außerdem die Bereitschaft der Gläubigen wider, Gott zu loben und anzubeten, seine Souveränität anzuerkennen und sich in seinen Willen zu ergeben.

3 Beten mit den Füßen: Wallfahrten

Zur Veranschaulichung dieses Themas ist eine christliche Wallfahrt (Seite 68-69) und die Pilgerfahrt nach Mekka (Seite 70-71) gewählt worden. Letztere ermöglicht ein noch tieferes Kennenlernen des Islam. Beiden ist gemeinsam, daß es sich um ein religiös begründetes Unterwegssein handelt, das sich einem bestimmten Ort zuwendet, dem eine besondere Bedeutung für die jeweilige Religion zukommt. Bevor jedoch mit der Klasse die religiöse Dimension des Weges erarbeitet wird, ist es angebracht, sich mit der Weg-Symbolik überhaupt zu beschäftigen. Dies könnte anhand einiger Wortverbindungen erfolgen, die zum alltäglichen Sprachschatz gehören. Einige Beispiele seien genannt: Wegweiser (vgl. Tora = Weisung), Weggefährte, Umweg, Irrweg, Abweg, sich auf den Weg machen, den Weg verlassen, einen Weg suchen u.a. Wer sich auf den Weg macht, bricht auf, verläßt den Ausgangspunkt, läßt etwas zurück, ist unterwegs, legt eine Wegstrecke zurück, hat einen Weg vor sich und strebt einem Zielpunkt zu. Dieser räumliche Vorgang ist von Veränderungen begleitet. Von hier aus ist es nur ein kurzer Schritt zu einigen übertragenen Bedeutungsgehalten: Lebensweg, Leidensweg, seinen Weg überdenken, einen Ausweg suchen, etwas auf den Weg bringen, seinen eigenen Weg finden, einen Weg zueinander finden u.a. Welche Ebene hier angezielt wird, ist auch Worten bzw. Formulierungen wie Aufbruch, Ende bzw. Beginn einer Lebensphase, Verlassen von Sicherheit, Wagnis, Suche nach einem eigenen Lebenskonzept, Selbstfindung u.a. zu entnehmen. »So stellt der Weg ein geradezu menschheitliches Symbol dar, das eng mit unseren Daseinserfahrungen verknüpft ist. Für alles, was einen Anfang und ein Ende hat, legt sich die Vorstellung von einem Weg nahe. Das gilt vorweg auch von der Wegstrecke unseres Lebens, die durch Geburt und Tod begrenzt wird, aber nicht zuletzt von vielen Abschnitten innerhalb unserer Lebensreise.« (Chr. Schütz, Art. Weg, in: ders. (Hg.), Praktisches Lexikon der Spiritualität, Freiburg/Basel/Wien 1988, Sp. 1409) Nach diesen Reflexionen wird es den Schülern und Schülerinnen eher gelingen, sich in die religiös-christliche Dimension der Wegsymbolik, mit der wir es bei der Wallfahrt zu tun haben, einzudenken.

Die aus christlichen Motiven unternommene *Wallfahrt* ist Ausdruck des Glaubens, eine »Verkörperung« der Überzeugung, daß unser hiesiger Lebensweg ein Weg zu Gott ist. *Seite 68-69* Aber auch umgekehrt gilt: Wer sich als Pilger auf den Weg macht, wird sich seines Glaubensweges bewußt. Der Text von H. Halbfas macht auf die Besonderheit dieses Weges aufmerksam und erwähnt das ganze Umfeld, in das diese Art des Unterwegsseins eingebettet ist (Ziel, Motiv, Weggefährten, Vorsatz, Fürbitten, Auszug, Stille, Gebet, Mahl, Sammlung, Gottesdienst, Kreuzweg, Ausklang). Wenn es gelingen sollte, gemeinsam eine Klassenwallfahrt vorzubereiten (3. Impuls), hat das auch Rückwirkungen auf das Nachdenken über den christlichen Glauben.

Wahlfahrten gehören zum Urbestand der Religionen. Dem Motiv, sich auf den Weg zu machen, liegt die Absicht zugrunde, seinen konkreten, alltäglichen Lebensweg aus der Sicht der persönlichen Glaubensüberzeugung besser zu verstehen. Man bittet um Kraft auf seinem Weg, oftmals handelt es sich um einen Leidensweg. Die Israeliten wallfahrteten vor allem zum Tempel in Jerusalem. Dieser Ort gilt zugleich als Ziel der großen Völkerwallfahrt (vgl. Treffpunkt 5/6, 80f.). Die Christen pilgerten schon sehr früh ins Heilige Land, zu den Stätten des Lebens Jesu, später auch nach Rom und Santiago de Compostella. Neben diesen großen, internationalen Wallfahrtsstätten gibt es in jedem Land, in allen Diözesen, örtlich bedeutsame Wallfahrtsorte, »heilige Orte«, die einen »herausgehobenen«, »abgesonderten«, eben heiligen Bezirk darstellen, wo die Gläubigen die Nähe Gottes, seine hilfreiche Gegenwart erfahren. Wie es auch immer um den Ursprung der Wallfahrtsorte bestellt sein mag – als leiblich-geistiges Wesen, das in Raum und Zeit lebt, bedarf der Mensch der Konkretisierung der Gottesbegegnung; er ist auf »heilige Räume«, »heilige Zeiten« angewiesen, die ihm die Erfahrung der Gegenwart des Heiles vermitteln. Zugleich erleben sie dort die Gemeinschaft der Mitglaubenden, das Zusammensein mit Menschen, die mit ihnen »unterwegs« sind. Das wiederum stärkt den persönlichen Glauben. Mögen auch manche Begleitumstände des Wallfahrtswesens Anlaß zu berechtigter Kritik sein, so entspricht das »Beten mit den Füßen« einem menschlichen Urbedürfnis.

Seite 70-71 Zu den religiösen Pflichten (»Säulen«) der Muslime gehört die Wallfahrt nach Mekka. Die Schilderung der Pilgerfahrt und des großen Festes dort von A. Becker vermittelt den Schülern und Schülerinnen einen Eindruck von den Riten und der großen Bedeutung dieses für den Muslim einmaligen Ereignisses. Die Festtage selbst sind geprägt von der gemeinsamen Wurzel, die die drei großen monotheistischen Religionen (Islam, Judentum, und Christentum) untereinander verbindet (vgl. Treffpunkt RU 5/6, 80f.). Im Unterricht sollte auch darauf eingegangen werden. Die folgende Darstellung kommt auf die Gemeinsamkeiten zu sprechen:

»Gut zwei Monate nach dem Ramadan beginnt die Wallfahrt nach Mekka. Es sind nicht nur für die Pilger, sondern für alle Muslime Tage großer religiöser Bedeutung. Denn sie werden sich neu bewußt, daß sie zur weltumspannenden Gemeinschaft des Islam gehören, die die Menschen durch den Glauben an den einen Gott über alle Standes- und Volksunterschiede hinweg miteinander verbindet. In Mekka treffen sich Pilger aus allen Erdteilen, in den letzten Jahren jeweils über eineinhalb Millionen. Aus der Bundesrepublik sind es z.Z. jährlich mehrere Tausend. Alle tragen das gleiche schlichte Gewand: die Männer zwei weiße ungenähte Tücher, die Frauen ein weites Kleid, bis zu den Knöcheln reichend, an den Füßen höchstens Sandalen.
Sobald die Pilger die Grenzen der Stadt Mekka überschreiten, brechen sie in den Ruf aus: ›Zu deinem Dienst, Gott, steh ich bereit, zu deinem Dienst‹; sie weihen sich mit diesem Bekenntnis immer wieder während der Pilgertage. Die Wallfahrt geht auf den ausdrücklichen Befehl des Koran zurück. Mohammed hat im Jahr 632, kurz vor seinem Tod, die Einzelheiten selber geordnet. Er sah darin die Vollendung seines Auftrags und verhieß den Pilgern als Lohn der Wallfahrt das Paradies. Er verlangte, daß man jedem, der die Pilgerfahrt vollzieht, mit größtem Respekt begegnet.
Am Anfang der Riten steht das siebenmalige Umschreiten der Kaaba, eines würfelähnlichen Gebäudes von etwa 6 mal 6 m Bodenfläche mitten im Hof der großen Moschee in Mekka, das ganz mit einem schwarzen Tuch verhängt ist. Dabei berühren die Pilger den in Silber gefaßten schwarzen Stein, der in einer Ecke der Kaabamauer eingelassen ist. Es handelt sich wahrscheinlich um einen Meteoriten. Nach muslimischer Tradition hatte Abraham diesen Stein vom Erzengel Gabrial empfangen, als er zusammen mit seinem Sohn Ismael den Auftrag erhielt, dies ›Haus der Anbetung‹ zu bauen. Aber Mekkas Bedeutung wird in der Legende sogar bis auf Adam zurückgeführt: Hier habe der erste Mensch nach der Vertreibung aus dem Paradies Eva, die Stammutter aller Menschen, nach langer Irrfahrt wiedergefunden. Damit ist Mekka für Muslime der Ort, an dem Gott von Anfang

an den Menschen in Erbarmen nahe war, und die ›Mutter der Städte‹, das Zentrum aller menschlichen Wohnstätten. Darum wenden sie sich im Gebet dorthin. Darum auch hängen in ihren Häusern oft Bilder der Kaaba oder der großen Moschee.
Immer wieder erinnern die Einzelheiten der Wallfahrt an Abraham und unterstreichen damit den Anspruch des Islams, die beste Religion für die ganze Menschheit zu sein:

- Die Pilger umschreiten die Kaaba; es folgt das rituelle Gebet am ›Platz Abrahams‹, an dem schon er das Gebet verrichtet haben soll.
- Dann eilen die Pilger siebenmal zwischen den Hügeln – gleich neben der großen Moschee – hin und her; so wie es von Hagar, der zweiten Frau Abrahams, erzählt wird, als diese für ihren Sohn Ismael nach Wasser suchte. Am Ende der Wallfahrt, wenn die Pilger aus der heiligen Quelle trinken, geschieht dies noch einmal.
- Am siebten Tag der Wallfahrt werfen die Pilger bei der Rückkehr von dem etwa 15 km von Mekka entfernten Feld Arafat Steine an die drei Säulen bei Mina, im Gedenken daran, wie Abraham die Versuchungen des Teufels abwehrte.
- Vor allem aber ist das Opfer der Tiere am siebten Tag, dem eigentlichen Schlußtag der Wallfahrt, Anlaß zur Erinnerung an Abraham. Es ist das große Fest, das Opferfest. Denn es erinnert daran, wie Gott den Sohn Abrahams vor dem Opfertod rettete und dadurch zeigte, daß für das rechte Verhältnis der Menschen zu Gott kein Opfer und schon gar kein Menschenopfer nötig ist. Gefordert ist vielmehr die Hingabe an Gott im Gehorsam gegenüber seinem Willen, wie ihn der Koran und die Sunna des Propheten zeigen.

Zum gleichen Zeitpunkt werden überall in der Welt Opfertiere rituell geschlachtet. Denn die Muslime fühlen sich an diesem Tag im Geist mit den Pilgern in Mekka und allen Glaubensbrüdern in der Welt besonders verbunden. Alle Riten der Wallfahrt wollen die Hingabe des Menschen an Gott neu besiegeln. Darauf weist auch die Predigt in der großen Moschee am vierten Tag hin.
Am fünften Tag ziehen die Pilger bis nach Rafat, dem Ort der letzten Predigt Mohammeds. Dort verbringen sie einen ganzen Tag im Gebet und hören eine weitere Predigt. Es ist der Tag neuer Gelübde, der Hingabe an Gott, aber auch des Bruchs mit den alten Lastern (wie etwa dem Rauchen oder Trinken) und der Hilfe für arme Glaubensbrüder, damit auch sie die Wallfahrt erfüllen können. Sie ist in gleicher Weise für Frauen und Männer vorgeschrieben und einmal im Leben Pflicht für jeden, der sie vollziehen kann, ohne seine Angehörigen in Not und Elend zu bringen. Wenn jemand nicht in der Zeit der großen Wallfahrt nach Mekka kommen kann, so soll er wenigstens die kleine Wallfahrt, umra genannt, zu einer anderen Zeit des Jahres unternehmen.«
(Aus: Was jeder vom Islam wissen muß, hrsg. vom Lutherischen Kirchenamt der VELK Deutschlands und vom Kirchenamt der Evangelischen Kirche in Deutschland, Gütersloh ³1991, 43-46)

4 Beten ist hören

Mit dieser Einheit beginnt das Nachdenken über das christliche Beten. Es wird unter drei Gesichtspunkten beleuchtet: Hören – Tun – Sprechen. Im Religionsunterricht stehen gewiß nur begrenzte Möglichkeiten zur Verfügung, den Schülern und Schülerinnen diesen zentralen reliösen Akt zugänglich zu machen oder sie gar zum Beten anzuleiten. Es ist deshalb zu Beginn sorgfältig zu überlegen, welche Intentionen dem Unterricht angesichts der konkreten pädagogischen Situation zugrunde liegen könnten. Aber es sollte auch nicht als gering erachtet werden, wenn es gelingen sollte, ihnen eine Vorstellung davon zu vermitteln, was betende Menschen vollziehen und wie das Gebet das Leben zu prägen vermag. Weil jedes Gebet ein Glaubensvollzug ist, besteht eine besondere Verbindung zur 1. Einheit des 3. Kapitels (Treffpunkt RU 5/6, 38-41). Auch die Kommentierung des Gottesnamens Jahwe (vgl. Treffpunkt RU 5/6, 50) ist heranzuziehen. Die dort erläuterten Aspekte (Zuverlässigkeit, Unverfügbarkeit, Ausschließlichkeit, Unbegrenztheit) sind für das Gespräch über das christliche Gebet unverzichtbar und sollten daher bedacht werden. Das Wort *Hören* ist a) auf die Bronzeplastik von T. Zenz und b) auf die Geschichte von Michael Ende zu beziehen. Auf die Plastik angewandt ist es der Mensch, der hört, in der

Seite 72-73

Geschichte ist Gott der Hörende. Beide Gesichtspunkte machen die Gestalt des Betens aus.

Seite 72 Zu a) *Bronzeplastik von T. Zenz: Mensch als Hörender*

G. Lange kommentiert die Darstellung wie folgt: »Dieser Mensch hält gleichsam den Atem an (geschlossener Mund, schmale Nase); seine Augen treten wie gebannt hervor; seine Ohrmuscheln sind durch die Handteller verstärkt. Der Eindruck, dem er sich – ernst und gesammelt – aussetzt und hingibt, muß von vorn-oben kommen. Die umgekehrte Dreiecksform, die durch die Armwinkel gebildet wird und der sich die Gesichtsform angepaßt hat, läßt die ›Auffangfläche‹ für das Gehörte und Geschaute möglichst breit erscheinen; die Linie Hand – Ohr – Augen – Ohr – Hand ist die Basis des Dreiecks. Was nicht Auge und Ohr ist, wird zweitrangig. Auch die Stirn bleibt unbetont. Die hochgewölbten Augenbrauen bringen einen Zug des Erstaunens hinein. Die Mundpartie mag Kindern leicht mürrisch und ›böse‹ vorkommen. Sie sollte als Ausdruck äußerster Anspannung gedeutet werden. Der Hörende weiß eben noch nicht, was da auf ihn zukommt; ob es ihn verstummen oder singen läßt. Es bleibt ganz offen, ob die Höranstrengung von Erfolg sein wird; ob er überhaupt ›mitkriegt‹, was da auf ihn zukommt.« (Lehrerkommentar zum Religionsbuch »Exodus 2«, München/Düsseldorf 1978, 298)

Dem Gebet als Sprechen mit Gott geht das Hören voraus. In der alt- und neutestamentlichen Verkündigung wird großer Wert auf das Hören gelegt. Eines der zentralen Gebete Israels beginnt mit der Aufforderung: »Höre Israel!« (Dtn 6,4; vgl. Treffpunkt 5/6, 82). Zu Beginn seiner Gleichnisrede fordert Jesus zum Hören auf (vgl. Mk 4,1-9). In der allegorischen Auslegung des Gleichnisses vom Sämann heißt es: »Auf guten Boden ist der Samen bei denen gefallen, die das Wort mit gutem und aufrichtigem Herzen hören, daran festhalten und durch ihre Ausdauer Frucht bringen.« (Lk 8,15) Nach biblischem Verständnis ist Hören ein Vorgang, der den ganzen Menschen beansprucht. Er schließt die Bereitschaft ein, sich auf das Gehörte einzulassen, Ohr und Herz aufzuschließen. Diese Verbindung veranschaulicht Lukas an der biblischen Gestalt Mariens: »Maria aber erwog alles, was geschehen war, in ihrem Herzen und dachte darüber nach.« (2,19)
Hören setzt Schweigen voraus, den Verzicht auf das Reden, die innere Sammlung, das Ruhigwerden. Nur wer schweigt, vermag Worte wahrzunehmen. Angesichts der unruhigen, lauten Atmosphäre, in der junge Menschen heute leben, bedarf es dazu der *Stille- Übung*. Die drei letzten Impulse regen zu solchen Übungen an. (Vgl. dazu H. Halbfas, Religionsunterricht in der Grundschule – Lehrerhandbuch 2, Zürich/Düsseldorf 1984, 82-95)
Es stellt sich die Frage, wo Gottes Wort, auf das der Beter eine Ant-Wort gibt, zu vernehmen ist. Dem Christen begegnet es vor allem im biblischen Zeugnis, in Gottes Offenbarung in der Geschichte Israels und in der Lebensgeschichte Jesu Christi. Nun ist aber, wie im 3. Kapitel näher erläutert, die Bibel Gottes Wort in Menschen Mund. Sie zeigt, wie Menschen auf Gottes Wort geantwortet haben. Vor allem die Psalmen geben einen Einblick, wie die Menschen im Lichte ihrer Gotteserfahrungen die Situationen ihres Lebens gedeutet und auf vielfältige Weise zur Sprache gebracht haben – in der Sprache des Lobes, des Dankes, der Bitte und der Klage. Diese Verschränkung von Gottes- und Menschenwort läßt fragen, was das Göttliche an diesem zugleich so menschlichen Buch ausmacht. Woran kann der Leser der Bibel erkennen, daß er es nicht nur mit einem menschlichen, sondern zugleich mit einem göttlichen Wort zu tun hat? Oder anders gefragt: Was ist in der Fülle der Worte die Grundbotschaft der Bibel, die es in allen Perikopen zu entdecken gilt? Darauf ist mit I. Baldermann zu antworten: Die Bibel ist »ein Buch der Hoffnung – von der ersten bis zur letzten Seite« (Einführung in die Bibel, Göttingen 1988, 14). Sie erzählt von Menschen, denen in Notfällen, oftmals undurchschaubaren Situationen, die zu Zweifel und Verzweiflung Anlaß gaben, entgegen aller Erwartung, eine Zukunftsperspektive eröffnet wurde, die sie zum Vertrauen zum Leben, zur Zukunft ermutigte. Aber was berechtigt sie zu dieser Hoffnung? Der Grund liegt in der Offenbarung eines Gottes, der – wie die Geschichte Israels und Jesu Leben zeigen – sich mit seiner heilenden Kraft den Menschen zuwendet und ihnen Mut zum Leben zuspricht. Wer diese Botschaft vernimmt,

sie im »Herzen bewahrt«, gewinnt Kraft und »steht auf« (vgl. Lk 6,8; 7,16; 17,19). »Das menschliche Wort der Heiligen Schrift heißt Wort Gottes wegen dieser befreienden Wirkung.« (O.H. Pesch, Das Gebet, Mainz 1980, 16) Das angespannte Hinhören, das der Plastik ihr besonderes Gepräge gibt, gilt einem solchen Wort. Der Mensch vermag es sich selbst nicht zu sagen; es ist ein Wort, das »aus dem Munde Gottes kommt« (Mt 4,4).

In Verbindung mit entsprechenden biblischen Perikopen kann den Schülern und Schülerinnen gezeigt werden, wie Menschen für das Wort des Heiles Gott danken (vgl. Lk 17,11-19), ihn loben (vgl. Lk 1,46-55; 5,17-26; Ps 150), um Heilung bitten (vgl. Lk 7,1-10). Das Gebet hat auch die berechtigte Gestalt der Klage (vgl. Ps 88), des Aufschreis aus tiefer Not (vgl. Jer 20,7-11), der Bekundung der Gottesverlassenheit (vgl. Ps 22; Mk 15,34). Die Erfahrung des Unheiles, der Verborgenheit, ja der »Abwesenheit« Gottes in dieser Welt, wird im »Klagegebet vor Gott zur Anklage und Anfrage gebracht« (O. Fuchs, Bitte und Dank, Klage und Lob im Gebet, in: KatBl 104 (1979) 84). Indem Christen, in ähnlichen Situationen sich befindend, ihr konkretes Leben vor Gott aussprechen, also beten, geben sie eine Ant-Wort auf das Wort Gottes, das sie zuvor im Zeugnis der Bibel vernommen haben. Dafür ist natürlich eine Sensibilität für das Leben, das eigene und das der Mitmenschen, erforderlich, eine Aufmerksamkeit, die ein Gespür für die Höhen und Tiefen des Daseins vermittelt. Hinzukommen muß auch die sprachliche Fähigkeit, diese menschlichen Situationen artikulieren zu können. Beten ist demnach als ein Vorgang zu bezeichnen, in dem Menschen auf das Wort Gottes hören, ihre konkrete Existenz, das Leben der Menschen, den Zustand der Welt im Licht dieses Wortes sehen und sie vor Gott aussprechen.

Zu b) *Geschichte von Michael Ende: Gott als Hörender* *Seite 73*

Die Fähigkeit der kleinen Momo, aufmerksam, mit großer innerer Aufgeschlossenheit zuhören zu können, bringt Menschen zum Sprechen. Die »dummen Leute« äußern »gescheite Gedanken«, »ratlose und unentschlossene Leute« wissen plötzlich um ihren Weg usw. In den Kontext der Einheit gestellt, will die Geschichte zeigen, daß die Gewißheit, gehört zu werden, also nicht »ins Leere« zu reden, Menschen öffnet, sie zum Aussprechen ihrer Situation ermutigt, sie kreativ werden und zur Klarheit kommen läßt. Wird die Intention der Geschichte auf das Verhältnis Gottes zum Menschen übertragen, dann wird das nur für den nachvollziehbar sein, der an die personale Wirklichkeit, die Lebendigkeit und das Nahesein Gottes glaubt. Gerade diese Züge machen das Gottesbild der biblischen Überlieferung aus. Als Beispiel sei der Vers Ex 3,7 erwähnt: »Ich habe das Elend meines Volkes, das in Ägypten ist, wohl gesehen und ihr Schreien gehört; ja, ich kenne seine Leiden. Darum bin ich herabgestiegen, um es aus der Gewalt der Ägypter zu befreien und es aus diesem Land herauszuführen in ein schönes und geräumiges Land ...« Daß Gott ein sympathischer (mitleidender) und empathischer (sich in unsere Sitution hineinversetzender) Gott ist, sehen Christen im Leben und Wirken Jesu Christi. Die chassidische Geschichte bringt das biblische Gottesverständnis ebenfalls zum Ausdruck, versehen mit dem Hinweis, daß die Existenz Gottes sich nur dem erschließt, der sich für das göttliche Geheimnis öffnet. Der Religionsunterricht kann nur auf diese Zusammenhänge aufmerksam machen und die Voraussetzungen des Betens (Hören – Glauben – Wahrnehmen – Sprechen) bedenken.

5 Beten und Tun

Seite 74 Die Einheit stellt die Schüler und Schülerinnen vor die Aufgabe herauszuarbeiten, wie das »und« zu verstehen ist. Wie verhalten sich Beten und Tun zueinander? Der Rabbi in der chassidischen Geschichte ist auf dem Weg ins Bethaus; weil er aber das Gebet als Ausdruck der Hingabe an Gott, der Wachsamkeit für Gottes Auftrag im Alltag betrachtet, ist es für ihn eine Selbstverständlichkeit, seinen Gang zum Bethaus zu unterbrechen und sich dem weinenden Kind zuzuwenden. Er ist davon überzeugt, sich dadurch nicht von Gott abzuwenden, sondern sich ihm in der Gestalt des Kindes zuzuwenden (vgl. Mt 25,31-46). Vermutlich hat die Mutter des Kindes diesen Zusammenhang noch nicht entdeckt.

In der Geschichte von Leo N. Tolstoi wird auf eine andere Art der Verbindung von Beten und Tun aufmerksam gemacht: Angesichts des Sturmes sind die Fischer von der Vergeblichkeit ihrer Anstrengungen überzeugt. Sie verlassen sich auf die Hilfe Gottes. Der Einwand des alten Fischers bindet wieder beides zusammen, beten und rudern. Die Bitte an Gott, helfend einzugreifen, dispensiert nicht von der eigenen Anstrengung. Sie stärkt jedoch die Bereitschaft, im Vertrauen auf Gott das zu tun, was in den eigenen Kräften liegt. Das Vertrauen entbindet die eigenen Kräfte. Glaubende leben aus der Überzeugung, daß sie sich von der Sorge Gottes getragen wissen dürfen und nicht auf sich allein gestellt sind. Diese Zuversicht wird vor allem in der Perikope Mt 7,7-11 ausgesprochen. Sie betont die Rufnähe und die Hörbereitschaft Gottes. Es sollte im Unterricht auch der Hinweis gegeben werden, daß mit dem Gebet die Verpflichtung zum Handeln verbunden ist. Deshalb widerspricht die These, das Gebet sei eine Flucht aus der Verantwortung, dem Geist des Gebetes. »Wer für die Erhaltung des Friedens betet, der – das ist die Kehrseite des Gebetes – ist bereits dabei, sich irgendwo in konkrete Streitigkeiten als Friedensstifter einzumischen. Wer um unser tägliches Brot bittet, hat damit schon ein Bekenntnis abgelegt von der Bruderschaft der Menschen in der Teilhabe an den Gütern des Lebens.« (Kornelis Heiko Miskotte)

6 Beten ist Sprechen – aber wie?

Seite75 Es liegt eine Sammlung von Gebeten vor, die teils persönlich verfaßt, teils dem kirchlichen Gebetsschatz entnommen sind. Auch allgemein verbreitete Gebete unterschiedlicher Qualität werden berücksichtigt. Die Impulse regen zur Bewertung und zum Verfassen eigener Gebete an. Im Unterrichtsgespräch sollen die Kriterien eine Rolle spielen, an denen die Echtheit und der Wert eines Gebetes zu messen sind. Norbert Weidinger hat einen solchen Kriterienkatalog (in: KatBl 104 [1977] 906). verfaßt. Einige Gesichtspunkte seien erwähnt. Die Texte sollten:

- »die altersspezifischen Probleme junger Menschen ins Wort heben (Artikulationshilfen bieten): z.B. mit den Eltern, in der Schule, Zukunftsfragen, Identitätsprobleme, Gottesfrage ... aber auch die aktuellen Probleme unserer Gesellschaft und unserer Welt nicht ausklammern wie z. B. Umweltproblematik, soziale Gerechtigkeit, Dritte Welt, Kirche ...
- die Problematik des Betens selbst bearbeiten, nicht vorschnell überspielen, z.B. Denkschwierigkeiten (Theodizeefragen), Sprachschwierigkeiten, Konzentrationsschwierigkeiten und nach Möglichkeit auch Einstiegshilfen, Angebote zum ›Warmlaufen‹ bereithalten ...
- auf keinen Fall die jungen Menschen suggestiv manipulieren und dazu bewegen, zu große Worte, Bekenntnisse, Versprechungen abzulegen ...

- das biblische Gottesbild durchscheinen lassen durch Aufgreifen von biblischen Bildern, Symbolen, Gleichnissen, Jesus-Worten …
- sich einer Sprache befleißigen, die Redewendungen der Jugendlichen aufgreift, sich daran anlehnt, ohne sich an die Umgangssprache zu verlieren; die Sprache soll bilderreich, konkret sein und theologische Begriffe, die für Jugendliche oft nicht hinterfragbar sind und daher Leerformeln darstellen, vermeiden …
- vom sprachlichen Stil her gekennzeichnet sein durch kurze Sätze, einfachen Satzbau, gekonnte Reime, daneben durch Straffheit und Kürze …« (»… wie eine Schleife binden, die immer wieder aufgeht …«).

Literaturhinweise

I. Baldermann, Wer hört mein Weinen? Kinder entdecken sich selbst in den Psalmen, Neukirchen-Vluyn 1986.

H. Halbfas, Der Sprung in den Brunnen. Eine Gebetsschule, Düsseldorf 1981.

A. Th. Khoury, Der Islam. Sein Glaube, seine Lebensordnung, sein Anspruch, Freiburg 1992.

J. B. Metz/K. Rahner, Ermutigung zum Gebet, Freiburg 1977.

O. H. Pesch, Das Gebet, Mainz 1980.

G. Stachel, Gebet – Meditation – Schweigen. Schritte spiritueller Praxis, Freiburg 1993.

J. Sudbrack, Beten ist menschlich. Aus der Erfahrung unseres Lebens mit Gott sprechen, Freiburg 1973.

6 Aus einer Wurzel

Juden und Christen

Religionsbuch Seite 77-90

Nach dem Kapiteleingangsbild »Die weiße Kreuzigung« von Marc Chagall, das intentional zur Struktureinheit 5 (Seite 88f.) gehört und erst dort ausführlich kommentiert wird (vgl. oben Seite 85ff.), befaßt sich die erste Einheit mit jüdischen Spuren in unserem Alltag. Der nächste Schritt führt in die politische und religiöse Situation des Landes in Vergangenheit und Gegenwart ein. Im Mittelpunkt steht die Stadt Jerusalem. Im weiteren Verlauf werden den Schülern und Schülerinnen Grundkenntnisse über den jüdischen Glauben und seine Ausdrucksformen vermittelt. Damit sind Voraussetzungen gegeben, das Thema »Was Juden und Christen verbindet« anzusprechen. Vor dem Hintergrund der aufgezeigten Verwandtschaft von Juden und Christen – »Aus *einer* Wurzel« – wird erst recht unbegreiflich, weshalb die Juden im christlichen Abendland einem Holocaust unbeschreiblichen Ausmaßes ausgesetzt waren. Von dieser Leidensgeschichte der Juden handelt die folgende Einheit. Das Kapitel endet mit einem hoffnungsvollen Ausblick: Papst Johannes Paul II. hat die Juden als unsere »bevorzugten, älteren Brüder« bezeichnet.

1 Jüdische Spuren bei uns

Seite 78 Die beiden ersten Einheiten des Kapitels bieten zwei verschiedene Einstiege in das Thema, einen vornehmlich gegenwartsbezogenen und einen geschichtlich orientierten. Zunächst werden die Schüler und Schülerinnen u.a. dazu angeregt, in ihrem heimatlichen Umkreis auf Zeugnisse zu achten, die vom früheren Leben einer jüdischen Bevölkerung in unserem Land künden. Entsprechende Projekte bringen oftmals erstaunlich viel zutage, zumal die ältere Generation nunmehr bereiter ist, davon zu erzählen und Erinnerungen weiterzugeben. Die jüngere Generation erfährt von dem zuvor problemlosen Zusammenleben von Deutschen und Juden, aber auch von den unter nationalsozialistischem Einfluß erfolgten Leiden der jüdischen Bevölkerung. Weil die Collage so viele Hinweise auf jüdisches Leben bei uns enthält, die der Erläuterung und der weiteren Information bedürfen, werden die Bilder die Klasse gewiß motivieren, über das Schicksal der Juden mehr erfahren zu wollen. Dabei werden sie auch auf die aktuelle Frage nach dem Verhältnis zwischen Juden und Christen stoßen.

2 ›erez Israel‹ – das Land der Juden

Seite 79 Der zweite Einstieg nimmt die Geschichte des Landes zum Ausgangspunkt. Die Formulierung »erez Israel« ist seit biblischen Zeiten die jüdische Bezeichnung des Landes. Damit ist aber nicht nur ein geographischer Bereich gemeint, sondern mit dem Begriff »Land« ist für den Juden, vor allem für den religiösen Juden, eine tiefe theologische Aussage verbunden.

Hier liegt wohl einer der entscheidenden Gründe dafür, weshalb um den Besitz des Landes, vor allem seit der Gründung des Staates Israel im Jahre 1948, so erbittert gerungen wird. An den verschiedenen Kriegen haben sich auch andere arabische Staaten beteiligt. Der Lehrtext geht in groben Zügen auf die so wechselvolle Geschichte des Landes ein, auf die biblische Landverheißung, die sich erfüllte, aber auch wieder rückgängig gemacht wurde, indem das jüdische Volk unter die Herrschaft fremder Mächte kam. Viele Juden verließen das Land, jedoch bewahrten sie die Erinnerung an die Verheißung. Diese Erinnerung ist auch einer der Antriebe der im vergangenen Jahrhundert entstandenen zionistischen Bewegung. Sie war von dem Wunsch beseelt, »für das jüdische Volk die Schaffung einer öffentlich-rechtlichen Heimstätte in Palästina« anzustreben (Programm des I. Zionistenkongresses in Basel 1897). Der Name dieser Bewegung steht in Verbindung mit einem Hügel, einem markanten Ort Jerusalems, der bereits in biblischer Zeit ein Symbol der Stadt war (vgl. Jes 1,27). Der Lehrtext erinnert auch daran, daß die jüdische Einwanderung infolge der nationalsozialistischen Judenverfolgung in den Jahren des Krieges erheblich zunahm, so daß sich das Problem des Zusammenlebens der ortsansässigen Palästinenser und der jüdischen Einwanderer wesentlich verschärfte. Gewisse Lösungsvorschläge (z.B. Bildung eines Palästinenser- und eines Judenstaates) konnten nicht realisiert werden. Die Auseinandersetzungen eskalierten, als es zur Ausrufung des Staates Israel kam. Die Äußerungen der Schüler und Schülerinnen – sofern sie dieser langandauernde Konflikt bereits beschäftigt – werden vermutlich unterschiedlich sein. Für ein mögliches Unterrichtsgespräch könnte folgende Stellungnahme des Gesprächskreises »Juden und Christen« beim Zentralkomitee der Deutschen Katholiken hilfreich sein: »Der christliche Besucher aus Deutschland muß sich … den geschichtlichen Zusammenhang zwischen der nationalsozialistischen Vernichtung eines großen Teils des jüdischen Volkes und dem Faktum des Staates Israel vergegenwärtigen. Ihm sind ja diejenigen Juden in das Heilige Land vorangegangen, für die der Weg ins Land der Väter der einzige Ausweg aus Hitlers Massenmord an der Judenheit Europas war. Wer den Mord an den jüdischen Mitbürgern seiner Heimat vergessen wollte, hätte sich auch den Zugang zum Verständnis der Existenz des Staates Israel und des in ihm lebenden Judentums verbaut … Zum Schmerz der geschichtlichen Vergegenwärtigung tritt die Herausforderung durch den andauernden aktuellen politischen Konflikt. Ein christlicher Besucher des Heiligen Landes, der den – meist arabischen – Christen sowie Juden und Muslimen begegnet, wird unvermeidlich in die Auseinandersetzung einbezogen. Von allen am Konflikt beteiligten Seiten sieht er sein Verständnis und seine Loyalität eingefordert. Sein Dilemma ist groß. Welche politische Stellung er auch bezieht, er muß sich vor undifferenzierten Pauschalurteilen hüten. Es darf etwa seine Ablehnung von jeder Form von Gewalt als Mittel zur Lösung innen- und außenpolitischer Konflikte nicht zur feindseligen Ablehnung eines ganzen Bevölkerungsteils werden. Und besonders der Christ aus Deutschland muß allen Anfängen eines neu erwachenden Antisemitismus wehren.« (R. Rendtorff/H. Henrix (Hg.), Die Kirchen und das Judentum. Dokumente von 1945-1985, Paderborn/München 1988, 296f.)

Die theologische Wurzel der Beziehung Israels zu seinem Land ist die Landverheißung. Sie zieht sich wie ein roter Faden durch die Geschichte des Volkes. »Neben den Themen ›Bund‹ und ›Thora‹ gehört das Land-Thema zu den Grundthemen jüdischen Denkens und jüdischer Existenz bis zum heutigen Tag.« (F. Mussner, Traktat über die Juden, München ^{2}1988, 26f.) Im dritten Impuls werden einige Stellen angegeben, die die Landgabe erwähnen und sich auf verschiedene Epochen der alttestamentlichen Heilsgeschichte beziehen. Das Land Kanaan wird als »Erbteil« bezeichnet, als ein »Lehen«, das Jahwe Israel übergeben hat (vgl. Ps 105,10f.; Ps 136,21). Damit wird ein falsches Besitzverständnis von vornherein ausgeschlossen. Dies beweist auch der Verlust des Landes, den Israel verschiedentlich erlitten hat, weil es nicht entsprechend den Bundesverpflichtungen lebte. Bund und Land gehören eng zusammen. Der Prophet Jeremias formuliert den Zusammenhang mit folgenden Worten: »Wenn ihr wirklich euren Wandel und euer Tun bessert, wenn ihr wirklich Recht schafft untereinander, wenn ihr Fremdlinge, Witwen und Weisen nicht bedrückt, kein unschuldiges Blut vergießt an diesem Ort, nicht hinter fremden Göttern herlauft, euch zum Schaden, dann will ich euch an diesem Ort wohnen lassen, in dem Land, das ich euren Vätern gegeben habe, von Urzeit an bis in alle Zeit.« (7,5-7) Gerade dieser Text dürfte hilfreich sein, wenn es darum geht, die Rechte der gegenwärtig um den Besitz des Landes streitenden Völker in das rechte Licht zu rücken.

Seite 80-81 Die Elemente der beiden Seiten, Bilder und Texte, werden durch die Formulierung »Jerusalem – Stadt des Friedens?« miteinander verbunden. Das Fragezeichen erinnert an den gegenwärtigen Zustand, an die politischen Auseinandersetzungen und die religiösen Differenzen, die zwischen den drei großen monotheistischen Religionen Judentum – Islam – Christentum bestehen. Für sie alle hat die Stadt eine tiefe religiöse Bedeutung. Mit Jerusalem (»Stadt des Friedens«) verbindet man die Vorstellung vom Frieden im biblischen Sinn, nämlich in der Bedeutung des Wohl-Seins, des Heil-Seins in allen nur denkbaren Beziehungen (vgl. Treffpunkt RU 9/10, Kap. 6 »Schalom – den Frieden wünschen«, 82). Aber die gegenwärtige Wirklichkeit wird diesem Anspruch keineswegs gerecht. Und dennoch bleibt mit der Stadt die Verheißung eines umfassenden Völkerfriedens verbunden, veranschaulicht durch das Bild von der *Völkerwallfahrt,* auf dem die Vertreter aller drei großen Religionen einer Anhöhe entgegenschreiten. Dort befinden sich die Symbole der mit Israel verbundenen Religionen – Klagemauer, Felsendom, Kreuz. Insofern stellt diese Zeichnung einen Kontrast zum Bild auf der Seite 80 dar, auf dem sich diese drei Heiligtümer in räumlicher Distanz voneinander befinden. Daß aber die Völkerwallfahrt, die gegenwärtig eine Utopie ist, von Juden und Christen keineswegs als eine illusionäre Vorstellung gewertet wird, belegt die biblische Hoffnung, die im Text des Propheten Jesaja (60,1-3) ihren Ausdruck findet. »Denn im Judentum wie auch im Christentum ist Jerusalem ein bedeutsames Symbol der messianischen Erfüllung.« (J. Petuchowski/C. Thomas, Lexikon der jüdisch-christlichen Begegnung, Freiburg 1989, 176) Insofern könnte diese Verheißung ein mächtiger Antrieb für alle Religionen sein, denen diese Stadt heilig ist, die Differenzen aufzuarbeiten, die Spannungen zu beseitigen und einem Zustand entgegenzuarbeiten, der vom Ökumenischen Rat der Kirchen wie folgt beschrieben wird: »Jerusalem ist Juden, Christen und Muslimen heilig. Von daher sind sie alle dazu verpflichtet, an der Schaffung von Bedingungen zusammenzuarbeiten, die sicherstellen, daß Jerusalem eine Stadt ist, die den Anhängern aller drei Religionen offensteht, wo sie sich treffen und zusammen leben können.« (Memorandum zur Lage im Nahen Osten vom Oktober 1975, zit. nach R. Rendtorff/H. Henrix (Hg.), Die Kirchen und das Judentum, 381) Aus dieser Verheißung lebt das Gebet des jüdischen Mädchens. Es wünscht sich einen Frieden, der alle Menschen in allen Ländern der Erde umspannt. Da auf den beiden Seiten verschiedene geschichtliche und theologische Zusammenhänge angesprochen werden, ist es zum besseren Verständnis notwendig, auf einige Einzelheiten im Unterricht näher einzugehen.

Die Stadt Jerusalem, die ehemalige Jebusiter-Feste, wurde von König David erobert und zum politischen Mittelpunkt des Zwölf-Stämme-Verbandes gemacht (2 Sam 5,4-9). Nach der Übertragung der heiligen Lade, dem Wanderheiligtum Israels, wurde die Stadt auch zum religiösen Zentrum (2 Sam 6,1-19). Der Absicht Davids, einen Tempel zu bauen, widersprach der Prophet Natan auf Geheiß Jahwes mit dem Hinweis, daß sein Sohn Salomo den Tempel errichten werde. Die religiöse Bedeutung, die der Tempel für Israel hat, veranschaulicht das Tempelweihgebet des Königs Salomo. Wegen der hier formulierten Tempeltheologie sollte der Abschnitt 1 Kön 8,22-29 hinzugezogen werden. Die wichtigsten Verse lauten: »Ja, aber wohnt Gott wirklich mit den Menschen auf Erden? Siehe, die Himmel und der Himmel vermögen doch dich nicht zu fassen, geschweige denn dieser Tempel, den ich erbaut habe. Doch wende dich zu dem Gebet deines Knechtes und zu seinem Flehen, Jahwe, mein Gott, indem du auf den Ruf und die Bitte hörst, die dein Knecht heute an dich richtet. Laß deine Augen geöffnet sein über diesem Haus bei Tag und bei Nacht über der Stätte, von der du verheißen hast: Mein Name soll dort sein, um zu hören auf das Gebet, das dein Knecht nach dieser Stätte hin verrichtet.« (27- 29) Wie dieses Gebet zeigt, ist der Tempel für Israel der Ort der Gegenwart Gottes, nicht in dem Sinne, als ob seine Gegenwart nicht alles Geschaffene erfülle, wohl aber in der Bedeutung, daß angesichts der raum-zeitlichen Gebundenheit des Menschen die Ansprechbarkeit Gottes, seine hilfreiche, den Menschen wahrnehmende (»Auge«) Gegenwart (Name als Repräsentant des Namensträgers!), einer Konkretion bedarf, eines Ortes als Symbol des Gottesnamens »Jahwe« – Ich bin, der für euch da ist! Diese theologische Bedeutung des Tempels war für die frommen Juden Anlaß, am Pascha–, Wochen- und Laubhüttenfest nach Jerusalem zu pilgern. Die Wallfahrtspsalmen (Ps 122; 137,5-6; vgl. auch Ps 84 und Ps 74, in denen der Verlust, die Zerstörung des Tempels beklagt wird) geben Ausdruck der Sehnsucht, die Israel zum Tempel nach Jerusalem pilgern läßt.

Das weitere Schicksal des Tempels sollte insofern kurz besprochen werden, als zu klären ist, um was es sich bei der Klagemauer handelt. Der salomonische Tempel wurde gegen 586 v. Chr. zerstört, anläßlich der Eroberung des Landes durch die Babylonier. Nach der Rückkehr aus der Gefangenschaft wurde zunächst ein kleinerer Tempel errichtet, den Herodes der Große (37-4 v.Chr.) durch ein prächtiges Bauwerk ersetzte, das jedoch unvollendet blieb. Diesen herodianischen Tempel zerstörten 70 n. Chr. die Römer. Die sogenannte *Klagemauer,* die Westmauer des jerusalemer Tempelbezirks, wird seit dem Mittelalter von den Juden als Gebetstätte benützt. Dort versammeln sich auch die Familien anläßlich von Feiern wie Bar Mizwa (Seite 83) und Eheschließung. »Nach dem Sechs-Tage-Krieg 1967 ließ die israelitische Besatzungsmacht die angrenzenden Häuser abreißen und gestaltete das Areal vor der Klagemauer zu einer demonstrativen heiligen Stätte, die so über die herkömmliche religiöse Bedeutung hinaus den Charakter eines nationalen Symbols erhielt.« (J. Maier/P. Schäfer, Kleines Lexikon des Judentums, Stuttgart 1981, 177)

Für die Christen hat die Grabeskirche in Jerusalem eine zentrale Bedeutung. Nach Hebr 13,12 wurde Jesus »außerhalb des Tores« hingerichtet, auf der Anhöhe Golgota (Schädel) (Lk 23,33; Mt 27,33). Der Überlieferung nach hat die Kaiserin Helena dort das Kreuz Jesu aufgefunden. Der Kaiser Hadrian ließ eine Basilika, die heutige Grabeskirche, errichten, die sich im Besitz verschiedener Kirchen befindet. Aber auch wegen der Bedeutung, die die Stadt Jerusalem in der Lebens-, vor allem in der Leidensgeschichte Jesu besitzt, ist Jesusalem zu einem der ältesten Wallfahrtsorte der Christen geworden.

Den Moslems ist der Ort ebenso heilig. Auf dem ehemaligen Tempelplatz befindet sich der sogenannte *Felsendom.* Er ist insofern zu einem heiligen Ort für die Anhänger des Islams geworden, als der Überlieferung nach Mohammed von Mekka nach Jerusalem reiste und vom dortigen Tempelheiligtum aus in den Himmel aufgefahren sein soll. Unmittelbar vor dem Felsendom befindet sich die El-Aksa-Moschee. Auf der Zeichnung ist sie im unteren rechten Rand dargestellt.

3 Wie Juden ihren Glauben leben

Aus der Anzahl der reichhaltigen Ausdrucksformen des jüdischen Glaubens wurde eine Auswahl getroffen. Die Schüler und Schülerinnen werden vertraut gemacht mit dem Hauptgebet *»Höre, Israel!«,* der *Sabbatfeier,* der *Bar-Mizwa-Feier* und dem *Paschafest.* Das *Laubhüttenfest* kennen sie bereits (Schülerbuch Seite 57). Die Beschränkung erklärt sich einmal daher, daß es sich beim Gebet »Höre, Israel!« um das älteste und auch wichtigste liturgische Formular handelt. In der Feier des Sabbats und des Paschafestes wird Israel sich seiner Gottzugehörigkeit, seiner Rettung aus der Knechtschaft und seiner Berufung zu einem Leben in Freiheit bewußt. Die Auswahl erfolgte auch im Hinblick auf die Intention des Kapitels, den Zusammenhang von Judentum und Christentum sichtbar werden zu lassen. Denn das Bekenntnis zu dem einen Gott (Monotheismus) ist Juden und Christen (wie auch Muslimen) gemeinsam. Der christliche Sonntag hat sich – wie bereits im Kommentar zum Kapitel 2 erwähnt – aus dem jüdischen Sabbat entwickelt und dessen Bedeutungsgehalt in sich aufgenommen. Ebenso besteht ein Zusammenhang zwischen der christlichen Eucharistiefeier und der jüdischen Paschafeier. Beide Formen jüdischer Frömmigkeit sind besonders geeignet, das Verbindende zwischen Juden und Christen sichtbar zu machen. Deshalb läßt sich von dieser Einheit aus auch eine Brücke schlagen zu der nachfolgenden Thematik, die auf die Verwandtschaft von Juden und Christen näher eingeht. Von den lebensbegleitenden Riten wurde die Bar-Mizwa-Feier gewählt, weil sie einen Vergleich zum Firmsakrament zuläßt, dem christlichen Sakrament der Mündigkeit (vgl. Treffpunkt RU 7/8, Seite 47).

Seite 82 Das jüdische Hauptgebet ist das *Sch'ma Israel,* benannt nach seinen ersten Worten »Höre, Israel!« (Dtn 6,4-9). Es verpflichtet zur Gottesliebe, zur alleinigen Verehrung Jahwes und wird von den frommen Juden mehrmals am Tag verrichtet. In der liturgischen Feier, im Synagogengottesdienst, wird der Text noch durch Dtn 11,13-21 (er bezieht sich vor allem auf die Beobachtung der Tora) und durch Num 15,37-41 (Verpflichtung zur Darbringung der Erstlinge) ergänzt. So gehören für Israel das Bekenntnis zu dem einen Gott, die Ausrichtung des Lebens nach den Weisungen Jahwes und der Dank für das Geschenk des Landes zusammen. Der Glaube an Jahwe als den einzigen Gott hat sich erst im Verlauf der Geschichte des Volkes herausgebildet. Am Anfang stand das Gebot der alleinigen Verehrung Jahwes (Monolatrie). Andere Völker verehrten andere Götter. Ihnen durfte Israel keine Verehrung zuteil werden lassen. Erst später, seit der Babylonischen Gefangenschaft, setzte sich, nicht zuletzt als Ergebnis des prophetischen Wirkens, das Bekenntnis zu Jahwe, dem einzigen Gott, dem Schöpfer »des Himmels und der Erde«, durch (vgl. Gen 1,1; Jes 7,18-20; 8,7-10; 44,6-10). Dieser Prozeß von der Verehrung des einen Gottes zum Bekenntnis zu Jahwe, dem einzigen Gott, sollte im Unterricht nicht übergangen werden, weil in verschiedenen alttestamentlichen Texten, von denen die Schüler und Schülerinnen in anderen Zusammenhängen Kenntnis erhalten, von der Existenz anderer Götter und auch Göttinnen (z.B. Baal, Achera) die Rede ist.

In welchem Maße dieses israelitische Grundbekenntnis das ganze Leben prägen soll, zeigt sich zunächst darin, daß alle menschlichen Kräfte auf Gott ausgerichtet werden sollen. Das Gebot der Gottesliebe soll in das Herz, das in unserer Sprache als die »Mitte« der Person bezeichnet werden kann, eingeschrieben werden (vgl. Jer 31,31-34). Das Leben soll so sehr von der Ausrichtung auf Gott geprägt sein, daß das Bekenntnis anläßlich der Eckpunkte des Tagesablaufes, am Morgen und am Abend, abgelegt werden soll. Aber auch während des Tages. Bemerkenswert ist das Gebot an den Familienvater, seinen Söhnen das »Höre, Israel!« zu lehren. Hier zeigt sich ein sehr wichtiges Element der Tradierung des jüdischen Glaubens, die religiöse Sozialisation im Rahmen der Familie. Hier könnte ein kurzer Hinweis auf die Stellung der Frau in Israel angebracht sein. Der Abschluß des »Höre, Israel!« enthält noch eine wichtige Lebenserfahrung. Die hier erwähnte Anordnung, die von den religiösen Juden auch gewissenhaft beachtet wird, könnte auf die Schüler und Schülerinnen zunächst befremdlich wirken. Sie dürfte jedoch in der allgemeinen menschlichen Erfahrung begründet liegen, daß es auch der äußeren Zeichen bedarf, um an das, was für die Lebensorientierung wichtig ist, stets erinnert zu werden. Die Zeichen an Stirn und Arm nennt man Tefillin, das vom Wort Tefilla, d.h. Gebet, abgeleitet ist. Die mit Riemen am linken Arm und an der Stirn befestigten kleinen Würfel enthalten einen Pergamentstreifen, der mit den Versen des »Höre, Israel!« beschrieben ist. »Die Tefillin sollen damit .... zum Ausdruck bringen, daß Geist und Gefühl (Kopf-Tefillin) sowie das Handeln des Menschen (Arm-Tefillin) in den Dienst Gottes zu nehmen sind.« (B. Uhde (Hg.), Judentum im Religionsunterricht. Sekundarstufe II, München 1978, 97) Der Vorschrift entsprechend legt man sie »zum Gebet an, stets beim Morgengebet, gelegentlich zum Mittagsgebet und nie am Abend. Die Tefillin werden also nur tagsüber angelegt. Wenn jedoch dieser Tag ohnehin schon heilig und selbst Symbol ist, sind diese Zeichen überflüssig. Deshalb sieht man am Sabbat und an Feiertagen zur Gebetsstunde, auch bei der Morgenandacht, keine Tefillin. Wohl aber an einem gewöhnlichen Wochentag morgens. Und viele, die zu Hause beten, legen sie ebenfalls an.« (S.Ph.

De Vries, Jüdische Riten und Symbole, Wiesbaden 1981, 50) In gleicher Weise stellt die sogenannte Mesusa, die an den Türpfosten angebracht wird und ebenfalls den Text Dtn 6,4-9 auf einem Pergamentstreifen enthält, eine ständige Erinnerung an das Grundbekenntnis Israels dar. »Die muß so angebracht sein, daß man sie beim Betreten und Verlassen des Hauses bemerkt, d.h. am rechten Türpfosten. Allerdings nicht an der Außenseite, sondern an der Innenseite des Pfostens, die der anderen Innenseite gegenüberliegt, und zwar ungefähr auf Augenhöhe … Aber nicht nur an den Haustüren wird die Mesusa angeschlagen. Auch an die Eingangstore jüdischer Städte werden diese Pfostenzeichen angeschlagen. Im Haus selbst wird sie an allen Türpfosten angebracht, die in Wohnräume führen.« (De Vries, 48) Da es sich für die Schüler und Schülerinnen um eine fremde Zeremonie handelt, sollte die Gelegenheit genutzt werden, ihnen die jüdische Lebensauffassung, die enge Verbindung von Glaube und alltäglichem Leben, die hinter dieser jüdischen Symbolik steht, zu erläutern. Dazu schreibt De Vries: »Das Judentum lehnt die einfache, bedingungslose Hinnahme der materiellen Welt, das animalische Akzeptieren alles Irdischen ab. Gleichzeitig verwirft es jedoch die Verachtung alles Weltlichen als verfluchtes aber unentrinnbares Übel. Es ist sein Grundsatz, das Leben auf dieser Welt heiligzuhalten. In diesem Zusammenhang fügt sich die Mesusa ein. Sie soll das immer sichtbare, das ins Auge fallende Zeichen sein, das unaufhörlich mahnt: Heilige dein Haus! Dein Haus soll weder dein Dach noch dein Schloß sein! Es sei dein Tempel! Deshalb gibt es in der Synagoge keine Mesusa.« (49) Auch wenn im christlichen Lebensbereich die Praxis des Haussegnens zurückgegangen ist, so zeigt sich in diesem jüdischen Symbol die Nähe zur christlichen Lebensauffassung.
Der Brief eines deutschen Austauschschülers, der den *Sabbat* in einer Familie erlebt und seine Eindrücke von der sorgfältig vorbereiteten Feier dieses Tages schildert, vermittelt der Klasse einen kleinen Eindruck von der Bedeutung dieses Tages für das jüdische Volk. Vielleicht besteht die Möglichkeit, den Verlauf im einzelnen, die Vorbereitungen im Hause, die Gestaltung des Tages mit seinen Gebetszeiten und Mahlzeiten, ebenso den Ausklang des Tages bei Sonnenuntergang, zu veranschaulichen. (Vgl. hierzu De Vries, 57-70) Dies alles gibt eine Vorstellung davon, welche religiös-humanen Werte der Feier des Sabbats innewohnen. Nicht umsonst wird der Sabbat als »Königin« und »Braut« Israels bezeichnet, dessen Ankunft man freudig entgegensieht. Von der zweifachen Begründung dieses Tages, der heilsgeschichtlichen (Dtn 5,12-15) und der schöpfungstheologischen (Ex 20,8-11), war bereits in der Kommentierung des 2. Kapitels die Rede. Beide Begründungen bestimmen den Gehalt des Sabbats. Im Text des Schülerbuches wird er unter dreifachem Aspekt gesehen:
1. Wir erinnern uns an die Erschaffung der Welt: Nach Gen 2,1-3 hält Gott selbst den Sabbat; er wurde nicht von Menschen eingeführt, sondern er gehört zur Grundordnung der von Gott geschaffenen Welt. Deshalb dient der Wechsel von Arbeit und Ruhe auch dem Wohl des Menschen.
2. Wir feiern den heutigen Tag: Der Mensch darf von der Arbeit ablassen, er kann an diesem Tag »nichts anderes als Mensch sein« (E. Fromm), d. h. konkret: »Verlangsame dein Leben. Denk an die Familie und an deine Freunde. Unternimm einen langen Spaziergang. Singe Lieder, tanze, feiere, nimm dir Zeit zum Beten, Meditieren und Studieren – aber nimm dir zu allem reichlich Zeit.« (Weltreligionen – Judentum, Frankfurt/München 1978, 51) Die Verpflichtung zur Arbeitsruhe hat auch insofern eine tiefe anthropologische Bedeutung, als der Mensch dadurch angehalten wird, sich die Grenze seiner schöpferischen Kraft in Erinnerung zu rufen. »Wir können uns … angesichts unserer Allmacht für den Schöpfer halten. Aber nie dürfen wir uns von diesem Wahn beherrschen lassen. Deshalb steigen wir alle sieben Tage einmal vom Thron unserer vermeintlichen Herrlich-

keit hinab, legen den Stab des Herrschers beiseite. Eine Zeitlang schaffen wir Abstand zwischen unserer Herrschaft über die Materie und uns, diese Herrschaft, die in schaffender Arbeit, im Herstellungsprozeß zum Ausdruck kommt.« (De Vries, 64)

3. Wir denken an die kommende Welt: Die Erinnerung an den »Anfang« inspiriert zur Hoffnung auf das Ende, die Vollendung der Welt. Insofern ist das Innehalten am Sabbat eine Zeit der Ermutigung, sich dem Auftrag, die Welt in einen besseren Zustand zu verwandeln, nicht zu verweigern. Diese drei Aspekte, unter denen im Text die Sabbatfeier gesehen wird, lassen die Glaubenskraft erkennen, die der fromme Jude aus dieser Feier allwöchentlich schöpft.

Seite 83 Der Text beschreibt sehr anschaulich die *Bar-Mizwa-Feier*. An diesem Tag wird ein dreizehnjähriger Junge für religiös mündig erklärt und ein volles Mitglied der jüdischen Gemeinde, mit allen Rechten und Pflichten. Sicherlich wird sich im Unterricht die Frage stellen, ob ein Junge dieses Alters zu einer so weitreichenden religiösen Entscheidung schon in der Lage ist. Hintergrund dieser Anfrage könnte die Spendung der Firmung sein, die im allgemeinen in dieser Altersstufe erfolgt. Die jüdische Praxis ist vielleicht insofern verständlicher, als die Familie, sofern sie religiös ist, durch ihr gemäß der Tora geprägtes Leben einen nachhaltigen Einfluß auf die religiöse Sozialisation des jungen Menschen ausübt. Inzwischen gibt es in jüdischen Reformgemeinden auch eine Bat-Mizwa-Feier (»Tochter des Gesetzes«).

Seite 84-85 Der Brief, den ein jüdisches Mädchen an Martina schreibt, vermittelt eine lebendige Anschauung vom Sinngehalt der jüdischen *Pesach-Feier* (pesach = hüpfen, springen, vorüberschreiten – in Erinnerung an Ex 12,13). Die einzelnen symbolischen Handlungen, die erwähnten Speisen und der Verlauf des Mahles veranschaulichen die zentrale Bedeutung, die die Erinnerung an die Errettung aus der Knechtschaft der Ägypter für das Glaubensverständnis des jüdischen Volkes hat. Da das Kapitel 4 sich ausführlich mit dem Exodus-Ereignis und seiner alttestamentlichen Wirkungsgeschichte beschäftigt, sollten zuvor die bereits gewonnenen Erkenntnisse der Klasse ins Gedächtnis gerufen werden. Nunmehr geht es um die alljährliche, am 15. Nissan, dem ersten Monat im jüdischen Kalender (vgl. Ex 2,2) stattfindende Feier. Die Juden begehen in Erinnerung an Gottes befreiendes Handeln diese Feier im Rahmen eines symbolträchtigen, festlichen Gedenkens im Kreise der Familie. Während im Mittelpunkt des Laubhüttenfestes die Landgabe als Einlösung der Landverheißung steht, wird in der Pesach-Feier der Errettung selbst gedacht. Die reichhaltige jüdische Festkultur veranschaulicht nochmals die im Kapitel 2 entwickelte Festtheorie. Sie zeigt, wie tief Feier und Alltag das jüdische Leben durchdringen. »Bei dieser Feier wird nicht nur durch Gebet, Erzählung, Gesang und durch symbolische Erklärung von verschiedenen Speisen der Befreiungstat Gottes in der fernen Vergangenheit gedacht, sondern es wird auch der Hoffnung auf die noch zu erwartende messianische Befreiung in der Zukunft Ausdruck gegeben. Die Natur ist von den Fesseln des Winters befreit und erwacht zum neuen Leben, die Israeliten sind von der ägyptischen Sklaverei befreit, und die Hoffnung auf die messianische Wiedergeburt wird durch die Erinnerung an die Befreiung in der Vergangenheit gestärkt.« (J. Petuchowski/C. Thoma, 290)

Als Ergänzung zur Schilderung des Pesach-Festes sei noch ein Hinweis auf das *ungesäuerte Brot* (Mazze) gegeben. Dem jüdischen Fest liegt nicht nur ein altes Hirtenfest zugrunde – es wird auf der Seite 86 näher beschrieben –, sondern auch ein kanaanäisches Bauernfest, das sog. Mazzoth-Fest (= Fest der ungesäuerten Brote). Bei dieser Einrichtung aus vorisraelitischer Zeit handelt es sich um ein Erntefest. Als Dank für die neuen Früchte wird frisches Brot verzehrt, das aus dem Ertrag der neuen Ernte gewonnen wurde. Dieses Brot, das noch nicht in Gärung übergegangen, also ungesäuert ist, hat eine tiefe symbolische Bedeutung: Es verweist auf den neuen Anfang, auf die

Überwindung eines alten Zustandes, konkret gesprochen: Es erinnert an die Befreiung aus einem unterdrückten Leben und an den »wunderbaren Anfang, als Israel durch Gottes Hand mit seinem Auszug aus Ägypten eine freie Nation wurde« (De Vries, 118). Im Text wird auch kurz angedeutet, daß zur Vorbereitung der Feier das ganze Haus gereinigt und von allem befreit wird, was im vergangenen Jahr mit Gesäuertem in Berührung gekommen ist. Es findet gleichsam ein großer Frühjahrshausputz statt, der nochmals zeigt, wie groß der religiöse Reichtum der Symbole und Riten dieses Festes ist. Daß auch in diesem Land und bei diesem Volk manches zur Routine und Gewohnheit geworden ist, sollte ebenfalls erwähnt werden.

4 Was Juden und Christen verbindet

Seite 86-87

Diese Einheit stellt gleichsam die Mitte des Kapitels dar. Nachdem zuvor vom Glaubensleben der Juden die Rede war, sind Voraussetzungen dafür geschaffen, den Schülern und Schülerinnen das Gemeinsame zwischen Juden und Christen aufzeigen zu können. Damit wird aber auch die Frage aufgeworfen, wie angesichts der tiefen Übereinstimmung, der Verwandtschaft von Juden und Christen, es zur Beteiligung der Christen an der Leidensgeschichte der Juden hat kommen können.

Markante Aussagen der beiden Seiten, gleichsam Stützpfeiler des gedanklichen Aufbaus, sind folgende Sätze, die auch durch das Schriftbild hervorgehoben werden: »Nicht du trägst die Wurzel, sondern die Wurzel trägt dich« (Röm 11,18) – »Der Glaube Jesu einigt uns ...« (jüdischer Theologe) – »Jesus wird zur Brücke, auf der sich Juden und Christen begegnen können« (katholischer Theologe). Der zweite Teil des Bekenntnisses von Schalom Ben Chorin – »... Der Glaube an Jesus trennt uns« – findet im Kontext dieses Kapitels keine Erläuterung. Dennoch wird er zu berücksichtigen sein, wenn auch eine nähere Erklärung dieser Teilaussage den christologischen Kapiteln vorbehalten bleiben muß. (Vgl. Kapitel 12: »Jesus erzählt vom Reich Gottes«)

Im Bild von der Wurzel (vgl. Röm 11,13-24) veranschaulicht Paulus das grundsätzliche Verhältnis der Christen zum Judentum. Als »Zweig vom wilden Ölbaum« wurden die Heiden »in den edlen Ölbaum eingepfropft«. Somit leben die Christen aus der Kraft der Wurzel, des Judentums, aus den religiösen Quellen des Volkes Israel. Wenn auch »einige Zweige herausgebrochen wurden« – damit will Paulus sagen, daß gewisse jüdische Kreise den Anspruch Jesu nicht akzeptiert haben –, so ist die Wurzel, die Lebensbedingung des Baumes, nicht verdorrt. Die »eingepfropften Zweige« erhalten vielmehr ihre Vitalität von dieser Wurzel.

Im Unterricht könnte man mit diesem Bild beginnen. Es ist jedoch ebenso denkbar, von der Verwurzelung Jesu im jüdischen Glauben und Leben auszugehen und das in Verbindung mit den erwähnten Schriftstellen Erarbeitete abschließend in dem von Paulus verwendeten Bild zusammenfassen. Nimmt man die Aussagen der beiden Theologen hinzu, so läßt sich mit F. Mussner sagen, daß »das Judentum dabei (ist), in Jesus von Nazaret wieder seinen ›großen Bruder‹ zu erkennen, ihn ›heimzuholen‹ und der christlichen Theologie das ›Judesein‹ Jesu ins Bewußtsein zu bringen, was zur Folge hat, daß Jesus von den Christen nicht mehr nur als der gesehen wird, der sie von Israel trennt, vielmehr gerade der, der sie mit Israel in einzigartiger Weise verbindet.« (Traktat über die Juden, München ^{2}1988, 182) Was die christliche Seite betrifft, so wird ein Prozeß in Gang gesetzt, der zur tieferen Kenntnis der eigenen Glaubensüberzeugung führt.

Damit es nicht bei einer inhaltsleeren Aussage bleibt, müßte begründet werden, inwiefern Jesus ein »großer Glaubenszeuge Israels« ist und seine Wort- und Tatverkündigung im jüdischen Erbe wurzeln. Dazu folgende Anregungen:

– Die Aufmerksamkeit der Klasse könnte sich zunächst dem stilisierten Baum zuwenden, der die paulinische Symbolsprache ins Bild setzt. Die Evangelien erwähnen das Doppelgebot der Liebe an drei Stellen. Während nach Lk 10,17 der Gesetzeslehrer die von ihm gestellte Frage selbst beantwortet und Jesus der Antwort zustimmt, gibt nach Mt 22,35-40 und Mk 12,28-31 Jesus die Antwort auf die Frage des Gesetzeslehrers nach dem größten Gebot. Auf diese Fassungen nimmt das Schülerbuch Bezug. Wenn auch die Verklammerung von Gottes- und Nächstenliebe an keiner Stelle des Alten Testaments auffindbar ist – das »Höre, Israel!« erwähnt die Gottesliebe und an die Nächstenliebe erinnert Lev 19,18 –, so zeigen die neutestamentlichen Textstellen, daß diese Verschränkung zum Grundbestandteil des jüdischen Glaubens und der Verkündigung Jesu gehört.
– Jesus entstammt einer jüdischen Mutter, und damit ist das entscheidende Kriterium für die Zugehörigkeit zum jüdischen Volk gegeben (vgl. Lk 2,6f.; 2,48f.; 8,19; Röm 1,3).
– Jesu Frömmigkeit ist geprägt vom jüdischen Psalter (vgl. Lk 23,46; Ps 31,6). Er betet in der Sprache der großen jüdischen Tradition. Vor allem das Vaterunser (Mt 6,9-13; Lk 11,2-4), das Jesus seinen Jüngern als Maßstab des Betens übergab, atmet den Geist alttestamentlicher Frömmigkeit. Mit der Anrede »Vater« übersteigt Jesus keineswegs den Rahmen des Judentums – wie vielfältige Beispiele aus dem alten Testament belegen (Dtn 32,6; Ps 103,13f.; Ps 89,27; Jes 63,15f. u.a.). »Nicht Jesu Wissen um das Vatertum Gottes hat ihn von Israel getrennt und Israel von ihm, mag Jesus auch Gott als den gütigen und barmherzigen Vater besonders betont haben und sein berühmtes Gebet, das Vaterunser, auch in seiner Knappheit und Substanzhaftigkeit die Bewunderung aller Menschen verdienen … Es ist das Gebet des Juden Jesus, das auch jeder Jude ohne innere Reserven mitbeten kann, wie es heute bei gemeinsamen jüdisch-christlichen Gottesdiensten erfreulicherweise geschieht. Das Vaterunser ist das große ›Brückengebet‹ zwischen den jüdischen und christlichen Gemeinden.« (F. Mussner, 207f.)
– Jesus hat an den jährlichen Wallfahrten nach Jerusalem teilgenommen (vgl. Lk 2,41-52), wie er auch den Synagogengottesdienst besuchte und sich an der Gestaltung der Liturgie beteiligte (Mt 4,23; 9,35; Lk 4,15ff.).
– Seine Stellung zum Gesetz, zur Tora, überliefert uns das Evangelium nach Matthäus (5,17-20). Seine Auseinandersetzung mit Pharisäern und Schriftgelehrten um die Auslegung des Gesetzes zielt darauf ab, auf die Mitte der Tora, die Gottes- und Nächstenliebe, hinzuweisen und damit ihren ursprünglichen Sinn wieder freizulegen. Er wendet sich gegen eine kasuistische Auslegung, die Gott und den Menschen nicht mehr im Blick hat. Dies läßt sich am Sabbatgebot (z. B. Mk 3,1-6) und an den Reinheitsbestimmungen (Mk 7,1-23) veranschaulichen.
– Die Einwurzelung Jesu im Judentum zeigt auch sein letztes Mahl mit den Jüngern (Bild). Nach Mk 14,12-25 und Lk 22,7-23 handelte es sich um das Pascha-Mahl, in dessen Verlauf Jesus diesem Geschehen eine neue Sinndeutung gab. Die innere Verbindung zwischen dem Pascha-Mahl als Erinnerung an Gottes befreiendes Handeln an Israel und der Lebensgeschichte Jesu, deren die Jünger später in diesem Mahl gedenken sollen, ist unverkennbar. Denn in Jesu Tun findet die Freiheitsgeschichte, die mit dem Namen »Jahwe« verknüpft ist, ihren Fortgang. Durch die Worte über Brot und Wein während des Mahles gibt Jesus der Pascha-Feier, die er als Abschiedsfeier versteht, nochmals zu erkennen, worauf es ihm in seinem Leben ankam. In der Hingabe seines Lebens »für«, d.h. zugunsten der Menschen, findet seine Sorge um das Heil der Menschen, die sein Leben mitbestimmte, seinen tiefsten Ausdruck. Dabei mußte er sich nicht eines neuen Rituals bedienen. Er konnte auf die jüdische Pesach-Feier und ihren Sinngehalt zurückgreifen. Indem er den Handlungsablauf durch die Deuteworte über Brot und Wein ergänzte, drückte er das Besondere dieses Mahles in Worten und Symbolen der jüdischen Feier aus. So konnte er sich allen Teilnehmern verständlich machen. Dieser Zusammenhang zeigt, daß die Eucharistiefeier, die Ur-Feier der kirchlichen Gemeinschaft, eng mit der Pascha-Feier verbunden und ohne sie nicht verständlich ist. Im 9. Kapitel wird noch näher darauf einzugehen sein.

Gewiß wird es nicht möglich sein, im Zusammenhang mit dieser Einheit die angedeuteten Verwurzelungen Jesu im Frömmigkeitsleben des jüdischen Volkes ausführlich darzustellen. Deswegen sollte dieser Aspekt stets dort Beachtung finden, wo sich im Religionsunterricht das Jüdische in der Lebensgeschichte Jesu zeigt. Nach F. Mussner ist Jesus »die eigentliche ›Frucht‹ Israels«, seiner Ansicht nach ist »in Jesus die jüdische Existenz vor

Gott wie in einem Brennpunkt ›zusammengefaßt‹« (208). Treffender läßt sich die Beziehung Jesus – Judentum wohl nicht ausdrücken.
Der dritte Impuls auf Seite 87 spricht auch das Trennende zwischen Juden und Christen an. Es betrifft die Person Jesu. Der zweite Teil des letzten Satzes von Schalom Ben-Chorin gibt einen Hinweis: Es ist der Glaube der Christen *an* Jesus, *an* seine Messianität im Sinne der Gottesherrschaft. Das Trennende liegt also in der christologischen Deutung Jesu. Dieses nachösterlich-kirchliche Bekenntnis zu Jesus als dem Christus, dem Sohn Gottes, gründet jedoch in dem von Jesus selbst erhobenen Anspruch. Es hat seinen Haftpunkt in der vorösterlichen Wort- und Tatverkündigung Jesu. Die Theologie spricht von der impliziten Christologie. Implizit deshalb, weil Jesus seinen Anspruch, den Menschen »Heil-von-Gott-her« (E. Schillebeeckx) zu vermitteln, nicht durch die Übernahme messianischer Hoheitstitel erhoben hat, sondern auf indirekte Weise, nämlich durch sein Lehren und Wirken »in Vollmacht« (Mt 7,29). Weil dieser vorösterliche Anspruch Jesu in Verbindung mit der Erfahrung des Auferweckten als Grundlage der nachösterlichen christologischen Bekenntnisformeln zu gelten hat, muß es im Rahmen dieses Kapitels bei dem Hinweis bleiben, daß die Christen in Jesus von Nazaret den endgültigen Bringer des Heils sehen. Dieses Trennende müßte jedoch in den Kapiteln in Erinnerung gerufen werden, die sich christologischen Themen zuwenden (vgl. Treffpunkt RU 5/6, Kap. 12, Treffpunkt RU 9/10, Kap. 8 und Kap. 11).

5 Aus der Leidensgeschichte der Juden

Seite 88-89

Zu diesem Thema kann im Unterricht nur das gesagt werden, was im Kontext der bisherigen Einheiten verständlich ist. Wenn Jesus so tief im Judentum verwurzelt ist und die Kirchen aus dem großen Glaubenserbe Israels leben, wie konnte es dann überhaupt zu einer antijüdischen Einstellung der Christen, zur Erscheinung des christlichen Judenhasses kommen? Diese Frage drängt sich bei der Betrachtung des Bildes auf (Seite 88). Es macht aber auch das ganze Ausmaß der feindseligen Einstellung deutlich, die die Christen im Verlauf der Geschichte bis hin zur jüngsten Vergangenheit gegenüber den Juden eingenommen haben. Es werden Judenprogrome erwähnt, die im Gefolge der Kreuzzüge in Deutschland stattfanden. Die Schilderung über die Vorkommnisse in Worms nennt auch den Grund, weshalb Christen sich berechtigt glaubten, ihrem Haß gegenüber den Juden freien Lauf lassen zu dürfen, ihr Leben zu vernichten und das Heiligste der Juden, die Tora, zu schänden. Wenn unmittelbar anschließend von der nationalsozialistischen Judenverfolgung die Rede ist, so deshalb, weil der *rassistische Antijudaismus,* der seinen Höhepunkt in Auschwitz (Holocaust = Schlachtopfer, Ganzopfer; Shoa = Vernichtung) hat, vor dem Hintergrund der jahrhundertelangen Judenverfolgungen aus religiös-christlichen Motiven gesehen werden muß. Dieser Zusammenhang wird auch in dem Abschnitt angesprochen, der dem Synodendokument »Unsere Hoffnung« entnommen ist.
Welches Leid einer jüdischen Familie am 10. November 1938 zugefügt wurde, beschreibt Hans-Peter Richter. Er schildert nicht nur die äußerste Brutalität der SA-Horden, sondern er läßt auch die Frage zu, weshalb die Deutschen in ihrer überwiegenden Mehrheit dem grausamen Geschehen tatenlos zugesehen haben. Über die Verantwortung, die sich für uns heute hinsichtlich des Verhältnisses zu den Juden, zum Staat Israel ergibt, müßte in diesem Zusammenhang auch gesprochen werden. Die Gedenkbriefmarke mit der Aufschrift »Das Geheimnis der Erlösung heißt Erinnerung« gibt dazu hinreichend Anregungen. Das Gebet des jüdischen Jungen im Warschauer Ghetto sollte in Verbindung mit der Exodus-Tradition gebracht werden. Wirft es doch ein Licht auf die Kraft, die dem

Volk aus dieser Erinnerung erwächst und die Juden zu einem tiefen Glauben an die Gegenwart Gottes in ihrem Leid befähigt.
Zu dieser Einheit sollen *zwei ergänzende Bemerkungen* gemacht werden. Die eine betrifft den im Text erwähnten Vorwurf, die Juden hätten Jesus »umgebracht und gekreuzigt« – eine Anklage, die sich durch die Jahrhunderte zieht und immer wieder christlichen Judenhaß provoziert hat. Die andere Bemerkung bezieht sich auf den Entfremdungsprozeß zwischen Juden und Christen, der als Abgrenzung begann und nachher zur Feindschaft zwischen beiden Religionen ausartete.

– »Sie haben ihn ans Kreuz geschlagen!« Dieser Vorwurf des Messias-Mordes, des Gottes-Mordes, galt als Rechtfertigung der christlich motivierten Judenverfolgung. Was ist aus der Sicht der Theologie, vor allem der Bibelwissenschaft, dazu zu sagen?
Die Schüler und Schülerinnen wissen, daß die neutestamentlichen Zeugnisse, die Evangelien, die auf den Prozeß Jesu Bezug nehmen, nicht als Gerichtsprotokolle zu werten sind (Treffpunkt RU 5/6, 42ff.). Sie sind aus nachösterlicher Sicht, und zwar in der Absicht verfaßt, das Leiden und Sterben Jesu theologisch zu verstehen. Deshalb kann anhand dieser biblischen Glaubenszeugnisse der Prozeß Jesu, die Verantwortung der jüdischen Behörde, des Synhedriums, und des römischen Landpflegers Pontius Pilatus, nicht mehr im einzelnen aufgehellt werden – trotz vielfacher Versuche, mehr Klarheit in dieser Frage zu bekommen. Zunächst hat vor der obersten jüdischen Behörde ein Prozeß stattgefunden. Nach Ansicht der Exegeten hat das messianische Selbstbewußtsein Jesu, sein Anspruch auf die Gottessohnschaft, im Mittelpunkt der Auseinandersetzungen gestanden (vgl. Mt 26,57-68; Mk 14,53-65; Lk 22,66-71). Der Vorwurf des Hohen Rates, er sei ein Gotteslästerer, war eine Folge des jüdischen Bekenntnisses im Sinne des »Höre, Israel!«. Da die Juden jedoch nicht über die Verhängung der Todesstrafe verfügten, sondern nur die Römer, mußte der Prozeß ins Politische umgewandelt werden. Pontius Pilatus verurteilte Jesus dann zum Tode (Mt 27,11-26; Mk 15,2-16; Lk 23,13-25). »Es scheint, daß den unmittelbaren Anlaß zu einem behördlichen Vorgehen gegen Jesus die ›Tempelreinigung‹ (vgl. Mk 11,15-17) gegeben hatte; denn damit erwies sich Jesus als ein gefährlicher Störenfried, was das schiedlich-friedliche Zusammenleben mit der römischen Besatzungsmacht empfindlich gefährden konnte.« (F. Mussner, 295) Gerade die Verflechtung von religiösen und politischen Interessen macht die Komplexität der Verurteilung Jesu deutlich. Aber nach diesen Erkenntnissen kann auf keinen Fall die Schuld am Kreuzestode Jesu allgemein den Juden zugeschoben werden. Diese differenzierte Sicht bestimmt auch die Aussage des II. Vaticanum über das Verhältnis der Christen zu den Juden: »Obgleich die jüdischen Obrigkeiten mit ihren Anhängern auf den Tod Christi gedrungen haben, kann man dennoch die Ereignisse seines Leidens weder allen damals lebenden Juden ohne Unterschied, noch den heutigen Juden zur Last legen.«
– Was den *Entfremdungsprozeß zwischen Juden und Christen* betrifft, so bahnte er sich bereits in den frühen Jahrzehnten der jungen Kirche an. Wenn auch diese Entwicklung nicht Thema des Unterrichts ist, so ist doch daran zu erinnern, daß das Ereignis von Worms nicht urplötzlich stattgefunden hat. Es ist der Ausbruch einer Feindschaft, die sich bereits in den vorausgehenden Jahrhunderten immer wieder zeigte und bis in die Zeit der Entstehung und Ausbreitung der christlichen Gemeinden zurückreicht. Insofern könnte die Einbindung des mittelalterlichen Judenprogroms in größere geschichtliche Zusammenhänge für die Schüler und Schülerinnen eine wichtige Verstehenshilfe sein.
Die ersten Christen kamen aus dem Judentum. Das Neuartige der Jesus-Christus-Bewegung war von vornherein noch nicht offenkundig, so daß die Christen neben ihren eigenen gottesdienstlichen Versammlungen auch noch weiter am Synagogengottesdienst und an den jüdischen Gebetszeiten im Tempel teilnahmen (vgl. Apg 2,43-47; 3,1-10; 5,12-16). Jedoch erwuchs seitens der Juden eine christenfeindliche Einstellung, von der die Apg berichtet (4,1-22; 6,8-15; 12,1-19). Die Entfremdung wurde noch verstärkt, als die Heidenchristen, die keine Berührung mit dem Judentum hatten und ihr religiöses Leben nicht kannten, an Zahl zunahmen und sich heidenchristliche Gemeinden bildeten. Damit war eine Schwerpunktverlagerung gegeben, die das Auseinanderleben von Christen und Juden beschleunigte. Während die Juden ihre Identität in der Befolgung des mosaischen

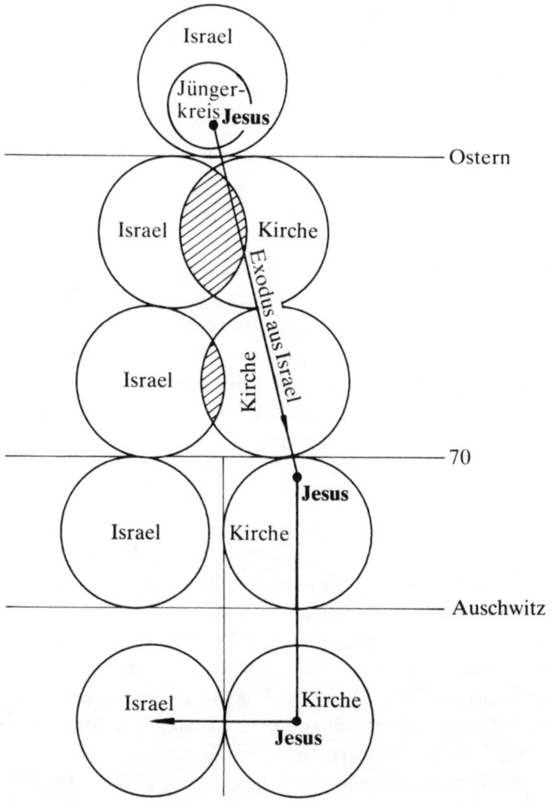

Gesetzes fanden und sich vom Glauben der Christen absetzten, grenzte sich die Kirche von den Juden ab, verfaßte ihre eigenen Schriften, die zum Zwecke des eigenen Selbstverständnisses, der Identitätsbildung, antijüdische Akzente erhielten. Dennoch hielt man auch an den alttestamentlichen Schriften fest, legte sie jedoch im Lichte des christlichen Glaubens aus. »Dieser ganze Prozeß, den man als tragisch empfinden mag, zeitigte am Ende zwei Tatbestände aus: 1. Israel und die Kirche trennten sich schon in der Zeit der Urkirche vollständig voneinander und entwickelten dabei je ihr besonderes Selbstverständnis und ihr eigenes Geschichtsbild. 2. Der Jude Jesus wurde ausschließlich Eigentum der Kirche und wird erst heute allmählich wieder von den Juden als einen der ihrigen erkannt; er wird zur Brücke zwischen Kirche und Judentum.« (F. Mussner, 251f.)

Marc Chagall (1887-1985): »Die weiße Kreuzigung« *Seite 77*

Vorbemerkung: Dieses Ölgemälde Chagalls leitet das Kapitel ein, steht aber intentional in einer Beziehung zur Struktureinheit 5 »Aus der Leidensgeschichte der Juden« Seite 88. Dort nehmen die 2. Aufgabe und die 4. Aufgabe auf Seite 89 Bezug auf dieses Bild. – Die Reproduktion im Schülerbuch kann bei der blassen Farbigkeit und der Winzigkeit des Formats im Vergleich zum Originalformat (155 x 140 cm) zwar als erste Motivation zum Betrachten dienen, doch als Arbeitsgrundlage wären ein in der Farbwiedergabe hochwertiges Dia mit einigen Detail-Dias vonnöten.
Christoph Goldmann hat eine sehr ausführliche, an Spezialinformationen und sprachlicher Aussagekraft wohl nicht zu übertreffende Erschließung dieses Bildes vorgenommen (siehe Literatur!), die ich in folgender Analyse bis in die Übernahme mancher sprachlicher Formulierungen miteingearbeitet habe.

Chagall hat das Bild in spontaner Reaktion 14 Tage nach dem Pogrom an den Juden im deutschen Reichsgebiet in der von den Nazis sog. »Reichskristallnacht« vom 9. auf den 10. November 1938 in Paris gemalt.

Es wird durch das T-förmige Kreuz und den Berg, in den es eingesenkt ist, in vier Sektoren aufgeteilt, die das entfesselte Chaos und die brutale Wucht der Judenverfolgung durch die Tiefe der religiösen Aussage in ihrem Zentrum klar gliedern. Das Bild besitzt wie im politischen Spektrum eine vom Betrachter aus gesehen linke und rechte Seite: links ist der Betrachter im Raum der russischen Heimat des Künstlers, rechts dagegen in Deutschland während der genannten Pogromnacht.

Chagall kannte Pogrome in jüdischen Gettos aus seiner Kindheit und Jugend während der zaristischen Herrschaft, im Gefolge des Umbruchs der Oktoberrevolution und vor allem dann während der grausamen Stalin-Ära, als er schon selbst nicht mehr in der Sowjetunion lebte.

In der linken oberen Ecke stürmen Menschen, wohl Soldaten, mit den roten Fahnen der Oktober-Revolution und mit Waffen herbei und wüten. Sie »achten nicht auf die Erbarmensbitte einer Frau« (Goldmann) mit ihrem Kind in ihrer Mitte oder auf das Flehen der Menschen hinter der Horizontlinie. Der vordere Soldat, wohl mit einer Handgranate, stößt sich mit seinem rechten Fuß in seinem Vorwärtsdrängen von einem Bauernhaus ab, das er in seiner Winzigkeit und Wehrlosigkeit gegenüber der Walze der revolutionären Massen umzustürzen und zu zertreten scheint. Sie scheinen sogar »den Himmel erstürmen« (Goldmann) zu wollen. Unter ihren Füßen sind die Wirkungen ihres Vorgehens klar ablesbar: Häuser, die »wie Papierschachteln« (Goldmann) durch die Luft wirbeln. Aus dem vorderen Haus schlagen Flammen, der Stachetenzaun wankt, eine ›Guernica‹-Dokumentation, wo zum ersten Mal in der Weltgeschichte durch Sprengbomben Häuser durch die Luft geschleudert wurden. Mitten zwischen den zerstörten Häusern, noch abgeschirmt von den Schergen, sitzt eine kleine Gruppe von drei Menschen, die als einzige ruhig und ratlos in Trauer und Verzweiflung auf dem Boden hockt, ohne Flucht- und Entsetzensbewegungen. Es ist wohl eine Familie: Der Mann hat eine Geige neben sich (bei Chagall ein Symbol des Künstlerseins neben der Palette mit den Pinseln), eine Frau und ein Kind. (Goldmann): Hinter den Häusern am linken Rand des Bildes liegt »ein Tier, das einzige auf dem Bild: eine Ziege neben einem Stuhl, wo sie auf ihren Herrn wartet, der täglich mit ihr hinauszog, sie grasen ließ und dabei auf seinem Stuhl saß. Aber er ist inzwischen erschlagen worden und liegt zwischen Steinen des Friedhofs. Im Gesicht des Tieres ›spiegelt‹ Chagall die ganze Szene noch einmal: Diese Ziege schaut hinein in die abbrennende und untergehende Welt der Menschen, sie lauscht hinein in die menschlichen Schmerzens- und Todesschreie – ohne verstehen zu können.« (Goldmann: Skizze)

Dem Gefälle der Horizontlinie links und des Kreuzquerbalkens nach rechts folgend trifft der Betrachter auf eine vor einem noch dunkleren Horizont von Schwarz und Grau stehende, lichterloh brennende Synagoge. Ein Fensterflügel ist aufgerissen: was innen ist, ist nach außen gekehrt. Der blaue Toraschrein-Vorhang, an einer Stange aufgehängt, ist zur Seite gezogen und in Brand gesteckt worden. Vor der Synagoge hat ein SA-Mann (SA-Uniform mit Armbinde, schwarze Schaftstiefel) den Toraschrein herausgerissen und begeht ein Sakrileg an drei den Juden außerordentlich heiligen Schriftrollen, die der Davidsstern ziert. Sein Gesicht ist ohne individuelle physiognomische Züge wiedergegeben. Es ist absolut leer und spiegelt nur den Furor des lodernden Feuers. »Im Schmutz der Straße liegen bereits:

- der Kronleuchter, der an den Gottesleuchter des Tempels, die Menora erinnern soll;
- der Chanukkaleuchter, der zu jedem Chanukkafest im Dezember acht Tage lang an den Widerstand der Makkabäer gegen einen Tyrannen (Antiochus IV. Epiphanes) erinner soll: ›Fürchtet euch vor keinem Tyrannen, leistet Widerstand, einmal wird Gott uns helfen!‹
- Gebetbücher der Juden für den Synagogengottesdienst;
- ein Stuhl, auf dem ein Frommer sich im Rhythmus der hebräischen Gebete eingewiegt hatte in die Liebe zu Gott.« (nach Goldmann)

In einem kleinen Fenster hinter einem Gitterchen leuchtet noch das ›ewige Licht‹, das die Anwesenheit Jahwes in der unverbrüchlichen Tora anzeigt und bald verlöschen wird. Die Flammen schlagen bereits über den Giebel der Synagoge hinaus, in dessen Tympanon die Löwen von Juda, die die köngliche Krone tragen (Gen 49,9-10), zu sehen sind mit dem Davidsstern darüber. Diese symboltiefe Bauzier wird über dem Tympanon bekrönt durch die beiden Tafeln der Weisungen,

die durch das millionenfache Unrecht an den Juden unendlich oft auch von auf den Namen Christi Getauften mit Füßen getreten wurden. Die Synagoge wird zerstört werden, als ausgebrannte Ruine zurückbleiben. »Die kaiserlichen Schutzfahnen« (Goldmann), die noch über ihrem Dach wehen und deren hintere in einer Kreisfläche links unten in der Vorzeichnung noch das Hakenkreuz trug, das Chagall retuschiert hat, bedeuten dem Nazi-Mob nichts.
In der unteren Hälfte wird die vielfältige Flucht der Juden gezeigt: den linken Berghang überschneidend drei Männer, die immer tiefer sinken ins Elend:
- zunächst ein einfacher Arbeiter, der eine Torarolle vor dem Untergang zu retten versucht.
- ein Alter mit hilfloser Geste, dessen Unterschenkel und Füße schon jenseits des unteren Bildrandes verschwinden. Er trägt ein großes weißes Tuch vor der Brust über seinem blauen Kaftan. Hier sind deutlich Retuschen Chagalls zu erkennen; die Vorzeichnung zeigt den ursprünglichen Text: »Ich bin Jude«. Der Künstler wollte wohl das Szenario später allgemeingültiger für alle immer wieder aufbrechende Verfolgungen verstanden wissen.
- der untere Mann mit seiner Arbeitermütze ist »schon fast herausgesunken, weinend« (Goldmann).

Darüber ein Schiff, wie richtungslos, voll mit fliehenden Menschen mit Verzweiflugsgesten, »erschöpft vor Durst oder Hunger über die Reling liegend (Goldmann). Eine Frau scheint ihr gestorbenes Kind über Bord zu werfen, »andere schreien und winken mit erhobenen Armen nach allen Richtungen von irgendwoher Hilfe herbei« (Goldmann). Einer streckt beide Arme zum Gekreuzigten hin aus. Das mag »Chagalls Darstellung jener fürchterlichen Zeitungsmeldungen (sein), nach denen jüdische Emigranten sich aus dem Reich loskaufen konnten, nach Amerika fuhren, dort wegen der bereits ausgeschöpften Einwanderungsquote von der Hafenpolizei nicht von Bord gelassen wurden und auf demselben Schiff nach Nazi-Deutschland zurückfuhren, ihre sichere Vernichtung vor Augen.« (Goldmann)
Den rechten Berghang überschneidend flieht ein Jude in seinem »grünen Kaftan mit dem Flüchtlingsgepäck im Schultersack« (Goldmann) in gewaltigen Schritten und mit vorwärtsdrängendem Oberkörper nach rechts auf den Bildrand zu und darüber hinaus. Der Rauch einer brennenden Torarolle schlägt ihm entgegen:

> »Sieh, ein Armer rennt, nur noch sein Brot im Flüchtlingssack;
> er zetert: ›Wir wollen doch nur das Stückchen Brot zum Leben!
> Wo bist du, Gott? Die Mörderhand packt uns schon;
> komm jetzt herab, laß dein Wort hören – ein Mal!«
> *(aus: Marc Chagall »Wo ist jene Taube?« Gedicht 1940-45)*

Auf dem Berg am unteren rechten Rand liegt achtlos hingeworfen ein aufgeblättertes Gebetbuch, »hundertfach benutzt, mit Spuren vieler Finger, manche Seite gewellt von Tränen, die hineingeflossen waren« (Goldmann).
Dann ist da noch eine Frau mit ihrem Säugling ganz am unteren Bildrand, »für Chagall immer das Zeichen der äußersten Erbarmungswürdigkeit, denn: die Männer können weglaufen, sich zu retten versuchen, aber eine Frau mit einem Säugling? Er wird schreien und sie doch den Häschern verraten. Und diese Frau ist die einzige Person auf dem ganzen Bild, die den Betrachter direkt anschaut« (Goldmann).
Über dem Querbalken des Kreuzes, dort in den oberen Räumen, schweben drei Männer und eine Frau, »sehr groß gezeichnet, mit Gesten des Klagens, Weinens, Entsetzens« (Goldmann) und Disputierens: Abraham mit Gebetsmantel und Gebetsschal und der Kopfkapsel mit biblischen Texten (Ex 13,1-10; Ex 13,11-16; Dtn 6,4-9; 11,13-21) als Licht über den Lebensweg (Ps 119, 105) aus der Lichtbahn nach links schwebend und voller Klage disputierend. Seine Bewegung geht auf Isaak zu, der im blauen Gebetsmantel dasitzt und in Trauergebärde den Kopf geneigt hat. Schließlich schwebt Jakob im grünen Kaftan, mit der Kippa auf dem Kopf, auf die beiden anderen zu, weinend und klagend die Hände vor den Augen.
Goldmann deutet diese Szene so: »Abraham, Isaak, Jakob, mit denen – so ging die Hoffnung des Judentums seit jeher … –: eben mit den Vätern und Müttern würden wir einst in der Gottesherrschaft zu Tische sitzen und erfahren, wie alles Leid wirklich gemeint war.« (vgl. Jes 25,6-8) »Aber diese Väter sind ratlos; zu ihnen kommt eine Frau, hier Mütterchen Rachel, gelaufen, auch sie entsetzt, …«:

›Eine Stimme ist in Rama zu hören,
ein Wehgesang, ein Weinen der Bitternis.
Rachel verweint sich um ihre Söhne,
weigert, sich trösten zu lassen um ihre Söhne,
ach, keiner ist da!‹

(Jer 31,15 in der Übersetzung M. Bubers)

Und doch, Gott löst seinen Bund mit den Menschen nicht: »Von ›weit außerhalb‹ des Bildes läßt Chagall einen hellen Lichtstrahl in das Vernichtsungsszenario fallen. Er rückt den Gekreuzigten ganz nach vorn, macht die Zentralfigur zu dem entscheidenden Thema: Um solches Menschen willen, so wird man Chagall verstehen dürfen, wird der Himmel nicht ratlos, gibt er noch nicht auf.« (Goldmann)

Die Kommentierung nähert sich von außen der Deutung des Gekreuzigten: Wird links unten noch eine Tora als das Herzstück des jüdischen Glaubens gerettet, so brennt in der rechten unteren Ecke eine aufgerollte Tora, »einst geschrieben von der kunstfertigen Hand eines frommen Toraschreibers auf aneinandergenähte Lederbahnen, Wort für Wort fehlerfrei, in leserlicher Klarheit zum Dienst Gottes, in vollständiger Treue nach der Vorlage und in der Sukzession der Überlieferung des Gottesvolkes seit dem Sinai. (Sie ist) nun der Unkenntnis und dem Haß von Uniformierten ausgeliefert.« (Goldmann) Sie brennt, kann aber in Wirklichkeit nicht verbrennen, da Gottes Wort nicht vernichtet werden kann. Der Rauch, ganz in epiphanem Weiß wie Weihrauch, zieht den Berghang hinauf zu einer Leiter, die zum Kopf des Gekreuzigten aufsteigt. Dieses Bildzeichen evoziert die Erzählung vom Traum Jakobs in Bet-El (Gen 28,12). Nach dem Erwachen aus Traum und Schlaf bekennt der Flüchtende: »Dies ist kein anderes als ein Haus Gottes, und dies ist das Tor des Himmels« (Gen 28,17). Wo also dieser Gekreuzigte hängt und aufscheint, so ist wohl Chagalls Aussagewille, ist »Haus Gottes«, das durch die gelb und rot brennenden Lichter der Menora aus dem heiligen Kult des Tempels, ist »das Tor des Himmels«, das durch die von oben hereinflutende Lichtbahn in der Tiefenschicht der Bildaussage bestätigt wird. Wer ist nun dieser den Christen vertraute, durch mancherlei Bildzeichen aber auch fremde Leidende am Kreuz inmitten des Infernos der Judenverfolgung?

Zunächst können die Schüler die ihnen vertrauten Bildzeichen benennen:

- Da ist das Bergprofil des Golgota-Ortes (Mk 15,22).
- Da ist das allzu vertraute Kreuz, das schändlichste Hinrichtungsgerät der Römer (Mk 15,24) mit dem suppedaneum, dem Stützholz.
- Am Kreuz hängt, ja schwebt angenagelt Jesus von Nazaret, blutend aus den Nagelwunden der Hände (Joh 20,25).
- Die Wunde des Lanzenstichs ist auf der linken Seite vom Betrachter aus angedeutet (Joh 19,34).
- Der Kreuzestitulus ist zweisprachig gegeben: »Jesus der Nazoräer, der König der Juden« (Joh 19,19-20). Es erscheinen zwei Schriftleisten:

  a) die in auffälliger, blutroter Farbe und gotischer Fraktur gestaltete lateinische INRI-Inschrift statt der herkömmlichen römischen Blockschrift. In diesem Schrifttyp wurde ›Völkischer Beobachter‹ gedruckt. »Mit blutigroter Frakturschrift« wurde der Gekreuzigte »von den neuen Machthabern verspottet« (Goldmann).

  b) die in schwarzer Farbe und aramäischer Schrift rechts-links-läufig gleichlautende Inschrift (nicht die hebräische Version!).

  Der Titulus in griechischer Sprache ist nicht eingetragen.

  Die lateinische Inschrift ist auf dem Querbalken stehend angebracht; die aramäische Inschrift verläuft innerhalb des Querbalkens und durchquert eindeutig den Nimbus Jesu.
- Aus der christlichen Ikonographietradition stammt das geneigte Haupt Jesu mit Bart, geschlossenen Augen und geöffnetem Mund.
- Aus der gleichen Tradition stammt der kreisrunde, in epiphanem Weiß gegebene Nimbus um den Kopf und
- die Lichtbahn, die das Kreuz und den Gekreuzigten unterfängt.

Die Schüler werden aber auch erkennen, daß eindeutig jüdische Zeichen den gekreuzigten Jesus deuten:

- Da findet sich am Fuß des Kreuzes, wo in traditionell christlichen Kreuzigungsdarstellungen, auch in russisch-byzanthinischen Ikonen, der Schädel Adams liegt, auf den das Blut Jesu herniederrinnt, um die erlösende Kraft des Todes Christi für alle Menschen anzudeuten, da findet sich hier die golden und rot brennende Menora, deren epiphan-weiße, vollkommen harmonisch-runde Lichtaura in ihrem ruhigen Leuchten eine Parallele bildet zur runden Aura um den Kopf Jesu. Damit rückt Chagall den Juden Jesus in die Nähe des Tempelkultes, wo die Menora bis zur Zerstörung durch die Römer im Jahre 70 n.Chr. brannte, in die Nähe der Schabbat-Liturgie der Synagoge und in die Nähe der jüdischen Hausliturgie an Schabbat und anderen hohen Festen, besonders des Sedermahls an Pesach. Die leuchtenden Lichter versinnbilden die im Vertrauen an Gott hingegebene Gemeinde.
- Auf dem Kopf Jesu vermißt man die traditionell dort dargestellte Dornenkrone. Statt dessen ist er »bedeckt mit einem Tuch-Zeichen des Gebetsgespräches mit dem ›Vater im Himmel‹« (Goldmann) oder mit dem »jüdischen Sterbetuch« (Goldmann).
- Es fällt das von traditionell dargestellten Kreuzigungsbildern abweichende Lenden- oder Schamtuch Jesu auf. Chagall hüllt den Leib dieses Juden am Kreuz in seinen über hundert Darstellungen des Gekreuzigten immer in den Tallit, den jüdischen Gebetsschal mit den schwarzen Streifen und den Zizijot, den Schaufäden (nach Num 15,37-40; Dtn 22,12). Diesen Gebetsschal hat der jüdische Rabbi Jesus wohl immer wieder getragen und fühlte sich durch die Zizijot an die heil-bringenden Weisungen Gottes erinnert. Hier evoziert das Kopf- und das Lendentuch auch das aus tiefster Not Jesu aufsteigende Gebet aus dem Psalter der hebräischen Bibel: »Éloi, Éloi lema sabachthani!« (Ps 22,2), das heißt übersetzt: ›Mein Gott, mein Gott, warum hast du mich verlassen!‹« (Mk 15,34 par.) Jesu Augen sind geschlossen, sein Mund aber geöffnet.

Was bedeutet Marc Chagall dieses große Zeichen des am Kreuz aufgerichteten Juden in diesem »gewaltigen Ex-Voto-«-Bild? (Haftmann, Seite 118) Chagall äußert sich dazu in einem jiddisch verfaßten Brief an seinen Freund Leneman vom 13.9.1974:

»Der›Christus‹ ist in mejn fantazie nur unser jidischer martirer, ... Viel mol hob ich gesagt, as der typ ›Christus‹ in mejne ejgene bilder ist der typ fun unserer martirer in der welt. Asoj hob ich gemacht noch in di bilder fun jor 1908 und asoj izt – nach di pogromen und in di gettos nit lang –« (zit. in: Goldmann, Dissertation, Band II, Seite B 184). Übersetzt: »Der ›Christus‹ ist in meiner Phantasie nur unser jüdischer Märtyrer, ... Viele Male habe ich gesagt, daß der ›Christus‹-Typus in meinen eigenen Bildern der Typus von unseren Märtyrern in der Welt ist. Ebenso habe ich mich an die Bilder von 1908 gemacht und ebenso jetzt – nach den Pogromen und den Gettos.« (Goldmann, Dissertation, Band II, Seite B 190)

In dieser Sicht des Künstlers repräsentiert der gekreuzigte Jude Jesus alle Leiden, Verfolgungen und Martyrien seines jüdischen Volkes in einem gewaltigen personalen Symbol. Deshalb sind die Deutungen der Gestalt des Gekreuzigten aus der Sicht der Leidensgeschichten der Evangelien hier nicht sonderlich hilfreich, da sie das Leiden des Juden Jesus von Nazaret schon im Sinne christlichen Glaubens akzentuieren, obwohl man als Religionslehrer ins Nachsinnen darüber gerät, »wie unerhört dies ist: daß ein jüdischer Künstler unserer Tage nach dem, was ihm und seinen Brüdern widerfahren ist, kein tragfähigeres und aussagekräftigeres Sinnbild dieses Leidens weiß, als das Bild der Kreuzigung, das durch die geschichtliche Gestalt Jesu von Nazaret zu einem ›Sinnbild‹ für uns geworden ist« (Rotermund, a.a.O., Seite 270).

Texte der hebräischen Bibel, die für die Deutung dieses Sinnbildes besonders hilfreich sein können, sind Psalm 22 »Leiden und Hoffnung des Gerechten« und besonders das »vierte Lied vom Gottesknecht« (Jes 52,13-53,12). Dieser leidende Gerechte, dieser die Schuld der Verfolger, Schinder und Mörder geduldig tragende Gottesknecht ist nach jüdischer Deutung das in der Geschichte, besonders aber in der Shoa, in der unendlichen Vernichtung jüdischer Menschen durch weithin getaufte Christen, die seit 2000 Jahren auf dieses Bild des Gekreuzigten blicken und vor ihm beten, dieser leidende Gottesknecht ist das jüdische Volk selbst. Das stellvertretende Leiden dieses geheimnisvollen Knechtes – nur mit Zittern sei das gesagt – bleibt nach dem Gottesknechtslied nicht ohne Sinn: es hat im Blick auf die Täter sühnende Kraft. Das Kreuz und der leidende Knecht auf ihm sind wie eine Brücke, die den unendlichen Bruch zwischen unschuldigen Opfern und schuldbeladenen Tätern in der Tiefe heilen kann. Und Gott läßt diesen leidenden Knecht nicht in der Finsternis. Vom oberen Bildrand bricht eine gewaltige Lichtbahn ein und unterfängt den Knecht, der »kein

Unrecht getan hat« (Jes 53,9). Von unten, von oben ist er von einer kreisrunden Lichtaura begleitet. »Nachdem er so vieles ertrug, erblickt er das Licht« (Jes 53,11a). So ist möglicherweise dieser »jüdische Märtyrer« am Kreuz nicht nur eine Personifizierung des leidenden Israel, sondern auch der, welcher die Verbrechen der Verfolger, Schinder und Mörder sühnte. Das Sterben des Knechts ist von Jahwe angenommen. Chagall läßt auf seinem ganzen Leib die gold-gelbe Kabod-Lichtglanzherrlichkeit Gottes leuchten.

Dies alles betrachtend dürfte es nicht schwerfallen, in dem Juden Jesus am Kreuz in diesem Werk Chagalls auch dem Christus der Christen zu begegnen.

Literatur

Christoph Goldmann: Skizze in Stichworten und Sätzen zur Deutung des Gemäldes »Die weiße Kreuzigung« von Marc Chagall [m.W. nicht veröffentlicht]

Christoph Goldmann: Aufsatz, eine Bilderschließung des Gemäldes »Die weiße Kreuzigung« von Marc Chagall [m.W. nicht veröffentlicht]

Christoph Goldmann: »Message Biblique Marc Chagall – Der Bildmidrasch eines jüdischen Malers zur hebräischen Bibel«. Band 2: Bild- und Textdokumentation. Inaugural-Disseratation zur Erlangung der Würde eines Doktors der Evangelisch-Theologischen Fakultät der Ruprecht-Karls-Universität zu Heidelberg, 1989

Werner Haftmann: Marc Chagall. Köln 1977

Hans-Martin Rotermund: Der Gekreuzigte im Werk Chagalls. In: H. Ladendorf/H. Vey (Hrsg.), Mouseion. Studien aus Kunst und Geschichte für Otto Helmut Förster. Köln 1960, Seite 265ff.

Hans-Dietrich Schütz

6 »Ihr seid unsere älteren Brüder«

Seite 90

Die beiden Fassungen der Karfreitagsfürbitte für die Juden zeigen den Wandlungsprozeß, den die katholische Kirche hinsichtlich ihres Verhältnisses zum jüdischen Volk vollzogen hat. Die schrecklichen Erfahrungen unseres Jahrhunderts haben der Theologie und der Kirche eine neue Sicht vermittelt und sie auf »vergessene Wahrheiten« aufmerksam gemacht. Sie haben »den Schleier von ihren Herzen« weggenommen und sie gelehrt, von den alten Feindbildern abzulassen und in den Juden »unsere älteren Brüder« zu sehen. In der Parabel werden die Schüler und Schülerinnen die feindseligen Gefühle und Ausschreitungen entdecken, die die Geschichte der beiden Religionen bestimmt haben. Die Besinnung auf das Hauptgebot der Gottes- und Nächstenliebe, an dem Israel sich ausrichten soll und das deshalb auch Jesus als jüdisches Erbe seinen Jüngern als grundlegende Weisung verkündet hat, verpflichtet die Anhänger der beiden Religionen, miteinander in Frieden (Schalom) zu leben. Dabei sollte die Beantwortung der Frage, wo die Wahrheit ist, dem je größeren Gott überlassen werden. Es darf wohl als eine symbolische, in die Zukunft weisende Handlung gewertet werden, daß Papst Johannes Paul II. 1986 die Juden als »unsere bevorzugten, unsere älteren Brüder« bezeichnet hat.

Literaturhinweise

A.H. Baumann (Hg.), Was jeder vom Judentum wissen muß, Gütersloh ^{6}1991.

G. Biemer u.a. (Hg.), Was Juden und Judentum für die Christen bedeuten. Eine neue Verhältnisbesinnung zwischen Christen und Juden, Freiburg/Basel/Wien 1984.

Katechetisches Institut des Bistums Aachen: Christen und Juden von den Wurzeln her verbunden, Aachen 1989.

F. Mussner, Traktat über die Juden, München ^{2}1988.

7 Ein freier Mensch werden

Paulus

Religionsbuch Seite 91-106

Das Kapitel ist in drei Abschnitte gegliedert. Der erste Abschnitt (»Wer ist Paulus?«) erwähnt seine Herkunft, seine Verankerung im Judentum, seine Gesetzesfrömmigkeit und die mit Leidenschaft betriebene Verfolgung der christlichen Gemeinden. Die Geschichte »Herr Brümmel ändert sein Leben« (Seite 94f.) soll den Zugang zum Verständnis des Damaskuserlebnisses des Paulus erleichtern. Der zweite Abschnitt (»Paulus ändert sein Leben«) geht näher auf diese Erfahrung ein. Der dritte Abschnitt (»Paulus verbreitet das Evangelium«) bietet einen Überblick über die Reisen des Paulus und vermittelt einen Eindruck von seiner Verkündigung und den Problemen, die sich aus der Weitergabe der christlichen Botschaft im außerjüdischen Raum ergeben. Ein weiterer Aspekt dieses Abschnittes ist der briefliche Kontakt, den Paulus auf seinen Reisen zu den bestehenden, von ihm gegründeten Gemeinden unterhält, aber auch sein Bemühen, die einzelnen, zunächst isoliert existierenden Gemeinden zu einer umfassenden kirchlichen Gemeinschaft zu verbinden. Den Abschluß des Kapitels bilden die Verhaftung des Paulus, seine Fahrt nach Rom und die dort erfolgte Verurteilung und Hinrichtung. Die Lebensgeschichte des Paulus, erzählt von Dietrich Steinwede, verbindet die einzelnen Abschnitte untereinander und verleiht dem Kapitel eine didaktische Geschlossenheit.

Das Thema gibt den Schülern und Schülerinnen einen Einblick in die Glaubensgeschichte eines Menschen, der sich ganz in den Dienst des Evangeliums gestellt hat. Sie ist ihnen gewiß insofern nicht leicht zugänglich, als sie durch eine besondere Erfahrung geprägt ist. Daraus ergaben sich für Paulus neue theologische Einsichten. Ihre Bedeutung wird der Klasse an den Folgerungen aufgezeigt, die Paulus daraus hinsichtlich der weiteren Ausbreitung der Kirche gezogen hat. Es sollte deutlich werden, daß das paulinische Verständnis der Botschaft Jesu Christi zu einer Freiheit führte, die erst den Überstieg des christlichen Glaubens von seinem jüdisch geprägten Entstehungsraum in eine kulturell anders geartete Welt ermöglichte. Wichtig ist auch der Hinweis, daß Paulus aufgrund seiner Verwurzelung im Judentum, seiner Begegnung mit der griechisch-hellenistischen Bildung und seines römischen Bürgerrechtes dazu befähigt war.

Bei diesem Thema muß die inhaltliche Nähe zum Kapitel 6 im Auge behalten werden. Das ist deshalb wichtig, weil die wiederentdeckte Nähe der Kirche zur Synagoge, das Wissen um die »*eine* Wurzel«, zur Grundüberzeugung des Paulus gehört (vgl. Röm 11,13-24), wenn auch sein Schrifttum dazu im Widerspruch stehende, unakzeptable Aussagen über das jüdische Volk (z.B. 1 Thess 2,15) enthält, die den kirchlichen Antijudaismus gefördert haben.

Das Bild Rembrandts »Paulus im Gefängnis« verweist auf verschiedene Elemente des Kapitels. Es bietet sich deshalb an, im Verlauf der Unterrichtsreihe sich stets auf das Eingangsbild zu besinnen. Das Bild zeigt einen nachdenklichen, mit der Abfassung eines Schreibens beschäftigten Mann, auf einer Liege sitzend, umgeben von Büchern. Sie lassen auf ein intensives Studium schließen. Durch das vergitterte Fenster, das an eine Gefängniszelle denken läßt, fällt ein heller Lichtstrahl, der einen Teil der rückwärtigen Wand erhellt und den Kopf des Paulus gleichsam mit einem Heiligenschein versieht. Sein linker *Seite 91*

Fuß ist mit einer Sandale bekleidet, der rechte steht auf einer Sandale. Sie erinnern an die weiten Fußmärsche, die Paulus auf seinen Reisen durch Kleinasien und Griechenland unternommen hat. Im Raum befindet sich, an die Liege angelehnt, ein Schwert. Es stellt – ebenso wie das Buch – ein ikonographisches Attribut des Paulus dar. Mit Bezug auf Hebr 4,12 »... denn lebendig ist das Wort Gottes, kraftvoll und schärfer als jedes zweischneidige Schwert ...« symbolisiert es die eindringliche, den tiefen Gehalt der Botschaft Jesu freilegende Verkündigung des Apostels, die an die Juden, vornehmlich jedoch an die Heiden gerichtet ist. Das Schwert läßt es wohl kaum zu, an eine Gefängniszelle zu denken. Wenn eine Beziehung zur Lebensgeschichte des Paulus denkbar ist, dann wohl die Begebenheit, von der in Apg 28,16-30 berichtet wird. Paulus befindet sich in Rom und erhält die Erlaubnis, eine eigene Wohnung zu beziehen. Er wird zwar von einem Soldaten bewacht, aber er verfügt über so viel Freiheit, daß er mit den führenden Juden Roms ein theologisches Gespräch führen kann. »Vom Morgen bis in den Abend hinein erklärte und bezeugte er ihnen das Reich Gottes und versuchte, sie vom Gesetz des Mose und von den Propheten aus für Jesus zu gewinnen.« (Apg 28,23)
Somit vereinen sich in dem Bild Rembrandts viele Aspekte der Gestalt des Paulus: Seine Verwurzelung in den Schriften Israels, sein Bemühen, die Botschaft Jesu Christi im Kontext einer neuen, vom Hellenismus geprägten Gedankenwelt zu ergründen; seine Missionsreise, sein brieflicher Kontakt mit den christlichen Gemeinden und das Ziel seines Missionsdranges, Rom, wo er sich nunmehr befindet und seiner Verurteilung entgegensieht.

1 Wer ist Paulus?

Seite 92-93

Die beiden ersten Seiten gehen in kurzen Zügen auf die Lebensgeschichte des Paulus bis zu der entscheidenden Wende ein. Sein Geburtsjahr ist nicht genau festzustellen. Als Stephanus starb (um 36 n. Chr.), war Paulus ein Jüngling (Apg 7,58). Wie die Apostelgeschichte zu berichten weiß, ereilte ihn der Anruf Gottes vor Damaskus (9,1-22). Bedeutsam für sein späteres Wirken sollten die Beziehungen werden, die ihn mit dem Judentum, der griechisch-hellenistischen Kultur und dem römischen Staat (vgl. 21,39) verbinden. Natürlich muß im Unterricht vor allem auf die jüdische Herkunft, seine tiefe Verankerung in der vom Gesetz vorgeschriebenen Frömmigkeit eingegangen werden. Das erklärt dann auch seine so leidenschaftliche Verfolgung der christlichen Gemeinden. Sein »Profil« beschreibt er selbst in Gal 1,13-14. Auf die einzelnen Aussagen des Textes müßte näher eingegangen werden. Sie enthalten für die Schülerinnen und Schüler nicht geringe Verstehensschwierigkeiten. Deshalb seien einige *Erläuterungen* gegeben:
Paulus entstammt der jüdisch-hellenistischen Diaspora (Tarsus). Das Diasporajudentum zeichnete sich vor allem durch eine strenge Bindung an die jüdischen Bräuche aus (Sabbatheiligung, Beschneidung, Speisegesetze u.a.). Dadurch grenzten sie sich von der einheimischen Bevölkerung ab, vermochten ihre Identität zu wahren und ihrem Ursprung treu zu bleiben. In Phil 3,5 kommt Paulus auf seine jüdische Herkunft und Erziehung zu sprechen. Daran erinnert auch sein ursprünglicher Name Saulus. Nach Apg 22,3 hat Paulus zu Füßen des in hohem Ansehen stehenden Pharisäers Gamaliel gesessen. Von ihm wurde er »nach dem Gesetz der Väter ausgebildet«.
Paulus selbst entschied sich für die Richtung der *Pharisäer* (vgl. Apg 23,6) und hatte, wie der wiederholte Hinweis auf seinen Eifer zeigt (Phil 3,6; Gal 1,13), eine besondere Nähe zum Zelotismus. Der Zelotismus »bezeichnet eine religiös-militante Grundeinstellung, die im Engagement für die überlieferte Religion und das Gesetz bis zum Äußersten geht, bis zum Martyrium, aber auch bis zum bewaffneten Widerstand, zur Anwendung

von Gewalt. Paulus war ein solcher *Zelot,* der vor Gewaltanwendung nicht zurückschreckte; das hat er als ›Verfolger der Kirche‹ faktisch bewiesen.« (J. Blank, Paulus. Vom Jesus zum Christentum, München 1982, 19) Um die Wende im Leben des Paulus richtig zu erfassen und zu werten, muß zuvor über die bis dahin sein Leben bestimmende Grundeinstellung nachgedacht werden.

Paulus versteht sich als Pharisäer, der sich gewissenhaft nach dem Gesetz richtet und sich mit großem Eifer für die Verwirklichung der gesetzlichen Bestimmungen im Leben des jüdischen Volkes einsetzt. Unter dem *Gesetz* (Tora = Lehre, Weisung; das rabbinische Judentum verwendet das Wort halakha = Gehen, Wandern, Weg) ist zunächst der Dekalog zu verstehen. Ferner gehören dazu die Speise- und Reinigungsvorschriften wie auch die Zeremonialgesetze, die das kultische Leben, z.B. den Gottesdienst, regeln. Neben den schriftlichen Bestimmungen zählen zum Gesetz auch die mündlichen Überlieferungen, der sog. »Zaun um das Gesetz«, dessen Sinn darin liegt, das Gesetz auf die sich wandelnden Lebensbedingungen, die konkreten Lebensumstände des Alltags hin auszulegen. So gab es eine große Anzahl von gesetzlichen Vorschriften, die das Leben nicht gerade erleichterten. Allerdings muß hier auch bedacht werden, daß die Verwendung des Begriffes »Gesetz« Mißverständnissen ausgesetzt ist. Nicht-Juden stehen in der Gefahr, damit Vorstellungen wie Legalismus, Werkgerechtigkeit bzw. Leistungsideologie zu verbinden. Diese Assoziationen führen in die falsche Richtung. Sie stehen im Widerspruch zur jüdischen Gesetzesauffassung (vgl. hierzu Ps 40,9; 19,8-9: Treffpunkt RU 5/6, 17). Es sollte deshalb auch daran erinnert werden, daß die alttestamentliche Gesetzgebung im Rahmen des Bundesschlusses erfolgte. Die Juden verstehen die Befolgung des Gesetzes als Antwort auf die ihnen zuvor geschenkte Zuwendung Jahwes, die keinerlei Ansprüche ihm gegenüber erlaubt.

Welche Bedeutung der Dekalog (Ex 20,1-17; Dtn 6-21) im einzelnen hat, ist bereits in den Kapiteln 1 und 3 erörtert worden. Hier sollen lediglich noch einige Ausführungen zu den Speise- und Reinheitsvorschriften wie auch zum Sinn der *Beschneidung* gemacht werden. Gerade diese Bestandteile der Tora sind Gegenstand des später zu besprechenden Konflikts, weil sie der Ausbreitung der Kirche über den jüdisch-christlich geprägten Raum hinaus im Wege standen. Die *Speisevorschriften* werden in Lev 11 und Dtn 14 im einzelnen aufgeführt. »Was immer auch der Ursprung – oder besser: die Ursprünge – der Speisegesetze sein mag, der einzige Grund, den die Bibel selbst für diese Gesetze angibt, ist die Forderung, daß die Israeliten ›heilig‹ sein sollen, wobei ›heilig‹ gleichbedeutend mit ›abgesondert‹ und z.T. auch mit ›asketisch‹ ist. Die Israeliten sollen sich vom Heidentum ›absondern‹ und sich auch in der Selbstdisziplin üben.« (J. Petuchowski/C. Thoma, Lexikon der jüdisch-christlichen Begegnung, 374) Die Speisevorschriften erschweren die Tischgemeinschaft zwischen Juden und Heiden, und da diese Form des Zusammenseins eine der wichtigsten Formen der Kommunikation ist, bewirken sie eine nahezu vollständige Abgrenzung. Diese strenge Auflage wurde zunächst nur der Priesterschaft Israels gemacht. Später galten sie allen Juden, in Erinnerung an den priesterlichen Charakter des ganzen Volkes (vgl. Ex 19,6). An dieser Ausweitung waren vor allem die Pharisäer interessiert. Sie befolgten die Vorschriften mit äußerster Gewissenhaftigkeit. Gleiches trifft auch für die Reinheitsgesetze zu. Gewisse Tiere galten als unrein (Lev 11), ebenso geschlechtliche Beziehungen (Lev 15,16-18), auch Vorgänge, die mit der Sexualität in Beziehung stehen, etwa Geburt (Lev 12) und Menstruation (Lev 15,19-24). Auch die Berührung eines Leichnams führte zur Unreinheit. Vorstellungen dieser Art finden wir bei verschiedenen Völkern des Orients. Vermutlich handelt es sich um ein archaisches Tabu, das jedoch in Israel vor allem den Sinn der Abgrenzung, der Unterscheidung von den Nicht-Juden hatte und religiös begründet war (vgl. Lev 11,43-47). Diese levitischen Reinheitsbestimmungen wurden von den Pharisäern und den Rabbinern nicht nur sorgfältig beachtet, sondern bis in die letzten Konsequenzen reflektiert und ausgearbeitet.

In diesem Zusammenhang muß auch von der *Beschneidung* gesprochen werden. Sie wird zum Anlaß einer erbittert geführten Streitfrage. Der Ritus ist bei verschiedenen Völkern verbreitet. Die

Juden führen seine Verbindlichkeit auf Abraham zurück (Gen 17,9-14). Die Beschneidung gilt seitdem als Zeichen des Bundes zwischen Jahwe und Israel. Seit der Babylonischen Gefangenschaft und in den nachfolgenden Jahrhunderten, in denen das jüdische Volk um die Wahrung seiner Identität als Bundesvolk sehr besorgt sein mußte, wurde der chirurgische Eingriff als unverzichtbar, ja als göttliches Gebot verstanden.

Seite 93 Der Text *Gal 1,13-14* gibt uns einen Einblick in das religiöse Selbstverständnis des Paulus vor seiner Wende. Als Angehöriger der pharisäischen Richtung nimmt er die Verpflichtung zur Gesetzestreue in dem soeben beschriebenen Umfang sehr ernst. Allen, die sich an das Gesetz nicht halten – und dazu gehören auch diejenigen Juden, die inzwischen Anhänger Jesu geworden waren und sich der christlichen Bewegung angeschlossen hatten – sagt er den Kampf an. Welchen Verlauf nimmt diese Bewegung? Welche Gründe veranlassen Paulus zu einem solchen Radikalismus?

Zur christlichen Gemeinde in Jerusalem gehörten zunächst aramäisch sprechende Juden, die aus Palästina stammten und die christliche Botschaft annahmen. Wenn auch diese Juden-Christen, die als »Hebräer« bezeichnet wurden, sich schon zu eigenen Gottesdiensten versammelten (vgl. Apg 2,43-47), so hielten sie doch weiterhin Kontakt zur jüdischen Gemeinde. Sie nahmen an den jüdischen Gebetszeiten teil und hielten das Gesetz, die Speisegesetze und die Reinheitsbestimmungen. Der Jerusalemer Gemeinde gehörten auch griechisch sprechende Juden an. Sie entstammten der Diaspora und wurden als »Hellenisten« bezeichnet. Obwohl sie auch noch an der jüdischen Frömmigkeitstradition festhielten, nahmen sie ihr gegenüber eine kritischere Stellung ein, vor allem hinsichtlich der Bestimmungen, die primär der Abgrenzung dienten. Diese Einstellung lag in dem Glauben an Jesus Christus begründet, den sie durch seine Auferweckung durch Gott als den erwarteten Messias ausgewiesen sahen. Zunehmend wurde ihnen bewußt, daß Gott nunmehr Juden und Heiden gleichermaßen den Weg zum Heil eröffnet habe. Weil sich aus ihrer Sicht ein »neuer Weg« – in der Apostelgeschichte werden die Christen als »Anhänger des neuen Weges« bezeichnet (9,2) – gezeigt hatte, räumten sie den Speise- und Reinheitsbestimmungen, auch der Beschneidung, nicht mehr den Rang ein, den sie in den Augen der frommen, gesetzestreuen Juden hatten, ja, man hielt sie aufgrund der Auferweckung Jesu, mit der eine neue Zeit angebrochen war, für überholt. Wer jedoch in Jesus nicht den Messias, die Erfüllung der Hoffnung Israels zu sehen vermochte, konnte die Freiheit vom Gesetz nur als Verstoß gegen den göttlichen Willen werten, den sie in der Tora niedergelegt sahen. Das mußte zur Auseinandersetzung führen, zur Verfolgung der juden-christlichen Gemeinden. Stephanus erlitt als erster das Martyrium (Apg 6,8 - 7,53). In diesem Zusammenhang wird Paulus (Saulus) erstmalig erwähnt. »Saulus aber versuchte die Kirche zu vernichten; er drang in die Häuser ein, schleppte Männer und Frauen fort und lieferte sie ins Gefängnis« (Apg 8,3). Die Verfolgung der Urgemeinde war für viele Juden-Christen der Anlaß, Jerusalem zu verlassen und in die Gegenden von Judäa und Samarien zu fliehen, so auch nach Damaskus, wo es bereits eine christliche Gemeinde gab. Sie bestand vorwiegend aus Nicht-Juden, aus Christen, die dem griechisch-hellenistisch geprägten Kulturraum entstammten. Als Heiden-Christen fühlten sie sich den jüdischen Gesetzesbestimmungen noch weniger als die Juden-Christen verpflichtet. So wurden auch sie verfolgt.
Paulus tat sich in dieser Auseinandersetzung besonders hervor (vgl. Phil 3,5). Auf dem Weg nach Damaskus trat für ihn eine grundlegende Wende ein, mit dem Ergebnis, daß auch er sich zu Jesus, dem Messias, bekannte und den »neuen Weg« verkündete, deren Anhänger er bisher bis zum äußersten verfolgt hatte (Apg 9,1-9).

Seite 94-97 Die Geschichte »Herr Brümmel ändert sein Leben« soll den Schülern und Schülerinnen den Zugang zum Verständnis des so einschneidenden Wandlungsprozesses im Leben des Paulus erleichtern helfen. Gerade weil sie so unrealistische Züge trägt, ist zu erwarten, daß sie erahnen läßt, welcher Prozeß sich im Leben des Apostels abgespielt haben muß.

Die Geschichte beschreibt das Leben eines Büroangestellten, das sich nicht nur durch eine große Regelmäßigkeit auszeichnet, sondern in sehr engen Grenzen verläuft, nämlich auf die Welt der Zahlen und des Zählens fixiert ist. Alle Ereignisse ordnet Herr Brümmel seiner »Zahlenwelt« zu. Selbst die Beziehungen zu seiner Frau werden davon überlagert. Weil auch er selbst unter dieser Fixierung, der eingeschränkten Wirklichkeitswahrnehmung leidet, unternimmt er verschiedene Versuche, seinem »Käfig« zu entfliehen. Jedoch wird er stets von seinem inneren Drang, alles zusammenzählen zu müssen, eingeholt. So überfällt ihn Unzufriedenheit und Angst. Die Befreiung erfolgt durch einen Anstoß »von außen«, durch eine Situation, die ihn unerwartet seinem von Zwängen gesteuerten Tagesablauf entreißt und zum Nachdenken veranlaßt. Plötzlich sieht er die Welt nicht mehr durch die Brille der Zahlen, sondern er vermag seine reale Umgebung zu erblicken, die Vielfalt menschlicher Personen und Tätigkeiten. Diese Erfahrung wird für Brümmel zur Initialzündung: Er verliert seine Angst, tritt in eine neue Beziehung zu sich selbst, und es kommt ein Prozeß in Gang, der zu einer radikalen Distanzierung von seiner bisherigen »Zahlenwelt« führt. Der Prozeß ist so einschneidend, daß er diesen Tag als eine Zäsur ansieht und ihn als seinen Geburtstag bezeichnet. Wenn auch das Leben nach der Wende nicht weiter geschildert wird, so läßt der Ausstieg aus seinem bisherigen »Lebenshaus« den Einschnitt erahnen.

2 Paulus verändert sein Leben

Seite 98-99

Die beiden Seiten stellen eine thematische Einheit dar. Zunächst werden die Selbstzeugnisse des Paulus aufgeführt. Auf der rechten Seite befindet sich der Farbholzschnitt von Thomas Zacharias. Der Künstler hat sich am Bericht der Apg 9,1-9 orientiert. Den Selbstzeugnissen des Paulus ist der Vorzug zu geben, weil sie im Unterschied zur Apostelgeschichte einen höheren Grad an Authentizität besitzen. Die lukanische Fassung wurde erst viele Jahre später niedergeschrieben.
Die graphische Darstellung auf der linken Seite, in die die entsprechenden paulinischen Texte eingezeichnet sind, veranschaulicht die »von außen«, »von oben« erfolgte, sein Leben verändernde Einwirkung. Paulus verwendet deshalb auch eine passivische Ausdrucksform: »... Gott hat mir seinen auferstandenen Sohn gezeigt (geoffenbart)...«. Nach 1 Kor 15,8 ist ihm der gekreuzigte und auferweckte Christus »erschienen«. Die Wende entspringt nicht seiner eigenen Initiative; sie ist vielmehr durch Gott, durch Jesus Christus erfolgt, dessen Botschaft ihm »aufleuchtete« bzw. »einleuchtete«. Wie dies geschah, um welche Erfahrungen es sich gehandelt hat, entzieht sich unserer Kenntnis; sie sind auch nicht adäquat zu versprachlichen und deshalb auch nicht mitteilbar. Leo Baeck, ein Jude, sagt dazu: »Das erste, was wir sehen, ist ein zentrales Erlebnis, um das sich alles dreht. Der Punkt, von dem alles abhängt, auf den alles im Leben des Paulus zurückweist, in dem sein Glaube sein Leben wurde, ist die Vision, die ihn überwältigte, als er eines Tages den Messias sah und seine Stimme hörte. Diese Vision wurde sofort und blieb die zentrale Tatsache im Leben des Paulus. Über ein solches Erlebnis läßt sich nicht diskutieren. Man muß damit anfangen, um Paulus zu verstehen, seine Persönlichkeit sowohl als sein Bekenntnis.« (Der Glaube des Paulus, in: ders., Paulus, die Pharisäer und das Neue Testament, Frankfurt 1961, 9) Wie einschneidend diese Erfahrung gedacht werden muß, läßt sich an den Auswirkungen, den Folgerungen ermessen, die Paulus daraus gezogen hat. Er verwendet gegensätzliche Begriffe bzw. Formulierungen: »Gewinn – Verlust«, »alles aufgegeben«, »halte alles für Unrat, um Christus zu gewinnen« (Phil 3,7-9). Was bedeutet das alles? Hat Paulus seine jüdische Vergangenheit aufgegeben und sich von Israel, dem jüdischen Glauben radikal losgesagt? Sieht er eine Unvereinbarkeit zwischen der jüdischen Torafrömmigkeit und dem Glauben an Jesus Christus? Handelt es sich im Leben des Paulus um eine Bekehrung, vielleicht sogar um einen Bruch, oder nur um eine Wende, die die Kontinuität zu seiner bisherigen Glaubenssicht und Lebenspraxis nicht

vollständig aufhebt? Diese Fragen betreffen den Zusammenhang, der zwischen diesem Kapitel und dem 6. Kapitel »Aus *einer* Wurzel – Juden und Christen« besteht.

Wie das Zitat von L. Baeck zeigt, ist die Erfahrung der Auferweckung des Gekreuzigten, die Begegnungserfahrung mit Jesus Christus vor Damaskus, für die religiöse Neuorientierung des Paulus von grundlegender Bedeutung. Als Jude vermochte er in der Lebensgeschichte des Jesus von Nazareth, die am Kreuze endete, nicht den Anbruch des messianischen Heiles zu erblicken. Für diese Einschätzung sprach einmal Jesu gesetzeskritisches Verhalten (Reinheitsgesetze – Speisegesetze: Mt 15,1-20; Mk 7,1-23; Lk 11,37-41), vor allem sein schändlicher Tod am Kreuze, der ihn als einen von Gott »Verfluchten« (Gal 3,13) auswies. Wer eines solchen Todes sterben mußte, konnte kein Gesalbter (Messias), kein »Gesegneter« sein. Wie fern den Juden die Vorstellung eines gekreuzigten Messias lag, zeigt die Reaktion der Emmausjünger (vgl. Lk 24,13ff.). Weil sie Jesus keine messianische Würde zusprechen konnten, war für die Juden mit ihm auch noch nicht die messianische Zeit, die Erfüllung der Hoffnungen Israels, angebrochen. Somit blieb für sie das Gesetz in seinem ganzen Umfang in Gültigkeit, ja, die Beobachtung des Gesetzes sicherte weiterhin die Identität Israels und blieb deshalb auch die Voraussetzung für das Kommen des verheißenen Messias. Wie es für Paulus, der zuvor mit seinem ganzen Herzen ein »gesetzestreuer Jude« sein wollte, selbstverständlich war, sich »mit größtem Eifer für die Überlieferung« seiner Väter einzusetzen (Gal 1,13f.), so war es für ihn nach der Offenbarung vor Damaskus ebenso selbstverständlich, eine gesetzeskritische Haltung einzunehmen. Denn nachdem ihm geoffenbart worden war, daß der Gekreuzigte lebte, also nicht gescheitert war, sondern auferweckt, d. h. von Gott bestätigt wurde, kam er zu der Erkenntnis, daß der Teil des Gesetzes, der der Aufrechterhaltung der jüdischen Identität, der »Heiligkeit« des Volkes im Sinne der Absonderung diente, seine Bedeutung verloren hatte. Wenn Paulus in diesem Zusammenhang von »Unrat« spricht, so handelt es sich zweifellos um eine Übertreibung. Was Paulus aber auf keinen Fall außer Kraft gesetzt sehen möchte, ist das Gesetz im Sinne des Dekalogs (vgl. Treffpunkt 5/6, 16f.). In Gal 5,14 bezieht er sich auf diesen Teil der Tora, der, wie er ganz im Sinne Jesu betont, seine Zusammenfassung im Gebot der Gottes- und Nächstenliebe findet (vgl. Mt 22,34-40). Im »Hohelied der Liebe« (1 Kor 13) spricht Paulus sehr eindrucksvoll davon. Deshalb steht dieser Text ebenfalls auf dieser Seite. Erinnert man sich daran, daß das Hauptgebot zum Grundbestand der jüdischen Frömmigkeitstradition gehört (Treffpunkt 5/6, 82ff.), so wird deutlich, daß Paulus durch seine Hinwendung zu Jesus Christus keineswegs mit seiner jüdischen Vergangenheit gebrochen hat, sondern seinem jüdischen Erbe verwurzelt blieb. Jedoch sieht er dieses Erbe im Lichte der Lebensgeschichte Jesu Christi, seines Todes und seiner Auferweckung. Oder um ein anderes Bild zu verwenden: Paulus vermag den Reichtum dieses Erbes tiefer auszuloten. Für ihn ist durch Jesus Christus der bisherige, dem jüdischen Volk geoffenbarte Heilsweg insofern an ein Ende gekommen, als sich nunmehr ein Weg aufgetan hat, der von den gesetzlichen Vorschriften befreit ist, die den heidnischen Völkern befremdlich sind, ja ihnen nicht zugemutet werden können. Weil der Kern des Gesetzes, die »Zehn Weisungen« (Dekalog), seine Konkretition und Erfüllung in der Lebenspraxis Jesu findet, kann Paulus sagen, daß »Christus das Ende des Gesetzes« (Röm 10,4) sei.

Den Schülern und Schülerinnen wird es gewiß einige Schwierigkeiten bereiten, die Konsequenzen zu verstehen, die Paulus aus dem Damaskuserlebnis gezogen hat. Die Schwierigkeiten liegen nicht zuletzt darin begründet, daß er, wie es in Phil 3,5-6 geschieht, undifferenziert vom Gesetz spricht. Einige Formulierungen wecken sogar den Verdacht, er ziehe einen radikalen Trennungsstrich zwischen sich und seiner jüdischen Herkunft. Damit dieses Mißverständnis nicht auftaucht, ist es notwendig, die Worte in Erinnerung zu rufen, die von seiner auch weiterhin bestehenden tiefen Verwurzelung im jüdischen Erbe Zeugnis ablegen. Hier zeigt sich die Grenze des Vergleichs mit der Geschichte »Herr Brümmel ändert sein Leben«. Was Brümmel vollzieht, tut Paulus nicht: Er »streicht« nicht alles mit »roter Farbe« an, um seine Vergangenheit unkenntlich zu machen, sie gleichsam »auszulöschen«. Deshalb ist sorgfältig zu überlegen, wie die Position des Paulus »vor« und »nach« dem Damaskuserlebnis zu beschreiben ist. Sieht man den

Unterschied darin, daß er sich von einem übereifrigen Verfolger der Christen zu einem glühenden Anhänger Jesu Christi wandelte, so ist der Vergleich mit der Brümmel-Geschichte angebracht. Denkt man jedoch daran, daß Paulus seinen jüdischen Glauben im Lichte der Person und des Wirkens Jesu von Nazaret neu sehen lernt, also einen »neuen Weg« (vgl. Apg 9,2) entdeckt, auf dem er das große Glaubenserbe Israels mitzunehmen vermag und es nicht zwangsläufig hinter sich lassen muß, so ist der Unterschied zur Brümmel-Geschichte nicht zu übersehen. Was sich im Leben des Paulus vollzieht, ist eine Wende im Sinne einer Neuorientierung. Deshalb bleibt er – wie es in Röm 9-11 begründet und in seinen Auseinandersetzungen mit seinen Gegnern betont wird (Röm 11,1; 2 Kor 11,22) – auch nach der Erfahrung vor Damaskus seiner glaubensmäßigen Herkunft verbunden. J. Blank bezeichnet Paulus als einen »zum Evangelium bekehrten Juden« und schreibt: »Er hat in diesem Evangelium die eschatologische Erfüllung seiner jüdischen Hoffnungen erblickt und keineswegs etwas diesem Judentum Fremdes. Und er hat gesehen, daß mit dem Evangelium das Heil zu den Völkern kommen sollte, daß dieses Evangelium der neue gottgewollte Heilsweg war; insofern kann man sagen, daß Paulus sich von der Tora zum Evangelium bekehrt hat, genauer vom Heilsweg der Tora zum Heilsweg Evangelium.« (Paulus. Von Jesus zum Judentum, 20f.)
In der von Lukas verfaßten Apostelgeschichte wird die Wende dreimal erwähnt (9, 1-9; 22,6-11; 26,12-18) – ein Zeichen für die Bedeutung dieses Ereignisses im Leben des Paulus und für die Kirche. Inwiefern in dieser erzählerischen Ausgestaltung des Damaskus-Erlebnisses historische Elemente vom Verfasser verarbeitet wurden, entzieht sich unserer Kenntnis und spielt für den Unterricht auch keine Rolle. Die Übereinstimmungen zwischen den Selbstzeugnissen des Paulus (Phil 3,5-9; Gal 1,15f.) und der lukanischen Darstellung sind jedoch unverkennbar.
Der *Holzschnitt* versucht, in Anlehnung an den lukanischen Text das Geschehen ins Bild *Seite 99* zu setzen. Der gelbe, von oben herabkommende und zunächst auf das Gesicht des vom Pferde stürzenden Paulus gerichtete gelbe Strahl – ein Symbol für das Licht des Evangeliums und die Initiative Gottes – geht darüber hinaus und taucht das sich im Vordergrund des Bildes befindende Gesicht des Apostels in ein helles Licht. »Seine angespannte Nachdenklichkeit, die horchende Drehung des Kopfes, sein gebanntes Lauschen, der fragende, bohrende Blick, der ins Unbestimmte geht« – dies alles regt dazu an, sich in den Prozeß einzudenken, der sich in Paulus aufgrund des göttlichen Anrufs vollzieht. (G. Lange, Bilder des Glaubens, München 1978, 124) Das in die linke Richtung stürmende Pferd, ein Symbol für Intelligenz, Schnelligkeit, Kraft und Kampfbereitschaft, unterstreicht in Verbindung mit der entgegengesetzten Blickrichtung des Paulusgesichtes im Vordergrund die Bekehrung vom Christenverfolger zum Christusverkünder. Die Wende wird ebenfalls durch das Antlitz und die Richtung des vom Pferde stürzenden Paulus angezeigt. Es sei auch noch auf das blaue Gewand des Paulus hingewiesen. Blau bezeichnet in der Farbsymbolik die Tiefe, die Dimension des Göttlichen. Sie gilt zugleich als Hinweis, daß ein Mensch zu sich selbst, seiner Mitte gefunden hat. Denken wir beides zusammen, so könnte diese Farbgestaltung an Gal 2,20 erinnern: »Nicht mehr ich lebe, sondern Christus lebt in mir.«

3 Paulus verbreitet das Evangelium

Dieser Abschnitt, der sich mit dem weiteren Verlauf des Lebens und Wirkens des Apostels befaßt, ist in mehrere Einheiten unterteilt. Die thematische Auswahl erfolgte unter den Gesichtspunkten, ob es sich um eine grundsätzliche Frage handelt, mit der sich die Kirche im Verlauf ihrer Geschichte oftmals zu beschäftigen hatte, bzw. ob sich aus der Thematik konkrete Anregungen und Hinweise für die heutige kirchliche Praxis ergeben. Die Schüler und Schülerinnen erfahren zunächst, weshalb Paulus, wie in der Kapitelüberschrift geschehen, als ein »freier Mensch« bezeichnet werden kann. Dies geschieht in Verbindung mit der Frage, welche Bedingungen die Heiden zu erfüllen haben, damit sie in die kirchliche Gemeinschaft aufgenommen werden können (Seite 101). Es wird sich zeigen, daß der von Paulus verkündete »neue Weg«, der die Kirche zur Weltkirche werden ließ, in der kirchlichen Praxis auf erhebliche Widerstände stieß. In dieser Umbruchsituation mußte eine generelle Entscheidung getroffen werden, die die Einberufung einer Kirchenversammlung voraussetzte. Auch die Vorstellung, die Paulus von einer christlichen Gemeinde hat, ist für das kirchlich-gemeindliche Leben heute von großer Bedeutung (Seite 102). Natürlich sollte auch die Person des Paulus, sein unermüdlicher Einsatz für die Ausbreitung des Evangeliums, sein Martyrium in Rom, behandelt und den Schülern und Schülerinnen nahegebracht werden (Seite 100, 103, 105f.). Was Christsein bedeutet, läßt sich nur an Menschen veranschaulichen, die aus dieser Botschaft leben und ihr im alltäglichen Leben Gestalt verleihen. Die Gründung vieler unterschiedlicher Gemeinden, die weit voneinander entfernt und in kultureller Hinsicht unterschiedlich geprägt sind, wirft die Frage auf, was getan werden kann und welche Maßnahmen speziell Paulus ergriffen hat, um die einzelnen Gemeinden, die er auf seinen Missionsreisen gründete, in Kontakt untereinander zu bringen und zur kirchlichen Gemeinschaft zu verbinden (Seite 104). Es handelt sich hier um eine wichtige Aufgabe, die gerade heute, wo die Kirchen der verschiedenen Erdteile sich um ihre je eigene Gestalt im Sinne der Inkulturation bemühen und zugleich ihre Verbundenheit untereinander zu wahren haben, ein zentrales gesamtkirchliches Problem darstellt.

Seite 100 *»Alles hat sich verändert: Paulus predigt von Jesus Christus.«*
Dietrich Steinwede orientiert sich in seiner Darstellung der ersten Jahre des missionarischen Wirkens des Paulus vor allem an Gal 1,15-24. Dort erfahren wir, daß Paulus nach seinem Damaskuserlebnis »keinen Menschen zu Rate« zog, auch nicht sogleich nach Jerusalem hinaufzog zu denen, die vor ihm Apostel waren, vielmehr sich nach Arabien begab und dort das Evangelium verkündete. Lukas weiß noch von Begebenheiten zu berichten, die sich nach der Wende ereignet haben, vor allem seine dramatische Flucht aus der Stadt (Apg 9,10-25). Sie bleiben im Schülerbuch unberücksichtigt. Für den Unterricht ist es wichtig, auf die Eigenständigkeit des Paulus aufmerksam zu machen, auf seine Überzeugung, von Jesus Christus selbst zum apostolischen Dienst der Verkündigung des Evangeliums beauftragt und ermächtigt worden zu sein. Über die Zeit, die Paulus in der Wüste bis zu seiner Rückkehr nach Damaskus verbracht hat, haben wir keine Erkenntnisse. Was danach geschah, erfahren wir aus Gal 1,18-24. Seine erste Rückkehr nach Jerusalem hat den Zweck, Petrus »kennenzulernen«. Jakobus, den Bruder des Herrn, hat er lediglich »gesehen«. Der Aufenthalt währt auch nur 14 Tage. Aus diesen Bemerkungen ist die besondere Stellung des Petrus in der Jerusalemer Gemeinde zu erkennen. Indem er gerade zu ihm Kontakt aufnimmt, zeigt sich, daß Paulus nicht seine eigene Erfahrung verabsolutiert, sondern die Verbindung mit der Urgemeinde sucht, deren Repräsentant Petrus ist.

Seite 101 *»Wie können Nicht-Juden Christen werden?«*
Inzwischen ist Paulus in Antiochien, einer Gemeinde, die zum großen Teil aus Heiden-Christen bestand und ihre Gründung denen verdankte, die anläßlich der Verfolgung der Jerusalemer Gemeinde nach dort geflohen waren. In der Stadt wirkte auch Barnabas. Er wandte sich an Paulus, der inzwischen in seiner Heimatstadt Tarsus das Evangelium

verkündete, und bat ihn, nach Antiochien zu kommen (vgl. Apg 11,19-26). Welches Problem sich dort stellte und welche Lösung gefunden wurde, ist dem zweiten Abschnitt der Erzählung von Steinwede zu entnehmen. Paulus berichtet davon in Gal 2,1-10. Lukas schildert die Vorgänge ausführlicher. Er kann auf Erzählungen zurückgreifen, die in den Gemeinden angesichts der Bedeutung der Geschehnisse tradiert wurden. Die Unterschiede in den beiden Darstellungen sind nicht gravierend. Die Thematik ist die gleiche. Es handelt sich um eine Streitfrage, die die Gemeinde in Antiochien spaltet und wegen ihrer Bedeutung für die Zukunft der Kirche nur auf höherer Ebene, nämlich in Jerusalem, entschieden werden muß. Worum geht es?

Juden-Christen, die aus Jerusalem gekommen waren, stellten die Forderung auf, Heiden, die den christlichen Glauben annehmen und durch die Taufe Mitglied der Gemeinde werden, bedürften zusätzlich der Beschneidung. Sie müßten gleichsam zuvor Juden werden, um Christ sein zu können. Dieses Ansinnen löste in der Gemeinde eine »große Aufregung und heftige Auseinandersetzungen« (Apg 15,2) aus. Der Ritus war den Heiden-Christen auch völlig fremd und unverständlich. Paulus, der in der Gemeinde zusammen mit Barnabas das Evangelium Jesu Christi verkündete, hatte diese Forderung auch nicht erhoben und war für die Freiheit von dieser gesetzlichen Bestimmung des Judentums eingetreten. Er hielt die Beschneidung nunmehr nicht mehr für notwendig und war sich auch bewußt, daß diese Bindung eine Fessel bedeute und die Ausbreitung der christlichen Botschaft über den jüdischen Raum hinaus unmöglich machen würde. Die Kirche würde zu einer Sekte werden, zu einer kleinen Gemeinschaft, die eigenmächtig die universale Kraft ihrer Botschaft beschneide und auf den jüdischen Raum beschränkt bleiben würde. Für Paulus stand die Zukunft der Kirche auf dem Spiel! Die Streitfrage bedurfte einer grundsätzlichen Klärung. Bevor man sich dem weiteren Gang der Auseinandersetzung und der Lösung des Problems zuwendet, sollten die Schüler und Schülerinnen darauf aufmerksam gemacht werden, daß die junge Kirche in dieser Frage nicht auf eine Weisung Jesu zurückgreifen konnte. Sie mußte eine Lösung finden, die seinem Geiste entsprach. Dieser Aspekt ist für das Kirchenverständnis von grundlegender Bedeutung. Denn hier zeigt sich eine das Leben der Kirche stets bestimmende Spannung, die Spannung zwischen der »Treue zum Evangelium« und der »Treue zu den Menschen«.

Was Paulus besonders erregt und ihn veranlaßt, von »falschen Brüdern« zu reden, von »Eindringlingen, die sich eingeschlichen haben, um die Freiheit, die wir in Christus Jesus haben, argwöhnisch zu beobachten und uns zu Sklaven zu machen« (Gal 2,4), ist die von den sog. Judaisten vertretene Ansicht, die bisher geltende Bindung an die ganze Tora sei auch weiterhin Voraussetzung für die Erlangung des Heils. Es muß deshalb im Unterricht geklärt werden, was unter dieser Freiheit, von der Paulus redet, zu verstehen ist und weshalb er als ein »freier Mensch« bezeichnet werden kann.

Ein Aspekt klang bereits an. Freiheit meint im Hinblick auf die Beschneidung – sie steht hier wiederum stellvertretend für die anderen gesetzlichen Bestimmungen, die Israels Identität als Volk Jahwes schützen sollten – die Befreiung von einer zeitbedingten religiösen Ausdrucksform. Die Außerkraftsetzung dieser Vorschriften, begründet in dem Bekenntnis zu Jesus Christus als dem erwarteten Messias, eröffnet dem christlichen Glauben den Weg zur Völkerwelt, zu den Heiden. Ihnen fühlt sich Paulus aufgrund seiner Bildung und seines römischen Bürgerrechtes in Gottes Auftrag besonders verpflichtet (vgl. Gal 2,9).

Die Befreiung vom Gesetz in dem bezeichneten Sinn eröffnet zudem den Blick für das, was für den christlichen Glauben grundlegend ist. Es ist die allen Menschen – Juden wie Heiden – ohne jede Vorleistung zuteil werdende Zuwendung Gottes in Jesus Christus. Diese zunächst abstrakt klingende Glaubensaussage läßt sich durch einen Vergleich veranschaulichen. Es gibt die Zuwendung der Eltern zu ihrem Kind, bzw. allgemein formuliert, die liebende Bejahung der Existenz eines Menschen, der nichts besonderes aufzuweisen hat, dem aber dennoch Liebe zuteil wird, und zwar in »radikaler« Form (radix = Wurzel). Sie kommt in dem Satz zum Ausdruck: Es ist gut, daß es dich gibt! Menschen, die eine solche Erfahrung machen, wissen sich befreit von der Sorge, ihre Liebenswürdigkeit erst einmal beweisen, die Zuwendung zunächst verdienen zu müssen. Solche Erfahrungen mindern die existentielle Befürchtung, auf sich allein gestellt zu sein, sich auf niemanden verlassen, keinem Menschen Vertrauen schenken zu können. Ängste dieser Art machen unfrei. Wo der Mensch sich nicht ganz sicher ist, ob er mit einer solchen unverdienten Zuwendung rechnen darf, ist es verständlich, wenn er bestrebt ist, sich durch eigenes Bemühen ein Anrecht auf Zuwendung und Liebe verschaffen zu wollen.

Dieser Vergleich erleichtert das Verständnis der Positionen, die in dem antiochenischen Streitfall von den Judaisten einerseits und von Paulus andererseits vertreten werden. Im Mittelpunkt der Auseinandersetzung steht die Heilsfrage, die Gottesbeziehung. Die Juden-Christen, die den Konflikt auslösten, leben in der Angst, ob sie vor Gott bestehen können. Sie glauben, mit Gottes liebender Zuwendung nur dann rechnen zu können, wenn sie in ihrem Leben das ganze Gesetz, die Tora mit all ihren Bestimmungen beobachten. Aus dieser Sorge, sich zunächst Gott gegenüber liebenswürdig machen zu müssen, sind sie bestrebt, sich an die gesetzlichen Forderungen wie Beschneidung, Speisevorschriften u. a. zu halten und sie gewissenhaft zu erfüllen. Das verlangen sie auch von den Christen in Antiochien. So kommt es zum Konflikt. Ihnen gegenüber vertritt Paulus aufgrund seines Verständnisses des Evangeliums, das ihm in der Christusvision zuteil wurde, die Freiheit von diesen Forderungen der Tora. Er verteidigt die Auffassung, daß die Gültigkeit, der verpflichtende Charakter der gesetzlichen Bestimmungen, die der Abgrenzung Israels von den anderen Völkern dienten und den Zusammenhang des Volkes ermöglichen sollten, zeitlich begrenzt sei und nunmehr ein Ende gefunden habe. Wer jedoch die Beobachtung der Vorschriften als eine Gott gegenüber zu erbringende Leistung verstehe, habe ihren Sinn nicht begriffen. Um die Befreiung von dieser, dem christlichen Glauben nicht gemäßen Forderung, geht es in der Zurückweisung des von den Juden-Christen vertretenen Ansinnens, die Heiden müßten bei ihrem Übertritt zum christlichen Glauben nicht nur getauft, sondern zuvor auch beschnitten werden.

Wie wird der Konflikt gelöst? Nach den Ausführungen in Gal 2,1-10 wird Paulus von Jakobus, Kephas (Petrus) und Johannes, die »als ›Säulen‹ Ansehen genießen«, ermächtigt, die Freiheit von der Beschneidung zu praktizieren. Die Altapostel wollen sich hauptsächlich der Verkündigung an die Juden, den Beschnittenen, widmen und ihren Vorstellungen Rechnung tragen. Zum »Zeichen der Gemeinschaft« reichen sie Paulus und Barnabas die Hand. Die Geste ist ein Ausdruck der Verbundenheit trotz unterschiedlicher pastoraler Praxis. Einheit im Glauben, so bekunden die Apostel, verlangt nicht Einheitlichkeit im Handeln. »Treue zum Evangelium« und »Treue zu den Menschen« müssen sich nicht widersprechen.

In der Apostelgeschichte wird der Verlauf dieses sog. *Apostelkonzils* noch ausführlicher erzählt, und zwar aus der Sicht einer späteren Zeit. Gegebenenfalls könnte man im Unterricht auf diesen Abschnitt zurückgreifen (15,1-35).

Abschließend sei noch F. Mussner zitiert. Seine Ausführungen stellen die kirchenamtliche Entscheidung insofern in einen größeren Zusammenhang, als er auf ihre Auswirkungen hinsichtlich der Weiterentwicklung der Kirche, aber auch des Judentums, aufmerksam macht. Er faßt die Konsequenzen dieser Entscheidung wie folgt zusammen: »1. Das Heidenchristentum geht nun allmählich seine eigenen Wege, getrennt vom Judenchristentum. 2. Das Judenchristentum geht ebenfalls seine Wege, getrennt vom Heidenchristentum. 3. Der Weg des Heidenchristentums führte von sich aus auch zur endgültigen Trennung vom Judentum, was das Judenchristentum (Jakobus!) vermeiden wollte. 4. Das Judenchristentum verliert damit an Bedeutung, aber auch an Zahl, so daß die Kirche immer mehr eine heidenchristliche Kirche wird. 5. Nicht das Judentum, vielmehr das Judenchristentum wird, soweit es an den Thesen der ›Judaisten‹ festhält, ein Anachronismus. 6. Der Heilsweg führt für alle, auch die Juden(christen), allein über den Glauben an Jesus Christus.« (Die neue Echterbibel, Bd. 5: Apostelgeschichte, Würzburg ^{5}1988, 89).

»Wie Paulus sich die Gemeinde der Christen vorstellt« *Seite 102*

Der Abschnitt aus dem 1. Korintherbrief (11.20-27.33) vermittelt einen Eindruck vom Anspruch, unter den Paulus die Gemeinde stellt. Man erhält aber zugleich auch Kenntnis von ihrem tatsächlichen Zustand, nämlich vom Verhalten einiger Mitglieder, das im Widerspruch zu den Vorstellungen des Paulus steht und die Gemeinde insgesamt in ihrer Glaubwürdigkeit beeinträchtigt. Für die Schüler und Schülerinnen ist es wichtig, beide Aspekte kennenzulernen. Zum Verständnis der kritischen Ausführungen des Apostels diene folgende Erläuterung:

Paulus betrat die Stadt Korinth zum ersten Mal auf seiner zweiten Missionsreise. Sein Aufenthalt fällt in die Zeit zwischen 49 und 52 n.Chr. und dauerte ungefähr 1 1/2 Jahre. Die Stadt verfügte über zwei Häfen und entwickelte sich nach ihrer Neugründung als römische Kolonie um 27 v.Chr. zu einem bedeutenden Handelszentrum. Die Bevölkerung wies in sozialer Hinsicht ein großes Gefälle auf. Neben einer reichen Oberschicht gab es einen Handwerkerstand und eine große Anzahl von Lohnarbeitern und Sklaven. Von der Ankunft und Aufnahme des Paulus erzählt die Apostelgeschichte (18,1-17). Er predigt in der Synagoge, stößt dort jedoch auf Widerstand. Es kommt zur Gründung einer christlichen Gemeinde, die anfänglich vielleicht nur 10-20 Mitglieder umfaßt. Von Korinth begab sich Paulus nach Ephesus, wo er vermutlich um das Jahr 52 n.Chr. den 1. Korintherbrief verfaßte. Es handelt sich um einen Antwortbrief, ausgelöst durch verschiedene Anfragen der korinthischen Gemeinde. Sie wandte sich an Paulus, weil verschiedene Probleme der Klärung bedurften und eine Stellungnahme seinerseits zu Mißständen notwendig war, die sich nach seiner Abreise in der korinthischen Gemeinde eingestellt hatten. Der briefliche Kontakt war eines der wichtigsten Mittel, dessen Paulus sich auf seinen ausgedehnten Missionsreisen bediente, um nach seiner oftmals nur kurzfristigen Anwesenheit im Gespräch mit den Gemeinden zu bleiben. »Auch wenn bittere Worte fallen, so fallen sie aus enttäuschter Freundschaft heraus in der Absicht, das gute Verhältnis wiederherzustellen. Ein Brief ist in diesem Sinn ein Wort der Liebe.« (Die neue Echterbibel, Bd. 7: H.J. Klauck, 1. Korintherbrief, Würzburg ^{3}1992, 13)

Um welchen Mißstand handelt es sich in Korinth? Die gemeindlichen Zusammenkünfte, die am Sonntagabend (vgl. 1 Kor 16,2) im Hause eines Gemeindemitgliedes stattfanden, bestanden aus einem Sättigungsmahl und der sich anschließenden Eucharistiefeier, dem Herrenmahl. Zwischen dem Verhalten einiger Teilnehmer beim vorhergehenden Sättigungsmahl und dem Sinngehalt des eucharistischen Mahles tat sich ein Widerspruch auf. »Die wohlhabenderen Gemeindemitglieder, die freier über ihre Zeit verfügen können, treffen schon früher ein. Sie bringen Proviant mit, der für alle reichen soll, beginnen aber schon für sich zu tafeln und geraten in angeheiterte Stimmung. Sklaven und Lohnarbeiter, die den Haushalt ihres Herrn oder ihrer Arbeitsstätte nicht eher verlassen dürfen, finden bei ihrem späten Kommen vom Sättigungsmahl, zu dem sie aus eigenen Mitteln nichts beizusteuern haben, bestenfalls noch kärgliche Reste. Am Schluß des Mahles steht die sakramentale Doppelhandlung über Brot und Wein.« (H.J. Klauck, 81)
Ist schon allein das gemeinschaftswidrige Verhalten der Reichen gegenüber den Armen während des Sättigungsmahles skandalös, so ist der scharfe Tadel des Paulus erst recht

angebracht, wenn man an das sich anschließende eucharistische Mahl denkt. Worin besteht der Widerspruch? Weil das Kapitel 8 ausführlich auf die Eucharistiefeier eingeht, sei hier nur das gesagt, wovon die Schüler und Schülerinnen Kenntnis erhalten sollten, damit sie den Vorwurf verstehen, den Paulus der Gemeinde macht.
Die Einsetzungsworte, vor allem die Deuteworte über Brot und Wein – »Das ist mein Leib für Euch« – »Dieser Kelch ist der Neue Bund in meinem Blute« –, erinnern an das Verhalten Jesu, an seine Solidarität mit den Menschen. Dieser Gesinnung hat Jesus beim Abschiedsmahl – »in der Nacht, in der er ausgeliefert wurde« – in dem Doppelgestus bleibenden Ausdruck verliehen. Dabei ist zu bedenken, daß »Leib« und »Blut« nicht lediglich Bestandteile des menschlichen Körpers bezeichnen, sondern für die Person insgesamt stehen. Die Deuteworte haben somit den Sinn: Das bin ich für euch! Sie drücken also sein Mitsein, sein Interesse am Wohl eines jeden Menschen aus. Wenn darum die Gemeinde sich zur Eucharistiefeier versammelt, verpflichtet sie sich in Erinnerung an Jesu Handeln zu ebensolchem Tun. Unsolidarisches Handeln und Feier des Herrenmahls widersprechen sich, ja sie stehen in einem krassen Widerspruch zueinander. Deshalb mußte das Verhalten einiger Gemeindemitglieder in Korinth bei Paulus scharfen Protest auslösen. Generell gesprochen geht es hier um den Zusammenhang von Gottesdienst und alltäglichem Leben. Eucharistisches Mahl und soziales Engagement bedingen einander. Sie stellen die beiden Brennpunkte einer christlichen Gemeinde dar. Ein weiteres Argument, das Paulus zu einer so heftigen Reaktion veranlaßt, ergibt sich aus seinem Vergleich der christlichen Gemeinde mit dem menschlichen Leib, dessen Glieder alle aufeinander angewiesen sind. Darauf macht der zweite Impuls aufmerksam. Was die Formulierung des zweiten Textes – »Wenn ihr also zum Mahl zusammenkommt, meine Brüder, wartet aufeinander!« – konkret bedeutet, sollte im Unterricht in Verbindung mit dem dritten Impuls herausgearbeitet werden.

Seite 103 *»Paulus setzt sich unermüdlich für das Evangelium ein«*
Diese Seite soll den Schülern und Schülerinnen einen kleinen Eindruck von den Schwierigkeiten vermitteln, die sich für Paulus anläßlich der Verkündigung des Evangeliums ergaben. Schwierigkeiten, die ihm auch von seinen Gegnern in Korinth bereitet wurden. Man kann wohl davon ausgehen, daß der 2. Korintherbrief u. a. Fragmente eines zuvor verfaßten Briefes, des sog. Tränenbriefes, enthält, die uns in den Kapiteln 10-13 vorliegen. Paulus rechnet in diesem Schreiben mit all jenen Kräften ab, die sich während seiner Abwesenheit gegen ihn richten, ihn verleumden und so seine Autorität zu untergraben versuchen. Der Text auf der Schriftrolle ist diesem Abschnitt entnommen. Wer diese Paulusgegner im einzelnen sind – sie werden als Wanderprediger, auch als Überapostel bezeichnet –, ist nicht ganz klar. Die Vorhaltungen, die sie Paulus machen, lassen sich seiner Verteidigungsrede entnehmen. Was wird Paulus vorgeworfen?

Seine Gegner vermissen bei ihm eine entsprechende Rednergabe, über die ihrer Meinung nach jemand verfügen muß, der mit dem Anspruch apostolischer Vollmacht auftritt. Paulus gesteht seine Schwäche ein, vertritt aber ebenso deutlich die Auffassung, daß nicht die Form, sondern der Inhalt seiner Rede, die Bezeugung des Evangeliums, ihn als Apostel ausweise. Er nehme – ein weiterer Vorwurf – auch kein Geld für seine Arbeit, er verzichte auf das Recht, von der Gemeinde unterhalten zu werden. Deshalb könne er auch kein richtiger Apostel sein; er habe im Grunde »nichts zu verkaufen«. Was jedoch den Apostel veranlaßte, von diesem Recht keinen Gebrauch zu machen und für seinen Unterhalt selbst zu sorgen, lag in der Absicht begründet, den Gemeinden »nicht zur Last zu fallen« (vgl. 1 Thess 2,9).
Die scharfen Angriffe auf seine Person entkräftet Paulus mit dem Hinweis, daß er die gleiche Abstammung besitze wie sie (Hebräer – Israelit – Nachkomme Abrahams). Deshalb hätten sie auch

keinen Grund, sich ihm überlegen zu fühlen. Was jedoch ihre Selbstbezeichnung »Diener Christi« betreffe, so könne er diesen Titel in weit höherem Maße beanspruchen – wie seine Lebensgeschichte beweise! Was auf den ersten Blick als »Prahlerei« erscheint – Paulus ist sich dessen bewußt und bezeichnet sich auch als »Narr« –, ist in Wirklichkeit ein Akt der Selbstverteidigung. Er rechtfertigt sich in der Form des Zeugnisgebens, ausgelöst durch die persönlichen Angriffe seiner Gegner, die seine Integrität als Apostel Jesu Christi beschädigen wollen.

Mag auch manches, was in dieser Auseinandersetzung, der Abrechnung des Apostels mit seinen Gegnern, zur Sprache kommt, jungen Menschen nicht leicht zugänglich sein, so könnte das Gespräch über folgende Aspekte für ihre persönliche Entwicklung hilfreich sein: 1. Paulus ist von einer »Sache« fasziniert, und zwar so ergriffen, daß er sich ihr mit seiner ganzen Person verschreibt und bereit ist, dafür Verfolgungen, Unterstellungen und Gefahren auf sich zu nehmen. 2. Paulus verfügt über ein gesundes Selbstwertgefühl, das ihn zu einer sachlichen, argumentativen Auseinandersetzung mit seinen Gegnern befähigt. 3. Trotz der vielen Angriffe und Beschwerden spüren wir bei ihm keine Anzeichen von Resignation, von Entmutigung. Seine Verbundenheit mit der korinthischen Gemeinde leidet keinen Schaden; er bleibt ihr weiter in Liebe zugetan. Das wirft die Frage auf, was ihn zu einer solchen Reaktion befähigt. Darüber sollte ein Klassengespräch geführt werden, weil sich hier die Gelegenheit bietet, »indirekt« und »praktisch« über die Kraft zu sprechen, die der christliche Glaube denen schenkt, die sich darauf einlassen.

»Wie Paulus sich die Verbindung unter den Gemeinden vorstellt« *Seite 104*
Die Bemühungen des Paulus, die in den unterschiedlichen Regionen des jüdischen und griechisch-hellenistischen Raumes entstandenen Gemeinden untereinander in Kontakt zu bringen, wird in Beziehung gesetzt zur Praxis in heutigen Pfarrgemeinden, einen lebendigen Austausch mit Partnergemeinden in der Dritten Welt zu pflegen. Hier bietet sich ein gegenwartsbezogener Ansatzpunkt an. Es ist jedoch auch möglich, der didaktischen Struktur des Kapitels zu folgen und vom Korinthertext auszugehen und anschließend den Bezug zur Gegenwart herzustellen. Was der Praxis »damals« und »heute« gemeinsam ist, ist das Wissen um die Zusammengehörigkeit aller christlichen Gemeinden – in welcher Region der Welt sie sich auch befinden mögen und welche kulturbedingte Eigenart sie auch haben!

Paulus hatte schon zuvor die Gemeinde gebeten, die Christen in Jerusalem finanziell zu unterstützen. Die Aktion war ins Stocken geraten und wird von Paulus der Gemeinde wieder in Erinnerung gerufen, veranlaßt durch die spontane und großzügige Hilfe, die die Gemeinden in Mazedonien der Urgemeinde in Jerusalem gewähren. Er bittet seinen Mitarbeiter Titus, nach Korinth zu fahren und die dortige Gemeinde zur Wiederaufnahme des Hilfswerkes zu bewegen (2 Kor 8,1-6). Beim letzten Satz (2 Kor 8,15) handelt es sich um einen abgewandelten Vers aus dem Buch Exodus (16,18). Er bezieht sich auf die Mannaspeisung und besagt im hiesigen Zusammenhang, daß zwischen der reicheren und der ärmeren Gemeinde ein Ausgleich geschieht, so daß alle das zum Leben Notwendige zur Verfügung haben. Dem Apostel liegt dieser Austausch aus zwei Gründen am Herzen: Er möchte die besondere Stellung, die der Jerusalemer Gemeinde als Ursprungsort der Kirche zukommt, hervorheben. Zum anderen geht es ihm um den Zusammenhalt der judenchristlichen und der heidenchristlichen Gemeinden; er ist nicht selbstverständlich, wie die Auseinandersetzung in Antiochien gezeigt hat.

Hier kündigt sich ein Problem an, das in den späteren Jahrhunderten der Geschichte der Kirche immer wieder auftaucht: Die Wahrung der kirchlichen Einheit in der Vielfalt gemeindlicher Ausprägungen. Heute, im Zeitalter der wachsenden Selbständigkeit der Kontinente und der damit einhergehenden unterschiedlichen Entwicklungen der Teilkirchen in den einzelnen Erdteilen, zeigt sich das Problem besonders deutlich. Das Unterrichtswerk nimmt jedoch darauf nicht ausdrücklich Bezug, wohl aber auf die Aufgaben, die sich unseren Gemeinden angesichts der wirtschaftlichen Schwierigkeiten und des sozialen Elends in vielen Regionen der Welt stellen. Die Hilfswerke dürfen sich jedoch nicht auf den materiellen Bereich beschränken. Sie sollten vielmehr, wie die angegebenen Texte aus dem 2. Korintherbrief andeuten, vom Geist christlicher Geschwisterlichkeit getragen sein und so eine gegenseitige Stärkung im Glauben bewirken. Exemplarisch und symbolhaft wird das deutlich an den Fotos aus dem Leben einer deutschen Gemeinde, in der einerseits durch einen Hungermarsch die Partner in Indien unterstützt werden und in der andererseits der indische Bischof der Partnerdiözese die Jugendlichen der hiesigen Gemeinde firmt (Seite 104).

»Paulus wird in Jerusalem verhaftet«

Seite 105-106 In dieser Einheit wird die Erzählung von D. Steinwede fortgesetzt. Die wichtigsten Stationen und Ereignisse aus den letzten Lebensjahren des Paulus werden kurz erwähnt: Reise nach Jerusalem, Überbringung der Kollekte, Verhältnis zur dortigen judenchristlichen Gemeinde, Verschwörung der Juden gegen Paulus, Verhaftung, Anklage und Verhör vor dem römischen Statthalter, Berufung des Paulus an den römischen Kaiser, Überführung des Gefangenen nach Rom und Martyrium des Apostels.

Nähere Einzelheiten über diesen Zeitabschnitt erfahren wir aus der Apostelgeschichte. Sie weiß auch noch von anderen Begebenheiten zu erzählen (Kap. 21-28). Jedoch muß nach der Historizität der Vorgänge gefragt werden. Wenn auch Lukas auf zuverlässige Quellen zurückgreifen konnte und deshalb manche Ereignisse, von denen er berichtet, historisch gesichert sind, so hat er die ihm zur Verfügung stehenden Nachrichten frei verarbeitet, entsprechend seiner Intention, die ihn bei der Abfassung dieser Schrift leitete. Einzelne Szenen, die ausführlich beschrieben werden (vgl. 21,27-40; 23,12-23), und die Komposition größerer Reden (vgl. 24,10-21), in denen Paulus auf sein Damaskuserlebnis zu sprechen kommt und den »neuen Weg« rechtfertigt (26,4-18), gehören zum schriftstellerischen Werk des Verfassers. Paulus selbst kommt im Römerbrief auf diesen Lebensabschnitt zu sprechen. Jedoch beschränkt er sich auf die Angabe des Reisegrundes und die Erwähnung seines Planes, die römische Christengemeinde auf seinem Weg nach Spanien zu besuchen (15,22-29).

Im Unterricht kann man sich durchaus auf die Erzählung von Steinwede beschränken. Damit die Schüler und Schülerinnen sich jedoch von den erregenden Vorgängen und scharfen Auseinandersetzungen, die sich zweifellos um die Person des Paulus anläßlich seines letzten Aufenthaltes in Jerusalem abgespielt haben, ein eindrucksvolleres Bild machen können, ist es sinnvoll, den einen oder anderen Abschnitt heranzuziehen. Sie werden nochmals an den »neuen Weg« (er wird mehrfach erwähnt: 22,4; 24,14; 24,22) erinnert, so daß die bisherigen Ergebnisse sich festigen können. Was den Text des Schulbuches betrifft, so seien dazu noch einige erklärende Hinweise gegeben. Der Anlaß für Paulus, Jerusalem aufzusuchen, ist die Überbringung der Kollekte der Gemeinden Mazedoniens und Achaias (Röm 15,25ff.). Trotz der grundsätzlichen Klärung bezüglich des Heilsweges und obwohl die missionarische Vorgehensweise des Paulus auf der Apostelversammlung Anerkennung gefunden hatte (Gal 2,7ff.), bestanden in der judenchristlichen Gemeinde zu Jerusalem weiterhin Vorbehalte gegenüber Paulus. Die alten Spannungen leben wieder auf. Man mißtraute ihm, weil ihm unterstellt wurde, er lehre »alle unter den Heiden lebenden Juden, von Mose abzufallen« (Apg 21,21). Um diese Vorurteile abzubauen und die Gemeinde zu einer freundlicheren Einstellungen gegenüber Paulus zu bewegen, bat Jakobus, der Vorsteher der jerusalemer Gemeinde, ihn, sich mit vier anderen Männern dem Nasiräatsgelübde zu unterziehen (Apg 21,18-26). »Er sollte an der Auslösungszeremonie von vier unbemittelten ›Nasiräern‹ teilnehmen und für die dabei darzubringenden Opfer die Kosten übernehmen. Gemeint ist damit ein aus dem Alten Testament stammender altjüdischer Brauch, durch welchen einzelne Fromme ursprünglich wohl für das ganze Leben, dann aber auch für eine befristete Zeit sich dem Dienst Jahwes weihten unter der strengen

Verpflichtung, keinen Wein zu trinken, sich nicht scheren zu lassen und jegliche rituelle Verunreinigung (z. B. durch Berührung von Leichen) zu meiden. Am Ende der Zeit fand im Tempel vor dem Priester eine Opferhandlung statt, deren Kosten für andere zu tragen im späteren Judentum als besonders frommes Werk galt.« (G. Bornkamm, Paulus, Stuttgart/Berlin/Köln ^{7}1993, 113) Der Steinwede-Text erwähnt lediglich den Tempelbesuch des Paulus. Deshalb muß auf den unmittelbaren Anlaß, seine aktive Beteiligung an einem jüdischen Ritual, auch nicht unbedingt eingegangen werden. Sie illustriert jedoch sehr überzeugend das Verständnis der paulinischen Freiheit. Wenn Paulus der Bitte des Jakobus nachkommt, so zeigt sich darin seine »Treue zu den Menschen«, auch zu den Judenchristen, denen ja nicht vorrangig sein pastoraler Dienst gilt. Aus der Sicht des »neuen Weges« gehört diese Handlung der Vergangenheit an; sie hat ihren Sinn, ihre Bedeutung verloren. Paulus unterwirft sich jedoch diesem Ritus, um seine Verbundenheit mit den Juden-Christen zum Ausdruck zu bringen. Er möchte die Vorwürfe entkräften und ihnen mit diesem Zeichen zu verstehen geben, daß auch er sich weiter im jüdischen Glaubenserbe verwurzelt weiß, auch wenn er sich in seinem Leben und in seiner missionarischen Praxis den gesetzlichen Bräuchen nicht mehr verpflichtet fühlt. Aber in der augenblicklichen, spannungsgeladenen Situation nimmt er sich die Freiheit, der Bitte des Jakobus nachzukommen. Seine gewonnene Überzeugung verrät er dadurch keineswegs. Die Kurzfassung des Textes aus dem Korintherbrief (1 Kor 9,19-23) macht noch einmal deutlich, über welche Freiheit Paulus aufgrund seiner Bindung an das Evangelium verfügt.

Der Abschnitt schließt, wie auch begonnen, mit dem Motiv »Paulus im Gefängnis«. Ein Vergleich der beiden Bildelemente bietet sich an. Der Holzschnitt von Walter Habdank zeigt einen »gefesselten« Menschen – im doppelten Sinn: Paulus ist äußerlich gefesselt, er hat seine äußere Freiheit verloren. Er hat dieses Schicksal freiwillig auf sich genommen, weil er von der Botschaft Jesu Christi »gefesselt« ist. Deshalb versteht sich Paulus auch als ein »Gefangener um Christi Jesu willen« (Phm 1). Sein Gesicht ist der Sonne, dem Licht zugewandt. Trotz aller »Dunkelheit«, die auf seiner Gestalt liegt, weiß sich der Gefangene vom »Licht« umgeben. Von dieser Ambivalenz spricht Paulus in seinem Selbstzeugnis, das im zweiten Impuls erwähnt wird. Der Text bringt das Leben des Apostels nochmals »auf den Punkt«!
Auf die näheren Umstände seines Todes in Rom geht die Apostelgeschichte nicht ein. Erst spätere Zeugnisse wissen vom Martyrium des Paulus zu berichten.

Literaturhinweise

G. Bornkamm, Paulus, Stuttgart/Berlin/Köln ^{7}1993.
J.J. Petuchowski/C. Thoma, Lexikon der jüdisch-christlichen Begegnung, Freiburg 1989.
W. Feneberg, Paulus – der Weltbürger. Eine Biographie, München 1993.

8 Ein Traum von Gemeinschaft

Evangelische und katholische Christen leben in Gemeinden

Religionsbuch Seite 107-122

Die Thematik hat ihre didaktischen Schwierigkeiten. Ein Blick in neuere religions- und kirchensoziologische Erhebungen zeigt, daß die Kirchenerfahrung der Kinder und Jugendlichen im vergangenen Jahrzehnt erheblich zurückgegangen ist. Nur ein geringer Prozentsatz von ihnen besucht regelmäßig den Gottesdienst. Die Mitgliedschaft in kirchlichen Jugendgruppen, die Beteiligung an den verschiedenen Aktivitäten der Pfarrgemeinde haben sich im Vergleich zu früheren Jahren verringert. Wenn auch regionale Unterschiede festzustellen sind, so zeigt sich doch insgesamt die Tendenz, daß der Unterricht über Kirchenthemen nur auf geringe Erfahrungen der Schüler und Schülerinnen zurückgreifen kann. Man könnte daraus die Folgerung ziehen, auf die Behandlung dieser Themen weitgehend zu verzichten. Diese Konsequenz ist aus didaktischer Sicht aber nicht vertretbar. Denn die christliche Botschaft läßt sich nur in begrenztem Maße »theoretisch« erschließen. Erst dort, wo sie gelebt, praktiziert wird, tritt ihre Wahrheit, ihr Gehalt zutage. Deshalb sind Unterrichtsthemen über die Kirche, über das Leben einer christlichen Gemeinde, aus didaktischen Erwägungen unverzichtbar. Natürlich kann ein Gespräch »über« die Gemeinde nicht das erbringen, was nur das Leben »mit« der Gemeinde zu bewirken vermag. Verschiedene Arbeitsaufträge fordern die Schüler und Schülerinnen auf, Erkundigungen über ihre Pfarrei einzuholen und die Ergebnisse ihrer Gespräche mit Gemeindemitgliedern zusammenzutragen.

Das Kapitel trägt die Überschrift »Ein Traum von Gemeinschaft«. Die Formulierung bringt zum Ausdruck, daß die kirchlichen Gemeinden, so wie sie sich uns darstellen, stets hinter dem zurückbleiben, was sie im Sinne Jesu sein sollten. Die Erwartungen an die Kirche, die Hoffnungen, die mit dem Glauben an die Botschaft Jesu vom Anbruch des Reiches Gottes verbunden werden, übersteigen die kirchliche Realität. Diese Hoffnung bezieht sich auch, wie dem Untertitel zu entnehmen ist, auf die Überwindung der kirchlichen Spaltungen, auf die Einheit aller christlichen Kirchen. Beide Aspekte finden in diesem Kapitel Berücksichtigung.

Das Kapitel beginnt mit der Einheit »Glaube sucht Gemeinschaft«. Ausgehend von anthropologischen Erfahrungen wird ein erster Zugang zur sozialen Verfaßtheit des christlichen Glaubens aufgezeigt. Im zweiten Schritt »Gemeinde als Treffpunkt« (Seite 110) wird näher erläutert, inwiefern die Kirche mit einem Treffpunkt verglichen werden kann. Die nächsten Seiten stehen unter der Überschrift »Leben in einer Pfarrgemeinde«. Den Abschluß des Kapitels (Seite 118-120) bildet das Thema »Zwei Kirchen: evangelisch – katholisch«. Es ist nicht als bloßes Anhängsel gedacht. Weil das ökumenische Denken und Handeln bereits auf der untersten kirchlichen Ebene ansetzen muß, liegt es nahe, im Rahmen eines Gemeindekapitels auch über die evangelische Konfession zu sprechen.

Seite 107 Das Eingangsbild wurde gewählt, weil die Feier der Eucharistie den Mittelpunkt einer Gemeinde bildet. Wie in einem Spiegelbild stellt sich die Gemeinde in diesem Geschehen dar. In Worten und in Handlungen, in Zeichen und Symbolen kommt zum Ausdruck, was die gottesdienstliche Versammlung ist und wie Christen ihre Gemeinschaft verstehen. An der Eucharistiefeier lassen sich verschiedene Sinngehalte entdecken. Das Bild greift einen zentralen Aspekt heraus, der besonders geeignet ist, in das Kapitel einzuführen. Als Mahl versinnbildet die eucharistische Feier die Gemeinde als eine Gemeinschaft, die sich im Glauben an Jesus Christus zusammenfindet. Die Jugendlichen sind um den Altar versammelt, sie reichen zum Zeichen des Friedens einander die Hand. Hinter dem Altar steht der Priester. Als Vorsteher der gottesdienstlichen Versammlung nimmt er, wie auch die Kleidung erkennen läßt, eine besondere Stellung ein. Zugleich ist er in den Kreis der Jugendlichen einbezogen. Das Photo könnte darauf schließen lassen, daß der Gottesdienst in einem schulischen Raum gefeiert wird. Damit wäre ein Hinweis auf den Zusammenhang von Gottesdienst und Nächstendienst, von liturgischer Feier und alltäglichem Leben gegeben. Wir feiern unser Dasein! Durch den kreisförmigen Photoausschnitt wird der Sinn der Eucharistiefeier nochmals hervorgehoben.

1 Glaube sucht Gemeinschaft

Seite 108-109

Die Erfahrung, daß die Menschen aufeinander angewiesen sind und das Zusammenleben der Fähigkeiten und der Mitsorge aller bedarf, wird auf dieser Doppelseite als Vergleich gewählt, um ein erstes Gemeindeverständnis anzubahnen. Weil die Kirche eine Gemeinschaft von Menschen ist, lassen sich, unbeschadet ihres besonderen Charakters, Analogien zu anderen Zusammenschlüssen herstellen. Den beiden Texten, die jeweils die linke Spalte ausmachen und das Aufeinanderangewiesensein der Menschen dokumentieren (»Der Blinde und der Lahme« – »Die kleine Schraube«), sind zwei biblische Perikopen gegenübergestellt. Der Abschnitt aus der Apostelgeschichte bezieht sich auf das Leben der ersten Christen, der Text aus dem Korintherbrief bietet in bildhafter Sprache eine theologische Deutung der Kirche. Der Vergleich soll zum Ausdruck bringen: So wie der Mensch nicht als einzelner zu existieren vermag und zur Entfaltung seines Lebens auf Hilfe anderer angewiesen ist (Mensch als dialogische Existenz), so bedarf er auch als Glaubender der Gemeinschaft der Mit-Glaubenden. Christsein läßt sich auf Dauer nur in der Gemeinschaft, in mitmenschlicher Kommunikation leben. Deshalb wurde auch in der Überschrift bewußt die Formulierung »sucht« verwendet.
Das Photo läßt sich auf den biblischen Text beziehen. Die Urgemeinde wird als eine Gemeinschaft dargestellt, in der eine große Einmütigkeit herrscht, eine Hilfsbereitschaft, die bis zur Gütergemeinschaft reicht. Die Gemeinde legt ein kraftvolles Zeugnis von der Botschaft Jesu Christi ab, das die Menschen sehr beeindruckt und veranlaßt, sich ihr anzuschließen. Sie hält einerseits noch an der jüdischen Tempelgemeinschaft fest, aber andererseits führt sie bereits ein gottesdienstliches Eigenleben. Es zeichnet sich die allmähliche Loslösung vom Judentum ab. (vgl. Kapitel 6: Aus *einer* Wurzel – Juden und Christen) Lukas spricht vom gemeinsamen Besitz. Wie ist diese *Gütergemeinschaft* zu verstehen? Nimmt man die Geschichte vom Betrug des Hananias und der Saphira hinzu (Apg 5,1-11), so ergibt sich, daß es sich wohl kaum um einen generellen Verzicht auf Privateigentum gehandelt haben kann. Petrus gesteht Hananias zu, daß das Grundstück sein Eigentum bleiben konnte und er auch nach dem Verkauf über den Erlöß hätte frei verfügen können. »Es ist eher an eine prinzipielle Disposition des Besitzes zugunsten der Gemeinschaft gedacht, wobei von Fall zu Fall eine Besitzveräußerung erfolgte.« (G. Schneider, Die Apostelgeschichte, 1. Teil, Freiburg/Basel/Wien 1980, 291) Damit ist bereits die Frage beantwortet, ob wir es in Apg 2,43-47 und 4,32-37 mit einer wirklichkeitsgetreuen Beschreibung des Lebens der Urgemeinde zu tun haben. Aber was will Lukas mit dieser idealisierenden Darstellung erreichen? Es ist seine Absicht, die Utopie einer geschwisterlichen Gemeinschaft zu entwerfen, an der sich die Christen stets orientieren und ihr Gemeindeleben messen lassen sollen. »Die Gemeinden hatten dieses Bild

wohl darum so nötig, weil die Zustände in den Gemeinden zur Zeit des Lukas eben alles andere als ideal waren. Die Anfänge eines Unternehmens werden dann idealisiert, wenn es mit dem Unternehmen zu hapern beginnt.« (H.J. Venetz, So fing es mit der Kirche an, Zürich [4]1990, 231) Lukas hält seinen Gemeinden einen Spiegel vor Augen und fordert sie auf, sich von dieser Darstellung »provozieren« (herausrufen) zu lassen. Man kann auch sagen: Lukas erzählt seinen Kirchentraum!

Seite 109 Der paulinische Vergleich der Kirche mit einem Leib (vgl. auch Röm 12,4-8) besagt, daß alle Mitglieder der Kirche eine unverwechselbare, notwendige Aufgabe zu erfüllen haben. Die Dienste unterscheiden sich zwar voneinander, aber damit ist keine Wertung verbunden, denn die Lebendigkeit der Gemeinde hängt vom Engagement *aller* ab. Das II. Vatik. Konzil hat diese biblische Sicht von der fundamentalen Gleichheit aller Christen aufgrund der Taufe wieder in Erinnerung gebracht. Bevor in der Kirchenkonstitution die unterschiedlichen Dienste erläutert werden, die den Laien, den Ordensleuten und den Amtsträgern übertragen sind, wird die Gemeinsamkeit aller, ihre Zugehörigkeit zum »Volk Gottes«, herausgestellt. Erst vor dem Hintergrund der biblischen Aussage, daß der Geist Gottes allen Gliedern der Kirche gegeben ist und in ihnen wirkt, kann von den unterschiedlichen Funktionen, die sie im Gesamt der Kirche ausüben, gesprochen werden. »Eines ist also das auserwählte Volk Gottes: ›Ein Herr, ein Glaube, eine Taufe‹ (Eph 4,5); gemeinsam die Würde der Glieder aus ihrer Wiedergeburt in Christus, gemeinsam die Gnade der Kindschaft, gemeinsam die Berufung zur Vollkommenheit, eines ist das Heil, eine Hoffnung und ungeteilt die Liebe. Es gibt also in Christus und in der Kirche keine Ungleichheit aufgrund von Rasse und Volkszugehörigkeit, sozialer Stellung oder Geschlecht; denn ›es gilt nicht mehr Jude und Heide, nicht Sklave und Freier, nicht Mann und Frau; denn alle seid ihr einer in Christus Jesus‹ (Gal 3,28).« (Nr. 32) Das Konzil bezieht sich auf die ebenfalls bedeutsame Stelle im Galaterbrief. Auch hier kommt Paulus auf die Wirkung der Taufe zu sprechen, bezieht aber – im Unterschied zu 1 Kor 12,13 – auch das Verhältnis von Mann und Frau ein. Die rassisch-völkischen (»Juden und Heiden«), die gesellschaftlich-sozialen (»Sklaven und Freie«) und die geschlechtlichen Unterschiede (»Mann und Frau«) verlieren durch die Taufe ihre bisherige trennende, die Menschen in unterschiedlich bewertete Klassen aufteilende Funktion. Wegen der erweiterten Aussage sollte im Unterricht auch auf die Stelle im Galaterbrief Bezug genommen werden. Weil im Kapitel 7 (Ein freier Mensch werden) die Beschneidung erwähnt wurde, sollte nicht der Hinweis unterlassen werden, daß im Unterschied zur jüdischen Gemeinde die christliche Gemeinschaft einen Initiationsritus kennt, der an allen Mitgliedern, unabhängig von ihrem Geschlecht, vollzogen wird: die Taufe.

Dieser paulinischen Sicht von einer christlichen Gemeinde kommt im Kapitel eine tragende Bedeutung zu. Deshalb sollte im Verlauf der Unterrichtsreihe bei sich bietender Gelegenheit auf das Bild vom Leib und seinen Gliedern zurückgegriffen werden. Es inspiriert zu Kirchenträumen!

Abschließend werden die Schüler und Schülerinnen ermuntert, über die Gründe ihrer Zugehörigkeit zur Kirche nachzudenken und auch entsprechende Auskünfte von Gemeindemitgliedern einzuholen. Den Kriterien, die in den Spiegelstrichen aufgeführt werden, stehen Worte Jesu gegenüber (vgl. Mt 5,38-42 und Mt 25,31-46). Sie setzen tiefer an, und zwar wird in dieser Begründungsreihe die Orientierung am Leben Jesu, also seine Nachfolge, zum Maßstab für die Zugehörigkeit zur Kirche, der Gemeinde Jesu Christi gemacht.

Über die Spannung, die in den beiden Reihen steckt, sollte mit der Klasse gesprochen werden. Dabei wird es notwendig sein, sich zuvor selbst Klarheit über die in diesem Kapitel verwendeten Begriffe »Kirche« – »Pfarrei« – »Gemeinde« zu verschaffen. Karl Lehmann führt dazu folgendes aus:

»Gegenüber einem einseitig rechtlich-institutionell interpretierten Begriff von Pfarrei wird (beim Gebrauch des Wortes Gemeinde) weniger das Moment einer territorial umschriebenen kirchlichen Verwaltungseinheit bzw. eines Seelsorgebezirks, sondern der im gemeinsamen Glauben wurzelnde, freie Zusammenschluß von Personen hervorgehoben, die sich zum Evangelium Jesu Christi bekennen. ... In Abhebung von einem Begriff der ›Kirche‹, die zu sehr über der Wirklichkeit schwebend und als hypostasiertes Subjekt verstanden wird, liegt der Akzent auf der Einzelgemeinde mit ihren konkreten Bedingungen und Strukturen. ... Je mehr die kirchliche Sozialform sich nicht nur an örtlich gebundenen Strukturen, sondern auch am personalen und funktionalen Prinzip der Gemeindebildung orientierte, um so mehr verdrängte der Gemeinde-Begriff das ortskirchliche Prinzip. (...) Vor allem durch die kirchenrechtliche Prägung des Pfarrei-Begriffs sah man darin eine Auffassung fixiert, welche die Gläubigen weitgehend nur als ›Untergebene‹ und passive Empfänger der vom kirchlichen Amt verwalteten Gnadenmittel in den Blick nimmt. 'Gemeinde' unterstreicht dagegen die aus Glaube und Taufe entspringende Würde und Gleichheit aller in Jesus Christus als Fundament des gemeinschaftlichen Lebens, ohne damit schon die Notwendigkeit eines spezifischen Amtes und besonderer Dienste zu leugnen.« (Gemeinde, in: Christlicher Glaube in moderner Gesellschaft, hrsg. von F. Böckle u.a., Bd. 29, Freiburg/Basel/Wien 1982, 8f.)

2 Gemeinde als Treffpunkt

Auf den überkreuzten Zebrastreifen bewegen sich viele Menschen, aus vier Richtungen Seite 110 kommend, aufeinander zu und treffen sich in der Mitte. Anlässe, sich zu treffen, sind sehr verschieden. Stets ist es etwas Bestimmtes, was dazu führt, daß Menschen sich an einem Ort versammeln. Unter den vier Photos, die einige Treffpunkte zeigen, befindet sich auch eine Kirche. Im zweiten Impuls wird dieses Wort in unterschiedlicher Bedeutung verwendet. Es bezeichnet sowohl das steinerne Gebäude als auch die kirchliche Gemeinschaft. Inwiefern kann auch das Gebäude »Kirche« genannt werden? Und: Wie ist der Zusammenhang zwischen diesen beiden Bedeutungsinhalten zu verstehen? Zu diesen Fragen gibt der Informationstext eine Erklärung. Er bedarf der näheren Erläuterung:

Die ersten Christen kannten keine besonderen gottesdienstlichen Räume. Sie feierten die Eucharistie in ihren Häusern (vgl. Apg 2,42.46; 20,7.11). Die Begründung liegt zunächst einmal darin, daß die christlichen Gemeinden in den ersten drei Jahrhunderten verfolgt wurden und keinen gesetzlichen Schutz besaßen. So mußten die Christen sich in ihren privaten Häusern treffen. Es gab aber auch noch eine theologische Begründung, weshalb man keine Kirche baute. Sie erklärt auch die unterschiedliche Bedeutung des Wortes »Kirche«.
In der Auseinandersetzung mit den Juden anläßlich der Vertreibung der Händler aus dem Tempelbezirk sagte Jesus zu ihnen: »Reißt diesen Tempel nieder, in drei Tagen werde ich ihn wieder aufrichten.« Er meinte damit aber nicht den Tempel zu Jerusalem, sondern – wie Johannes hinzufügt – »den Tempel seines Leibes« (Joh 2,13-21). Diese Deutung greift auf die Tempeltheologie zurück (vgl. 1 Kön 8,22-29). Jesus geht in seiner Rede davon aus, daß die Funktion des Tempels, Zeichen der Gegenwart Gottes unter den Menschen zu sein, ihr Ende gefunden hat und auf ihn selbst übergegangen ist. Denn er ist das WORT, das »Fleisch« geworden ist und unter uns »gezeltet« hat (Joh 1,14). Nach seiner Auferstehung und Himmelfahrt ist Jesus Christus durch seinen Geist in der Gemeinschaft der Glaubenden anwesend (vgl. Joh 14,15ff.). Es ist deshalb begreiflich, wenn Paulus die Gemeinde als »Tempel Gottes« bezeichnet. »Wißt ihr nicht, daß ihr Tempel Gottes seid und der Geist Gottes in euch wohnt? ... Denn Gottes Tempel ist heilig und der seid ihr« (1 Kor 3,16f.). Auch der Verfasser des 1. Petrusbriefes bezeichnet die Gemeinde als »Haus«, in das sich alle als »lebendige Glieder« einfügen lassen sollen (2,5).
Diese theologischen Erwägungen haben dazu geführt, daß die Christen auch selbst zunächst keinen Wert auf besondere kultische Räume legten. Als jedoch die Christenverfolgung ein Ende nahm, die Gemeinden größer wurden und es nicht mehr möglich war, sich in den eigenen Häusern zum Gottesdienst zu versammeln, wurden eigene gottesdienstliche Versammlungsräume, Kirchen, ge-

baut. Dieses Wort geht zurück auf die griechische Bezeichnung »oikía kyriaké«. Sie bedeutet: das dem Herrn (kyrios) gehörende Haus, das Haus Gottes. Erst später wurde auch die Gemeinde so bezeichnet, die sich in diesem Haus zum Gottesdienst versammelt. Aus inhaltlicher Sicht ist es jedoch umgekehrt: Die Gemeinde ist »Tempel Gottes«, »Haus Gottes«, und deshalb kann auch das Gebäude, in dem sie sich zum Gottesdienst versammelt, so genannt werden. Ist sie es doch, die dem steinernden Gebäude seinen religiösen, theologischen Rang verleiht. »So gesehen setzt das steinernde Gebäude ›das lebendige Haus Gottes‹ voraus. Dieses macht jenes erst möglich. Das lebendige Haus ist die eigentliche Wirklichkeit; das Gebäude aber steht nur im Dienst der ›heiligen Versammlung‹.« (Th. Filthaut, Kirchenbau und Liturgiereform, Mainz 1965, 7) Diese Ausführungen betreffen die im ersten Impuls angeschnittenen Fragen. Sie lassen sich jedoch erst dann einigermaßen klären, wenn die Klasse näher vom Leben einer Gemeinde erfahren hat. Dazu dienen die folgenden Seiten.

3 Leben in einer Pfarrgemeinde

Die Einheit ist in thematische Schwerpunkte untergliedert. Zunächst geht es um ein äußeres Kennenlernen der eigenen Pfarrei (Seite 111-113). Es folgt eine Doppelseite, die sich mit den Grundvollzügen des pfarrlichen Lebens befaßt (Seite 114-115). Abschließend wird eine zusammenfassende Reflexion über die Gemeinde angestellt (Seite 116-117).

Seite 111-113

Um sich ein Bild vom Leben einer Pfarrgemeinde machen zu können, bekommen die Schüler und Schülerinnen verschiedene Anregungen, wie sie ihre Gemeinde besser kennenlernen können. Die Erkundungen beziehen sich auf die örtlichen Verhältnisse, auf die verschiedenen Gruppen, Vereine und ihre Aufgaben, die sie in der Gemeinde erfüllen. Dazu werden ihnen vor allem die hauptamtlichen und nebenamtlichen Mitarbeiter Auskünfte erteilen können. Damit sie sich in die Notwendigkeiten einer Gemeinde besser eindenken können, wird der Auftrag erteilt, entsprechende Stellenausschreibungen zu entwerfen. Ein Text, der sich auf die Frauengemeinschaft bezieht, zeigt, welche Bedeutung diese Gemeinschaft im Leben einer Frau haben kann. Ähnliche Zeugnisse lassen sich gewiß auch von Mitgliedern anderer Gruppen, z.B. Seniorenclubs, einholen.
Der zweite Impuls bezieht sich auf die besondere Verantwortung, die dem Pfarrer einer Gemeinde übertragen ist. Damit ist zugleich auch das Gemeindeverständnis angesprochen, die Beziehung zwischen kirchlichem Amtsträger und Laien. Die Zeichnungen und Texte in der linken Spalte nehmen dazu Stellung.

Wie läßt sich die *Stellung des Pfarrers in der Gemeinde* und sein spezifischer Dienst beschreiben? Zwei Aspekte sind hier zu erwähnen. Als Getaufter, als Glied des Volkes Gottes gehört er auf die Seite der Glaubenden. »Mit» ihnen ist er Christ. Das ist das erste, was vom kirchlichen Amtsträger zu sagen ist. Das zweite folgt aus seiner Weihe. Durch das Sakrament wird er von Jesus Christus beauftragt, in seinem Namen der Gemeinde vorzustehen und sie zu leiten. Er ist »für« die Menschen bestellt. Insofern steht er der Gemeinde gegenüber. Was bedeutet das konkret? Dazu heißt es im Synodenbeschluß »Die pastoralen Dienste in der Gemeinde«: »Durch Verkündigung, Spendung der Sakramente, Bruderdienst, Auferbauung und Leitung der Gemeinde und nicht zuletzt durch sein persönliches Zeugnis soll der Priester die anderen zu ihrem eigenen Dienst bereit und fähig machen. Der Priester soll daher Charismen (Gnadengaben, Fähigkeiten, Begabungen) entdecken und wekken, er soll sie beurteilen und fördern und für ihre Einheit in Christus Sorge tragen. Diesen Dienst kann er nur tun in lebendigem Austausch und brüderlicher Zusammenarbeit mit allen anderen Gliedern der Gemeinde.« (5.1.1) Im letzten Satz wird im Vergleich zu früher ein neuer Akzent gesetzt. Während in der vorkonziliaren Zeit die Stellung des Pfarrers stärker durch das »für« gekennzeichnet war, und zwar in dem fragwürdigen Sinn, daß er als »Hirte« einer Gemeinde (»Herde«) betrachtet wurde, hat das Konzil wieder stärker das »mit« betont und den Priester deutlicher als bisher in die Gemeinschaft des Gottesvolkes eingebunden. Es hat auch die Teilnahme des Gottesvolkes am »prophetischen Amt Christi« wiederentdeckt und spricht dem Laien eine

Kompetenz »in geistlichen wie in weltlichen Dingen« zu (Kirchenkonstitution Nr. 12 und Nr. 37). Diese Aufwertung des Gottesvolkes, des Laien, hat Konsequenzen für das Verhältnis des Pfarrers zur Gemeinde. Im Synodenbeschluß »Unsere Hoffnung« heißt es: »Das alles bedeutet ..., daß die Amtsträger in unserer Kirche, die ›bestellten Zeugen‹, heute mehr denn je dem Volk Gottes eine besondere Aufnahmebereitschaft und Empfänglichkeit schulden für die verschiedensten Formen und Träger des Zeugnisses gelebter Hoffnung, praktizierter Nachfolge inmitten unserer Kirche und nicht selten auch in ihren institutionellen Randzonen. Gewiß werden sie schließlich immer zu prüfen und zu scheiden haben, aber eben nicht nur kritisch musternd, sondern auch mit Gespür für alles, was uns in den Stand setzt, unsere Hoffnung anschaulich und ansteckend zu leben und nicht nur von ihr zu reden. Das Amt in der Kirche, das unter dem Gesetz des Geistes Gottes steht, hat schließlich nicht nur die Pflicht, falschem Geiste zu wehren, die Geister zu scheiden, sondern auch die Pflicht, den Geist zu suchen und mit seiner unkalkulierbaren, oft unbequemen Spontaneität immer neu zu rechnen.« (II.4) In Abwandlung einer altkirchlichen Formulierung läßt sich die besondere Verantwortung des Pfarrers mit dem Satz beschreiben: »Mit« euch bin ich Christ, »für« euch bin ich Pfarrer!

Im Schülerbuch wird auch das *Pfarrzentrum* erwähnt. Es erfüllt wichtige Funktionen. Eine Gemeinde muß heute über geeignete Räumlichkeiten verfügen, die es möglich machen, daß die Gemeindemitglieder auch außerhalb des Gottesdienstes einen Treffpunkt haben, der Kontakte möglich macht und den persönlichen Zusammenhalt stärkt. Das ergibt sich aus dem Gemeindeverständnis, von dem bereits die Rede war. Gottesdienst und Leben gehören zusammen. Das Pfarrzentrum kann dazu einen wichtigen Beitrag leisten. Es hat aber auch noch eine andere Funktion zu erfüllen, die sich aus der volkskirchlichen Situation und dem Auftrag einer christlichen Gemeinde in der modernen, pluralistischen Gesellschaft ergibt. Zum einen nimmt die Zahl der »Auswahlchristen« zu, also derjenigen, die nur »etwas« von der Kirche haben wollen, aber keine verbindliche Glaubensgemeinschaft mit ihr eingehen wollen. Für sie ist die Kirche nur in seltenen Fällen ein Treffpunkt, schon eher das Pfarrzentrum. Zum anderen wird die Anzahl der Menschen immer größer, die zwar getauft worden sind, aber den Kontakt zur Kirche verloren haben. Sie wollen, wenn überhaupt, der Kirche »auf neutralerem Boden« begegnen, in einem Haus, das nicht nur den aktiven Gemeindemitgliedern offensteht. Eine besondere Bedeutung hat, wie die Erfahrung zeigt, das Pfarrzentrum für Kinder und Jugendliche, nicht zuletzt für diejenigen, die kaum Kontakt zum Gemeindeleben haben und ihn auch nicht wünschen. Ihnen bieten solche Räumlichkeiten die Möglichkeit, mit Gleichaltrigen zusammenzutreffen und etwas Gemeinsames zu unternehmen. Durch eine solche Einrichtung gibt sich die Pfarrgemeinde als eine »offene Gemeinde« zu erkennen, die sich ihres diakonischen Auftrags in unserer Gesellschaft bewußt ist. Sie möchte »für alle« da sein – unabhängig davon, ob sie zu ihr gehören oder nicht. Dieser diakonische Aspekt ist für das konziliare Selbstverständnis der Kirche ein wesentliches Element. Da der Kontakt vieler Jugendlichen sich auf diesen »außerkirchlichen« Treffpunkt beschränkt, könnte sich im Unterricht die Chance ergeben, die soeben aufgezeichnete Aufgabe einer Gemeinde zu thematisieren. In der nächsten Einheit wird das Thema nochmals aufgegriffen.

In einer Pfarrgemeinde lassen sich drei grundlegende Lebensvollzüge entdecken: Verkündigung (Martyria) – Gottesdienst (Leiturgia) – Dienst der Liebe (Diakonia). Im Schülerbuch erscheinen sie unter den Bezeichnungen: »einander dienen« – »den Glauben bezeugen« – »Gottesdienst feiern«. Die Bildelemente machen auf einige dieser Lebensäußerungen aufmerksam. Alle drei Funktionen sind einander zugeordnet und bedingen sich gegenseitig. Die vorgenommene Abfolge unterscheidet sich von der zuerst erwähnten Aufzählung. Sie setzt bei der Diakonie an, legt anschließend den Hintergrund des diakonischen Handelns frei, den Glauben, dem die Verkündigung vorausgeht, und leitet über

Seite 114-115

zum Gottesdienst, zur Danksagung – eine der wichtigsten Grundhaltungen des christlichen Lebens!

»Einander dienen« – Diakonia: Zu diesem Bereich zählen alle Hilfeleistungen, die Menschen zuteil werden, die sich in Not befinden, jenen, die, wie das Beispiel zeigt, sich nicht selbst helfen können und auf Zuwendung angewiesen sind. Der diakonische Auftrag der Gemeinde umfaßt jedoch nicht nur den Nahbereich, sondern nimmt heute, wie die großen kirchlichen Hilfswerke und Patenschaften belegen, eine weltweite Dimension an. Zu dieser Solidarität hat sich die Kirche im II. Vatikan. Konzil erneut entschieden: »Freude und Hoffnung, Bedrängnis und Trauer der Menschen von heute, besonders der Armen und Beträngten aller Art, sind zugleich auch Freude und Hoffnung, Trauer und Bedrängnis der Jünger Christi. Und es gibt nichts wahrhaft Menschliches, das nicht in ihrem Herzen seinen Widerhall fände.« (Pastoralkonstitution Nr. 1) Welche Konsequenzen sich aus dieser programmatischen Aussage für die Ortskirche ergeben, müßte im einzelnen herausgearbeitet werden.

»Den Glauben bezeugen« – Martyria: Auf diesen Grundvollzug der Gemeinde macht das Bild von der Erstkommuniongruppe aufmerksam. Es erinnert an eigene Erfahrungen. Noch andere Formen der kirchlichen Verkündigung, der Glaubensweitergabe, müßten ausfindig gemacht werden. Dazu zählen: Gemeindekatechese (Buße, Firmung), Elternkatechumenat (Taufe), Jugendarbeit, Erwachsenenbildung, Glaubensgespräche in Gruppen, Krankenseelsorge, vor allem die gottesdienstliche Predigt. Im weiteren Sinn gehört auch der schulische Religionsunterricht dazu.

»Gottesdienst feiern« – Leiturgia: Weil das Kapitel 9 ausführlich auf die Feier der Eucharistie eingeht, beschränkt sich das Schülerbuch hier auf eine kurze Beschreibung des frühchristlichen Gottesdienstes. Die Beantwortung des zweiten Impulses dürfte der Klasse einige Schwierigkeiten bereiten. Aber es ist wichtig, darauf näher einzugehen und es nicht bei der Aussage zu belassen, Eucharistie bedeute eben »Danksagung«.

Die Bezeichnung des Gottesdienstes als »Danksagung« macht darauf aufmerksam, daß im Vordergrund der liturgischen Handlung nicht das Tun der Menschen steht, ihre Aktivität und Hingabe an Gott, sondern das Handeln Gottes, seine Hingabe an die Menschen in der Lebensgeschichte Jesu Christi. »Liturgie gründet darauf, daß Gott selbst der Handelnde ist. Gottesdienst bedeutet nicht, daß Menschen über Gott verfügen wollen, sondern daß sie sich ihm zur Verfügung stellen. Im Zentrum des Gottesdienstes steht nicht unsere Aktivität, sondern Gottes befreiende Tat, die in und durch Jesus Christus gegenwärtig wird.« (Synodenbeschluß: Gottesdienst 1) Dieser Tat Gottes am Menschen entspricht menschlicherseits das Empfangen und die Haltung des Dankens, der Lobpreis Gottes. Christen sollen sich bei der Feier der Hl. Messe zunächst »als beschenkt« wissen, als Menschen, denen Gottes Heil zuteil wird. Sein Handeln am Menschen geht allem menschlichen Tun voraus, ermöglicht es und fordert es zugleich heraus. (Vgl. Kapitel 1: Miteinander leben – Der Bund Gottes mit den Menschen) Hier zeigt sich der Zusammenhang von Leiturgia und Diakonia. Zur Liturgie zählen auch die Sakramente und das Gebet. (Vgl. Kapitel 5: Menschen verehren Gott; Kapitel 9: Brot zum Leben; Kapitel 10: Neu anfangen können) Hingewiesen sei noch auf den »roten Punkt« auf der Altarwand der Kirche St. Ludwig in Ibbenbüren. Von ihm geht eine integrierende Wirkung auf die Gottesdienstbesucher aus.

Vielleicht ergibt sich die Gelegenheit, wenn nicht hier, so in Verbindung mit den Jesus-Kapiteln des Buches, auf den Zusammenhang von Jesu Wirken und den kirchlichen Lebensvollzügen hinzuweisen. Die Gemeinde führt das fort, was auch das Leben Jesu, seine Wort- und Tatverkündigung, ausmachte: Einander dienen (vgl. Mk 10,45) – Den Glauben bezeugen (vgl. Mt 20,1-15) – Gottesdienst feiern (vgl. Mt 6,9-13).

Nachdem die Schüler und Schülerinnen sich mit den Grundvollzügen des gemeindlichen Lebens vertraut gemacht und Erkenntnisse darüber gewonnen haben, welchen Maßstäben eine christliche Gemeinde entsprechen sollte, bietet diese Einheit ihnen viel Raum, eigene Vorstellungen von einer lebendigen, überzeugenden Pfarrgemeinde zu entwickeln. Sie können die Kirche, von der sie träumen, beschreiben. Zu Beginn wird ein Vergleich zwischen einem Mobile und einer Gemeinde angestellt. In diesem Schritt kann Bisheriges zusammengefaßt und zu einem Gesamtbild geordnet werden. Die verschiedenen Aufgaben, Dienste und Gruppen einer Pfarrgemeinde werden nochmals in Erinnerung gerufen. Der Vergleich macht zugleich deutlich, wie alle Dienste untereinander verbunden und in ihrer Arbeit aufeinander verwiesen sind. Es müßte auch darüber gesprochen werden, daß die Verantwortung aller für das Leben einer Pfarrei funktionierende synodale Strukturen voraussetzt, die eine Kommunikation ermöglichen und die erforderliche Kooperation gewährleisten (z.B. Pfarrgemeinderat). Seite 116-117
Im zweiten Schritt wird die Klasse aufgefordert, anhand der Metaphern die Gemeinde zu betrachten und Aspekte herauszufinden, die sich daraus für die Gemeindepraxis ergeben. Ihrer Kreativität sind keine Grenzen gesetzt. Die Reihe kann fortgeschrieben werden. Auch die Überlege-Fragen zielen in diese Richtung.
Den Abschluß der Einheiten über das Leben in einer Pfarrgemeinde bildet eine Geschichte. Sie hat zum Thema: Die Lebendigkeit einer Gemeinde hängt von der Mitarbeit, der Mitsorge aller ab. »Ob das, was ihr in der Hand haltet, lebt oder tot ist, das liegt allein in eurer Hand.« Darauf weist auch die Grafik hin, die die eigene Mitwirkung und Mitverantwortung für gelingendes Leben in der Gemeinde nochmals verdeutlicht. Das Bild, das auf diesen Seiten des Schulbuches von einer Gemeinde entworfen wird, entspricht nicht in allem der Realität. Aber das Kapitel trägt ja auch die Überschrift: »Ein Traum von Gemeinschaft«. Ohne Träumen wird man die Wirklichkeit nicht verändern können. Das II. Vatikan. Konzil (1962-1965) und die Synode der Bistümer (1971-1975) haben insofern zum Träumen ermutigt, als sie wichtige Konturen einer wünschbaren Gemeinde gezeichnet haben. Einige Aussagen der Synode seien deshalb noch angefügt:

»Aus einer Gemeinde, die sich pastoral versorgen läßt, muß eine Gemeinde werden, die ihr Leben im gemeinsamen Dienst aller und in unübertragbarer Eigenverantwortung jedes einzelnen gestaltet.« (Die pastoralen Dienste in der Gemeinde 1.3.2) – »An der Aufgabe der Kirche, Träger der Heilssendung Christi zu sein, haben die ganze Gemeinde und jedes ihrer Glieder Anteil. Von der gemeinsamen Verantwortung kann niemand sich ausschließen oder ausgeschlossen werden. Kraft der Taufe und Firmung wirken alle in ihrer Weise mit am Auftrag Christi, seine Botschaft zu verkünden, seine Gemeinde aufzuerbauen und sein Heil in der liturgischen Feier zu vergegenwärtigen und im Leben zu bezeugen.« (Verantwortung des ganzen Gottesvolkes für die Sendung der Kirche 1.4) – »Mitverantwortung wird ermöglicht und verwirklicht durch Kommunikation. Diese Kommunikation hat ihr Fundament im Verständnis der Kirche als eines Leibes mit vielen Gliedern, die durch Christus miteinander verbunden sind und um ihre Abhängigkeit voneinander wissen. Sie ist tätigwerdendes Offensein der Christen im Aufeinanderhören, im Miteinandersprechen, im Voneinanderlernen. Zur Kommunikation gehört der Austausch von Erfahrungen und Gedanken, besonders in persönlichen Begegnungen. Kommunikatives Verhalten macht den einzelnen Christen und die Kirche als Ganzes in der heutigen Gesellschaft glaubwürdig und damit für den Weltdienst fähiger.« (Ebd. 3.2)

4 Zwei Kirchen: evangelisch – katholisch

Die Einheit umfaßt 5 Seiten. Unter der Überschrift »Wie die Einheit im Glauben verlorenging« werden die Glaubensbiographie Martin Luthers und die allmähliche Entstehung der evangelischen Kirche bis zur endgültigen Kirchenspaltung in knappen Zügen erzählt

(118). Anschließend wird ein Überblick über die »Konfessionsverteilung und (die) kirchliche Gliederung in der Bundesrepublik Deutschland« gegeben. In der 1. Auflage des Buches konnten jedoch nur die Länder der ehemaligen Bundesrepublik Deutschland berücksichtigt werden (119). Im Anhang von Treffpunkt RU 7/8 finden sich auf Seite 171 zwei Karten, die auch die neuen Bundesländer einbeziehen. Mit der Doppelseite »Was die Kirchen unterscheidet – Was die Kirchen eint« ist die Intention verbunden, der Klasse erste Kenntnisse von den Unterschieden und Gemeinsamkeiten der beiden Kirchen aufzuzeigen. Es werden Ausdrucksformen des kirchlichen Glaubens und Lebens aufgeführt, die allgemein als charakteristisch für die Konfessionen angesehen werden (120 - 121). Den Abschluß bildet ein Photo von einem ökumenischen Gottesdienst als Zeichen für die allen Unterschieden vorausliegende Einheit der beiden Kirchen in Jesus Christus. Worauf sich die Hoffnung der Christen bezieht, deutet der Text der Weltkirchenkonferenz und das beiden Kirchen gemeinsame Lied an (122).

Die Entkirchlichung vieler Kinder und Jugendlicher hat dazu geführt, daß in den jungen Generationen die konfessionellen Unterschiede weithin unbekannt sind. Die aufgeführten Schülerantworten dürften nicht mehr typisch sein. Das Interesse an ökumenischen Fragen kann auch nicht allgemein vorausgesetzt werden. Ein Blick in neuere Lehrpläne und Schulbücher zeigt, daß für den gegenwärtigen Religionsunterricht das Spezifische der eigenen Konfession nicht mehr den Stellenwert hat, den es im Rahmen früherer religionsdidaktischer Konzeptionen besaß. Zugleich aber wendet sich der Blick mehr als bisher auf die jeweils andere Konfession. Während sie früher im Unterricht kaum eine Rolle spielte, vollzieht sich gegenwärtig eine Wandlung. Sie ist nicht nur aus Toleranzgründen erforderlich. Vielmehr haben die theologischen Gespräche, die in den letzten Jahrzehnten zwischen den Kirchen geführt worden sind, Ergebnisse gezeitigt, die für eine stärkere Einbeziehung der anderen Konfession sprechen. Welches Resultat ist hier angesprochen? Im Synodenbeschluß »Pastorale Zusammenarbeit der Kirchen im Dienst an der christlichen Einheit« wird gesagt, daß die Vielfalt der Erscheinungsformen des Christlichen »um der Fülle des Evangeliums und der Katholizität der Kirche willen ... nicht nur möglich, sondern gefordert ist« (3.2.2). Da der christliche Glaube, wie bereits erwähnt, im kirchlich-praktischen Vollzug zur konkreten Veranschaulichung gelangt, muß sich im katholischen Religionsunterricht der Blick auch auf das Leben der anderen christlichen Konfessionen richten.
Der Unterricht wird sich auf eine anfanghafte Begegnung mit der evangelischen Kirche, vorwiegend lutherischer Prägung, beschränken. Es müssen Hintergründe aufgedeckt, Zusammenhänge aufgezeigt und Begründungen gegeben werden. Auch sollte der gegenwärtige Stand der ökumenischen Einigung nicht ausgeblendet werden.

Seite 118 Der Text schildert knapp den inneren, religiösen Werdegang *Martin Luthers*. An dessen Ende steht die für ihn neue Einsicht, daß der Mensch auf die Barmherzigkeit Gottes vertrauen darf und nicht genötigt ist, Gott durch gute Werke, durch eigene Leistung gnädig stimmen zu müssen. Der Umschwung wird ausgelöst durch die Begegnung mit dem Satz aus dem Römerbrief, »daß der Mensch gerecht wird durch Glauben, unabhängig von Werken des Gesetzes« (Röm 3,28). Diese Erkenntnis ist Martin Luther nach langen inneren Kämpfen im Turm des Wittenberger Klosters (»Turmerlebnis«) in allen ihren Konsequenzen für die christliche Frömmigkeitspraxis aufgegangen. In seinem Selbstzeugnis (um 1545) schildert er diese Entdeckung wie folgt: »Es war gewiß wunderbar, wie ich von einem hitzigen Eifer ergriffen gewesen war, Paulus im Brief an die Römer kennenzulernen; aber im Wege war mir bis dahin nicht die Kälte meines Herzens gestanden, sondern ein allereinziges Wort im ersten Kapitel: ›Die Gerechtigkeit Gottes wird im Evangelium offenbar‹. Ich haßte dieses Wort ›Gerechtigkeit Gottes‹, denn durch den Brauch und die Übung aller Doktoren war ich gelehrt worden, es philosophisch zu verstehen, von der sog. formalen oder aktiven Gerechtigkeit, durch die Gott gerecht ist

und die Sünder und Ungerechten straft. Ich aber konnte den gerechten, den Sünder strafenden Gott nicht lieben, haßte ihn vielmehr. … Da erbarmte sich Gott meiner. Unablässig sann ich Tag und Nacht, bis ich auf den Zusammenhang der Worte merkte: nämlich: ›Die Gerechtigkeit Gottes wird im Evangelium offenbar, wie geschrieben steht: Der Gerechte lebt seines Glaubens‹ (Röm 1,17). Da fing ich an, die Gerechtigkeit Gottes als eine solche Gerechtigkeit zu begreifen, durch die der Gerechte als durch Gottes Geschenk lebt, d. h. die, durch die uns Gott aus Gnaden und Barmherzigkeit rechtfertigt durch den Glauben. Nun fühlte ich mich ganz und gar neu geboren: die Tore hatten sich mir aufgetan. Ich war in das Paradies selber eingegangen.«
Es handelt sich hier zwar um die Entdeckung der katholischen Lehre, jedoch war sie für Martin Luther insofern neu, als es kirchliche Fömmigkeitsformen (z.B. Ablaß, Wallfahrten und Prozessionen, Heiligen- und Reliquienverehrung, Buß- und Meßpraxis) gab, die durch die Art und Weise, wie sie praktiziert wurden, diese Lehre verdunkelte und die gegenteilige Ansicht förderte. Es entstand der Eindruck, der Mensch müsse sich das Heil durch »gute Werke« verdienen. Luther selbst war dieser Auffassung verhaftet und hatte sie in seinem Klosterleben praktiziert. Welche Konsequenzen zieht Luther aus seiner Entdeckung?
Zunächst: Die Bibel wird für ihn zur maßgeblichen kirchlichen Autorität (allein die Schrift). Die »Mitte der Schrift«, den zentralen Gehalt des Evangeliums, sieht er in der Botschaft von der bedingungslosen Annahme des sündigen Menschen durch Gott, und zwar aufgrund des Kreuzestodes Jesu Christi (allein Jesus Christus) – ohne jegliches menschliches Verdienst (allein die Gnade). Das Motiv der Luther-Gedenkbriefmarke veranschaulicht seine Orientierung an der Hl. Schrift.
Sodann: Aus der Rechtfertigungslehre folgt Luthers Kirchenkritik. Er wird sich des Widerspruches bewußt, der zwischen der Botschaft vom barmherzigen Gott und der erwähnten Frömmigkeitspraxis besteht. Für ihn kommt sie einer Verleugnung des Evangeliums, der Erlösungstat Jesu Christi gleich, weil er dahinter das Bestreben sieht, sich vor Gott würdig zu machen. Mit seiner Kritik verfolgt er die Absicht, der Kirche das Evangelium in Erinnerung zu rufen, die Mißstände aufzudecken und die kirchlichen Autoritäten aufzufordern, sie abzustellen.
Zuletzt: Luther lehnt die Autorität des Papstes ab, weil dieser nicht dafür Sorge trägt, daß die Botschaft von der Rechtfertigung des Sünders durch Gott in der Kirche überzeugend gelebt wird. Seine Kritik wird immer schärfer. Jedoch ist sie nicht grundsätzlicher Art, er lehnt das Amt des Papstes nicht generell ab. Aber der Inhaber dieses Amtes muß sich am Zeugnis der Hl. Schrift orientieren und sich ihrer Autorität unterstellen.
Ergebnis: Luther wollte keine neue Kirche gründen, sondern die katholische Kirche reformieren. Es liegt beiderseits begründet, daß das Gespräch nicht eine Klärung der Positionen brachte und die Spaltung nicht verhindern konnte. Die Fronten verhärteten sich; man »protestierte« auf beiden Seiten, indem die Unterschiede stark herausgestellt wurden und die Gemeinsamkeiten kaum Beachtung fanden. Erst das II. Vatikanische Konzil hat eine grundlegende Änderung im Verhältnis der Konfessionen herbeigeführt.
Nicht alle Schüler und Schülerinnen werden mit den im zweiten Impuls formulierten Aufgaben zurechtkommen. Ein Besuch beider Kirchen könnte angebracht sein. Was den evangelischen und katholischen Christen gemeinsam ist, bedarf aus theologischer Sicht keiner Frage: Es ist das Bekenntnis zu Jesus Christus und das Sakrament der Taufe. Hinsichtlich der anderen Photos müßte eine differenzierte Stellungnahme erfolgen. Zweifellos gibt es in der evangelischen Kirche keinen Tabernakel, auch keinen Andachtsraum, in dem sich eine Marienstatue befindet. Die evangelische Kirche kennt auch nicht das Amt des Papstes. Die Verkündigung der Hl. Schrift erfolgt ebenso im katholischen

Seite 120-121

Gottesdienst. Sie wird hier aber nicht von der ordinierten Frau, einer Pastorin, vorgenommen.

Man könnte es bei diesen Feststellungen bewendet sein lassen. Es würde der wünschenswerten ökumenischen Ausrichtung des Religionsunterrichts entsprechen, wenn man die Gelegenheit ergreifen würde, einige Tendenzen zu skizzieren, die sich in den Gesprächen der Kirchen abzeichnen. Sie haben in mehreren Konsens- und Konvergenzpapieren ihren Niederschlag gefunden.

- Seit dem Konzil hat der Wortgottesdienst in der katholischen Kirche eine Aufwertung erfahren. Die Verkündigung und Auslegung der biblischen Texte (Predigt) erfolgt vom Ambo aus, einem Ort innerhalb des Altarraumes. Damit ist dem Wortgottesdienst sein ursprünglicher Rang wieder zuerteilt worden. In der katholischen Kirche werden Frauen zum Priesteramt nicht zugelassen. Es besteht jedoch ein breiter Konsens darin, daß die Gründe, die gegen die Zulassung angeführt werden, die bisherige Praxis nicht zwingend rechtfertigen.
- In den evangelischen Kirchen befindet sich kein Aufbewahrungsort (Tabernakel) für die geweihten Hostien. Daraus ist jedoch nicht zu schließen, daß evangelische Christen nicht an die Gegenwart Jesu Christi in den eucharistischen Gaben glauben. Sie wollen damit betonen, daß ihr ursprünglicher Widmungszweck das Mahl ist.
- Die Marienfrömmigkeit gilt als typisch katholisch. Evangelische Christen können ihr insofern nicht folgen, als sie die Sorge haben, die Verehrung Mariens würde die einzigartige Stellung Jesu Christi beeinträchtigen. Wenn auch die im letzten Jahrhundert verkündeten dogmatischen Aussagen über Maria (Unbefleckte Empfängnis – Aufnahme in den Himmel) abgelehnt werden, so gewinnt die biblische Gestalt Mariens im evangelischen Raum zunehmend Beachtung.
- Die dogmatischen Aussagen des I. Vatikanischen Konzils über die Unfehlbarkeit und den Jurisdiktionsprimat (Vorrangstellung) des Papstes sind für evangelische Christen nicht nachvollziehbar. Wohl zeichnet sich in verschiedenen ökumenischen Gesprächen über dieses Thema die Möglichkeit ab, das Petrusamt des römischen Bischofs im Sinne eines Dienstes an der kirchlichen Einheit zu akzeptieren.

Literaturhinweise

Klauck, H.J., Gemeinde zwischen Stadt und Haus. Kirche bei Paulus, Freiburg 1992.
Kleines Handbuch für evangelisch-katholische Begegnungen, Göttingen 1983.
Weiser, A., Miteinander Gemeinde werden, Stuttgart 1987.

Zum Verständnis der Bildhälfte ist zu sagen: Es war ein Zeichen besonderer Höflichkeit, daß der Gastgeber zur Stunde des Mahles die Gäste nochmals an die Einladung erinnerte. Das festliche Zusammensein begann am Spätnachmittag und währte bis in die Nacht. Es war deshalb auch durchaus üblich, erst in den späten Abendstunden der Einladung zu folgen. »Erst dann wurde – wenigstens nach Jerusalemer Sitte – ein am Eingang des gastlichen Hauses angebrachtes Zeichen entfernt und dadurch kundgetan, daß ein weiteres Kommen von Gästen unerwünscht sei.« (E. Linnemann, 95) Einer nach dem anderen sagt ab. Sie entschuldigen ihr Ausbleiben mit dringenden Angelegenheiten, die sie daran hindern, rechtzeitig zu kommen. Der dritte Geladene erteilt dem Gastgeber eine endgültige Absage, da Frauen an einem Gastmahl nicht teilnahmen und er seine so eben angetraute Frau nicht allein lassen will. Die beiden anderen jedoch haben die Absicht, erst nach Verrichtung ihrer Geschäfte der Einladung Folge zu leisten. Diese Möglichkeit wird ihnen aber genommen, denn der Gastgeber erteilt seinen Dienern den Befehl, »die Armen und die Krüppel, die Blinden und die Lahmen« zu holen. Damit das »Haus voll« wird und infolgedessen die Erstgeladenen zur späteren Stunde keinen Einlaß mehr finden werden, wird ein Diener »auf die Landstraßen und vor die Stadt« geschickt mit der Weisung, weitere Leute zu »nötigen«, am Gastmahl teilzunehmen. Dem Hausherrn liegt alles daran, daß auch der letzte Platz besetzt wird. Die Bezeichnung »nötigen« erklärt sich daraus, daß »auch die Ärmsten die morgenländische Höflichkeit (wahren), sich aus Bescheidenheit so lange gegen die Bewirtung sträuben, bis sie bei der Hand genommen und mit sanfter Gewalt ins Haus gezogen werden.« (J. Jeremias, Die Gleichnisse Jesu, München-Hamburg ^{2}1966, 119) Sie rechtfertigt auf keinen Fall die Anwendung von Gewalt, wie später fälschlich behauptet wurde.

Die Parabel veranschaulicht in mehrfacher Hinsicht Jesu Botschaft vom Reich Gottes. Da der Vergleichspunkt in dem Hinweis liegt, daß man einer Einladung unmittelbar folgen muß und ihre Annahme nicht auf eine spätere Zeit vertagen darf, kommt dieser Sinnspitze in der unterrichtlichen Besprechung eine Priorität zu. Sie wird in dem abschließenden Satz »Keiner von denen, die eingeladen waren, wird an meinem Mahle teilnehmen« formuliert. Es geht um die Gegenwart, das »Jetzt«. Die Dringlichkeit ergibt sich daraus, daß das Evangelium im »Heute« zu leben ist und seine Annahme nicht auf eine spätere Zeit vertagt werden darf in der Meinung, man könnte auch später noch darauf zurückkommen. Auch die »Ersatzleute« aus der Stadt und die Gruppe, die von außerhalb zur Teilnahme aufgefordert werden, verdienen Beachtung. Zeigt sich doch hier wieder die gerade von Lukas betonte universale Ausrichtung der Botschaft Jesu, wobei die »Schwachen« besondere Berücksichtigung finden (vgl. Treffpunkt Ru 5/6 Kapitel 11.2). Das Mahl findet auf jeden Fall statt, auch wenn der Gastgeber zunächst nur auf Ablehnung stößt. Inwiefern diese Parabel auch eine Reaktion Jesu auf das Verhalten der Pharisäer und Schriftgelehrten zum Ausdruck bringt, könnte gegebenenfalls Thema des Unterrichts sein.
Im Goldenen Evangelienbuch Kaiser Heinrich III. (1039-1056), einer Prachthandschrift mit den Sonntagsevangelien, ist das lukanische Gleichnis vom großen Festmahl in einer dreistreifigen Bildsequenz dargestellt. *Seite 182*

Es wird von zwei Bewegungsrichtungen beherrscht. Bestimmend ist die Bewegung von unten nach oben, der Zug der »Ersatzgäste«, dessen Spitze bereits oben, am Tisch des Gastgebers angekommen ist. Es sind die »Armen« (pauperes), die Krüppel und Lahmen, die Aussätzigen und Blinden, die von den Dienern des machtvoll thronenden Gastgebers zur Teilnahme aufgefordert werden. Die Dringlichkeit der Einladung zeigt sich auch in dem Bemühen der Diener, den Gebrechlichen zu helfen und sie auf dem Weg nach »oben« zu stützen. Die Bewegung von »unten« nach »oben« findet auch ihren Ausdruck in der armseligen Kleidung (unten) und den prächtigen Gewändern (oben), ebenso in der Vereinzelung (unten) und der zur Tischgemeinschaft sich bereits Versammelnden (oben). Die Boten des Gastgebers sind im Unterschied zu den Armen mit Schuhen und Strümpfen bekleidet, wodurch wiederum auf die Not der später Geladenen aufmerksam gemacht

wird. Der Gastgeber wendet sich den zuerst Angekommenen zu, schaut sie an und ergreift mit der rechten Hand den Arm seines Nachbarn zum Zeichen der Aufnahme in die Mahlgemeinschaft. Der Tisch ist reich gedeckt und mit einem kostbaren Tuch bekleidet. Von rechts kommt ein Diener, er trägt in der Hand ein Gefäß. Die Inschrift besagt: »Es ist immer noch Platz« (Vers 22). Das obere Bild trägt die Überschrift: »Zu einem großen Gastmahl lädt viele hier irgendein Mann. Hier treten Arme ein, die Starken weigern sich dabei zu sein.«
Die zweite Richtung geht von links nach rechts, hervorgehoben durch die drei Personen, die der Einladung aus den im Gleichnis genannten Gründen nicht Folge leisten. Im mittleren Feld strebt einer seinem Landgut zu und ein anderer zeigt auf einen Ochsen. Beide werden von den Abgesandten des Gastgebers durch die Geste ihrer linken Hand auf das Geschehen oben aufmerksam gemacht und zur Änderung der »Richtung« aufgefordert. Aber beide lassen sich nicht umstimmen; sie bewegen sich weiter in die eingeschlagenen Richtung, aus dem Bild heraus. Über der mittleren Szene werden die Beweggründe ihrer Absage angegeben: »Entschuldige mich, da ich durch den Handel um ein Landgut zurückgehalten werde. ... nicht gezwungen werde zu kommen, da ich unterwegs bin, ein Joch Ochsen auszuprobieren.« Beide erfassen nicht den Ruf der Gegenwart, die Dringlichkeit der »Stunde«. Der untere Bildteil trägt die Überschrift: »Weil ich eine Frau genommen habe, kann ich mich nicht dorthin aufmachen.« Der Diener, der ihn an die Einladung erinnert, zeigt mit der linken Hand auf den Zug, der sich nach oben bewegt. (Vgl. dazu G. Lange, Kunst zur Bibel, 158ff.)

Verloren für das Reich Gottes? (Lk 15,8-10)

Seite 184 Dieser Grundzug der Reich-Gottes-Verkündigung Jesu wurde bereits in einem anderen Zusammenhang berührt (vgl. Treffpunkt RU 5/6 Kapitel 10.4). Das Gleichnis im engeren Sinn stellt, wie bereits in Verbindung mit Lk 15,11-32 erläutert, eine Antwort Jesu auf den Protest der Pharisäer und Schriftgelehrten dar. Weil der Gedanke, daß Jesus den »Verlorenen« nachgeht, schon mehrfach Erwähnung gefunden hat (vgl. auch Treffpunkt RU 5/6 Kapitel 11.1.2), sollte jetzt der Akzent anders gesetzt werden. Im Kontext des Kapitels steht die Dynamik im Vordergrund, die dem Reich Gottes innewohnt. Sie findet ihren Ausdruck in »Gottes Freude über einen einzigen Sünder, der umkehrt«. Jesu umfassendes Bemühen um die Zurückdrängung alles dessen, was dem Heil (shalom) der Menschen und damit der Gottesherrschaft entgegensteht, ist von einem Gottesbild getragen, das Lukas in den drei Gleichnissen vom »Verlorenen« überliefert. An dieser Gottesvorstellung, die Jesus in seiner Tischgemeinschaft mit Zöllnern und Sündern (Lk 15,1) »praktiziert«, nehmen Pharisäer und Schriftgelehrten Anstoß. Weil Gott »so« ist, hat das Reich Gottes, allen Widerständen zum Trotz, eine Chance. Es wird sich durchsetzen!
Es ist bemerkenswert, daß diese Freude Gottes an der Reaktion einer Frau veranschaulicht wird. Während in 15,3-7 ein Hirte und in 15,11-32 ein Vater zum Vergleich herangezogen wird, nimmt dieses Gleichnis auf den fraulichen Lebensbereich Bezug und macht auf weibliche Züge im Gottesbild Jesu aufmerksam.
Damit diese genannten Aspekte der Sachhälfte im Unterricht klar zutage treten, ist zuvor die Bildhälfte eingehend zu besprechen. Der Wert einer Drachme betrug ca. 60-70 Pfennige. Die Frau lebt in äußerster Armut; die zehn Drachmen stellen ihr ganzes Vermögen dar. Vermutlich hat sie das Geld, wie es damals üblich war, in Form eines Kopfschmuckes stets bei sich getragen. Was sie angesichts des Verlustes unternimmt, soll das »Engagement« Gottes veranschaulichen, seine Freude, wenn Menschen ins Heil kommen. »Die Frau ›zündet ein Licht an, nicht weil es Nacht ist, sondern weil die armselige, fensterlose Behausung nur wenig Licht durch die niedrige Tür einläßt, und sie ›fegt das Haus‹ mit einem Palmenzweig, weil der Fußboden aus Felsen besteht und man beim Fegen die Münze im Dunklen klirren hört.« (J. Jeremias, Die Gleichnisse Jesu, 91) Ihre Freude kann sie nicht für sich behalten, sondern muß sie anderen mitteilen.
Damit die Schüler und Schülerinnen sich eine Vorstellung von der Notlage der Frau und

ihrer Freude über das Wiederfinden der Münze machen können, wird zum Vergleich die Situation einer für einen geringen Lohn arbeitenden Wäscherin herangezogen. Ihre Freude über das Finden des Geldscheins kann man sich ausmalen!

Gott ist gütig, so gütig wie … (Mt 20, 1-15)

Wegen ihrer ungewöhnlichen, ja zum Widerspruch herausfordernden Züge wird die Parabel von den Arbeitern im Weinberg zunächst bei den Schülern und Schülerinnen auf großes Unverständnis stoßen. Handelt es sich doch um das Verhalten eines Gutsbesitzers, der sich bei der Entlohnung der Arbeiter, die unterschiedliche Leistungen erbracht haben, nicht am Maßstab der Gerechtigkeit orientiert. Gleicher Lohn für ungleiche Arbeitsleistungen duldet unser Gerechtigkeitsempfinden nicht. Aber die Erzählung ist deswegen so an-stößig komponiert, weil Jesus auf die Güte Gottes abheben möchte. Was die unterschiedliche Einstellungszeit betrifft, so könnte dies sachliche Gründe haben (die Ernte muß unbedingt eingebracht werden), sie könnte aber auch, was vor allem den letzten Termin betrifft, durch die Aussageintention bestimmt sein. Die zuletzt angeworbenen Arbeiter werden zuerst entlohnt, in Anwesenheit derer, die längere Arbeitszeiten vorweisen können. Sie bekommen einen Denar, also das Entgeld, das bei der Einstellung der ersten Gruppe die Verhandlungsbasis bildete. Der Vertrag wird auch ihnen gegenüber vom Gutsbesitzer eingehalten, aber angesichts der Entlohnung derer, die eine zum Teil wesentlich geringere Arbeitsleistung erbracht haben, können sie wohl zu Recht erwarten, daß die getroffene Vereinbarung revidiert und die Verhältnismäßigkeit gewahrt wird. Die Ganztagsarbeiter sind empört; sie murren und machen dem Gutsbesitzer, den sie nicht einmal mehr persönlich anreden, entsprechende Vorhaltungen. »Dauer und Schwere ihrer Arbeit geben ihnen Anspruch auf einen vielfach höheren Lohn.« (J. Jeremias, 93) Seine freundlich gestimmte Antwort erinnert sie an die Einhaltung der Vereinbarung. Sie macht sie außerdem darauf aufmerksam, daß er über sein Vermögen frei verfügen kann. Dieser Umstand erlaubt es ihm, gütig zu sein, mehr zu geben, als was die erst später angeworbenen Arbeiter verdient haben. »Die Gerechtigkeit bildet die Folie, vor der die Güte als Güte erscheinen kann, ohne als Willkür mißdeutet zu werden.« (E. Linnemann, 90) Gegen eine solche Handlungsweise ist doch wohl ein Protest nicht angebracht! Der »Sitz im Leben« der Parabel ist das »Murren« (Lk 15,1) der Pharisäer und Schriftgelehrten, die auf Grund ihrer Gesetzesfrömmigkeit meinen, einen Anspruch gegenüber Gott erheben zu dürfen. Sie können es nicht ertragen, daß Jesus mit Zöllnern und Sündern Umgang pflegt.

Seite 185-186

Somit zeigt sich auch in diesem Gleichnis das Befreiende des Evangeliums, der Botschaft Jesu. So ist Gott, so »unökonomisch« gut! Der »Grund« unseres Lebens wird nicht von der Gerechtigkeit bestimmt, sondern von der Güte, dem Wohlwollen, das allen, unabhängig von ihren Fähigkeiten und ihrem Leistungsvermögen, eine Chance gibt und menschliches Versagen und Scheitern nicht hoffnungslos macht. Diese Dimension des menschlichen Daseins offenbart sich in der Lebensgeschichte Jesu und wird am »Ende der Tage« in ihrer ganzen Bedeutung transparent. Um diese Pointe des Gleichnisses den Schülern und Schülerinnen einsichtig zu machen, ist der Text »Festlohn« vorgeschaltet. Darüber hinaus könnte überlegt werden, wie es in einer Gesellschaft zugeht, in der nur die Gerechtigkeit herrscht.

5 Mitwirken am Reiche Gottes

Seite 187-188

Zum Abschluß der vierten Einheit wird nochmals der Vers Mk 1,15 zitiert. Er stellt eine Überleitung zur letzten Einheit des Kapitels insofern her, als er auf den inneren Zusammenhang aufmerksam macht, der zwischen dem fördernden und fordernden Aspekt der Botschaft Jesu vom Anbruch der Gottesherrschaft besteht. Dieses Verhältnis von Gabe und Aufgabe ist im Unterricht in Verbindung mit der Geschichte »Nur ein Traum?« zu erarbeiten.

Im 3. Impuls werden drei Perikopen erwähnt, die den Zusammenhang aus biblischer Sicht beleuchten. Die Wahl des ersten Textes (Lk 11,5-8) ist wie folgt zu begründen: Wenn auch das Wachstum des Reiches Gottes des Engagements der Christen bedarf, so ist es doch niemals das Ergebnis menschlichen Bemühens. Das Reich Gottes ist nicht »machbar«, es ist auch nicht vorrangig das Werk des Menschen. Nicht nur zu Beginn geht die Initiative von Gott aus, sondern alles Mühen des Menschen um die Entfaltung des Gestaltungswillens Gottes in dieser Welt ist davon getragen. Beten und Tun gehören deshalb zusammen. Sie stellen für den Christen eine Einheit dar. Damit das menschliche Bemühen nicht in eine hektische Aktivität ausartet und zu der Vorstellung Anlaß gibt, der Mensch könne es aus eigenen Kräften schaffen, bedarf es des Korrektivs, des Hinweises auf die Bedeutung der Bitte an Gott um die Verwirklichung der Gottesherrschaft (»Dein Reich komme«).

Aus diesen Überlegungen ergibt sich die Erwähnung des Gleichnisses vom bittenden Freund (Lk 11,5-8). Der Text ist im Evangelium eingerahmt vom Gebet des Herrn (1-4) und von der Mahnung zum vertrauensvollen Gebet (9-13). Bei der Besprechung der Bildhälfte ist folgendes zu bedenken:

»Das Gleichnis setzt die Verhältnisse in einem Dorf Palästinas voraus. Es gibt keine Bäckereien, jede Hausfrau backt vor Sonnenaufgang das Brot für den Tagesbedarf der Familie selbst. Man weiß im Dorf auch, wer abends noch Brot hat. Drei Brotfladen gelten als Mahlzeit für eine Person. Da Gastfreundschaft etwas Heiliges ist, war es Ehrensache, einen Gast zu bewirten. Mit Sonnenuntergang geht der Orientale im allgemeinen schlafen. Nachts brennt üblicherweise ein kleines Öllämpchen, das nur schwache Helligkeit verbreitet. Das Haus selbst, das bei der Dorfbevölkerung nur einen großen Raum aufweist, wird durch eine Tür verschlossen, diese wiederum durch Schloß und Riegel gesichert. Der Riegel, ein Stab aus Eisen oder ein Holzbalken, der durch an den Türflügeln befestigte Ringe gezogen wird, kann nur mühselig zurückgezogen werden, wobei ein lautes Geräusch entsteht. Außerdem schläft die ganze Familie auf einer Matte, die über den überhöhten Teil der einräumigen Behausung gebreitet ist. Die ganze Familie wird also aus dem Schlaf gerissen, wenn der Hausvater sich erhebt und öffnet. So wäre verständlich, wenn der in der Nacht um Brot (das nur geliehen werden soll) Angegangene unwirsch antworten würde.« (0. Knoch, Ein Sämann ging aus, Stuttgart 1963, 158) Mit dem Gleichnis soll gesagt werden: wenn dieser Mann sich trotz aller Schwierigkeiten, die damit verbunden sind, sich letztlich gedrängt fühlt, die Bitte zu erfüllen, um wieviel mehr wird Gott, der sich um das Wohl der Menschen sorgt, die an ihn gerichteten Bitten erhören. Dieser Art von Argumentation liegt der Schluß vom Geringeren auf das Größere zugrunde.

Der an dritter Stelle erwähnte Bibeltext (Mt 18,23-35) sollte lediglich unter dem Gedanken gesehen werden, daß der Mensch Verwalter des ihm von Gott Übertragenen ist.

Das Gleichnis vom Sämann (Mt 13,1-9) gehört ebenfalls zu den Kontrastgleichnissen. Der Akzent liegt auf dem Gegensatz, der zwischen dem vergeblichen Tun und dem überraschend großen Erfolg besteht, der sich am Ende herausstellt.

Die Bildhälfte spiegelt die landwirtschaftlichen Verhältnisse des Landes wider. »Weil erst *nach* dem Säen gepflügt wurde (vgl. unser Eggen), konnte einiges von der Saat auf den Trampelpfad fallen, der sich über das Feld zog, und zur Beute der Vögel werden. Der felsige Untergrund reicht an manchen Stellen bis dicht unter die Ackerkrume; Same, der darauf fällt, geht zwar schnell auf, wird aber bald von der Sonne versengt, weil die Wurzeln nicht bis in feuchte Erdschichten vordringen können. Schnellwachsende Dornsträucher und Disteln ersticken die Weizenhalme in ihrer Umgebung. Nicht jedes Korn trägt Frucht, manches geht verloren – dennoch steht am Ende die lohnende Ernte.« (H. Zirker, Zugänge zu biblischen Texten – Neues Testament, Düsseldorf ²1986, 165)

Das Reich Gottes wird sich allen Widerständen und vergeblichen Bemühungen zum Trotz durchsetzen! Das Gleichnis enthält eine Hoffnungsbotschaft und ermutigt dazu, auch angesichts vieler Enttäuschungen sich dem Mitwirken am Reich Gottes nicht zu versagen. Damit rückt es in die Nähe des Gleichnisses vom Senfkorn (Mk 4,30-32).
In der Auslegung der Bauern von Solentiname liegt wie in Mt 13,18-23 eine *allegorische Deutung* vor. Diese Auslegung entstammt der nachösterlichen Gemeindetradition und ist ein Mahnruf an die Christen, ein »fruchtbarer Boden« für das Evangelium zu sein. Eine entsprechende Aktualisierung nehmen auch die Bauern im Hinblick auf ihre Situation vor. *Seite 188*

Literaturhinweise

E. Linnemann, Gleichnisse Jesu, Göttingen ⁷1978.
H. Merklein, Jesu Botschaft von der Gottesherrschaft, Stuttgart 1983.
K.H. Sorger, Gleichnisse im Unterricht, Düsseldorf 1980.
K.H. Sorger, Was in der Bibel wichtig ist, München 1992, Seite 112-126 (Gleichnisse).
H. Zirker u.a. (Hgg.), Zugänge zu biblischen Texten, Düsseldorf ²1986.